○新常态下银行变革与发展研究丛书○

新型城镇化与商业银行转型

韩光聚／著

NEW URBANIZATION AND THE
TRANSFORMATION OF COMMERCIAL BANKS

图书在版编目（CIP）数据

新型城镇化与商业银行转型/韩光聚著. —北京：经济管理出版社，2015.11
ISBN 978-7-5096-4084-5

Ⅰ.①新… Ⅱ.①韩… Ⅲ.①商业银行—经营管理—研究—中国
Ⅳ.①F832.33

中国版本图书馆 CIP 数据核字（2015）第 274271 号

组稿编辑：	申桂萍
责任编辑：	侯春霞
责任印制：	黄章平
责任校对：	雨　千

出版发行：	经济管理出版社
	（北京市海淀区北蜂窝 8 号中雅大厦 A 座 11 层　100038）
网　　址：	www.E-mp.com.cn
电　　话：	（010）51915602
印　　刷：	北京九州迅驰传媒文化有限公司
经　　销：	新华书店
开　　本：	720mm×1000mm/16
印　　张：	14.75
字　　数：	226 千字
版　　次：	2017 年 5 月第 1 版　2017 年 5 月第 1 次印刷
书　　号：	ISBN 978-7-5096-4084-5
定　　价：	48.00 元

·版权所有　翻印必究·

凡购本社图书，如有印装错误，由本社读者服务部负责调换。
联系地址：北京阜外月坛北小街 2 号
电话：（010）68022974　邮编：100836

目 录

绪 论 ·· 1

第一章 新型城镇化相关理论研究 ····································· 12
    一、新型城镇化的缘起 ··· 12
    二、新型城镇化的科学内涵与特征 ······························ 15
    三、新型城镇化发展的重大意义 ·································· 19
    四、新型城镇化发展的成就与问题 ······························ 22
    五、新型城镇化发展的趋势与展望 ······························ 28

第二章 新型城镇化与商业银行转型的关系分析 ················· 34
    一、中国商业银行发展的回顾与评价 ··························· 34
    二、新型城镇化与商业银行转型发展的契合性 ················ 42
    三、商业银行对新型城镇化发展的金融支持分析 ············· 46
    四、新型城镇化发展为商业银行转型带来了重要机遇 ······· 49
    五、新型城镇化背景下银行业对国民经济拉动作用的分析 ··· 52

第三章 新常态下商业银行转型面临的环境分析 ················· 65
    一、商业银行转型的必要性与紧迫性 ··························· 65
    二、商业银行转型面临的战略机遇 ······························ 78
    三、商业银行转型面临的重大挑战 ······························ 83

第四章　新型城镇化背景下商业银行转型面临的风险与制约 …… 95

一、新型城镇化背景下商业银行转型面临的风险分析 …… 95

二、新型城镇化背景下商业银行转型面临的关键制约 …… 108

第五章　城镇化视角下商业银行转型发展的国际经验借鉴 …… 113

一、发达国家城镇化进程中商业银行转型的主要做法 …… 113

二、发展中国家城镇化进程中商业银行转型的实践 …… 129

三、经验与启示 …… 132

第六章　新型城镇化背景下商业银行转型的战略目标与基本思路 …… 138

一、商业银行转型应坚持的方针与原则 …… 138

二、商业银行转型的战略目标 …… 141

三、商业银行转型的方向与路径 …… 145

四、商业银行转型的战略举措 …… 147

第七章　新型城镇化背景下商业银行转型的战略重点 …… 151

一、商业银行转型与城市基础设施建设 …… 151

二、商业银行转型与人口市民化 …… 157

三、商业银行转型与城市产业结构调整 …… 163

四、商业银行转型与社会主义新农村建设 …… 168

第八章　新型城镇化背景下中信银行转型发展的实证研究 …… 174

一、中信银行的基本情况 …… 174

二、中信银行发展的现状和环境分析 …… 180

三、中信银行转型发展的思路和方向 …… 187

四、中信银行实现转型发展的对策 …… 194

第九章 新型城镇化背景下商业银行转型发展的对策建议 …… **199**

 一、调整提升经营管理战略 …… 199

 二、加快结构调整 …… 201

 三、加强制度流程创新 …… 203

 四、加快业务产品创新 …… 205

 五、创新金融服务模式 …… 208

 六、创新营销模式 …… 213

 七、推进风险管理体制改革 …… 217

 八、构建优质高效服务体系 …… 220

 九、构建商业银行新型人才体系 …… 222

参考文献 …… **225**

绪　论

金融是现代经济的核心，银行业是金融业的重要组成部分，以商业银行为枢纽的金融业渗透于社会经济生活的各个方面，在促进经济发展、推动社会进步方面发挥着举足轻重的作用，成为度量一个国家和地区经济发展水平的等价物。自1979年起，中国在实行经济改革和对外开放的同时，也着手改革"大一统"的银行体系，迈向竞争性的银行体系，经过20世纪80年代初对四大银行的恢复，90年代股份制银行和城市商业银行的发展，以及90年代中后期开始的商业银行市场化改革，中国商业银行在规模、效益和经营水平等多个方面都实现了持续快速发展，为中国经济社会的快速发展做出了突出的贡献。同时，在人民币国际化的大背景下，商业银行借助2008年金融危机和随后欧洲主权债务危机的契机，纷纷通过海外并购和发展海外分支机构的方式实现跨国发展，扩张了海外市场。截至2013年底，18家中资银行业金融机构已在海外51个国家和地区设立了1127家分支机构，总资产超过1.2万亿美元。

当前，在中国经济进入新常态的背景下，以人为核心的新型城镇化的快速推进成为中国走向现代化强国的必经之路。加快新型城镇化建设不仅是破解中国城乡二元结构、助推经济持续健康发展的强大动力，也是提升城镇人口素质和居民生活质量、实现民生不断改善的重要战略举措。一方面，新型城镇化的健康快速推进所需的多元可持续的资金保障机制以及其释放的巨大资金需求信号和金融创新压力，给中国商业银行的转型升级带来了前所未有的挑战和发展机遇；另一方面，虽然中国的商业银行已经能够和国外的大银行进行竞争，并且经营水平和风险防控能力不断提高，然而，中国的商业银行在人才储备、经营观念和管理手段等诸多方面和国外同行仍存在不小的差距，而且还面临着汇率和利率市场化、金融创新不断加快的挑战。因此，如何适应新型城镇化发展的要求，转变经营理念，创新金融手段，加强风险控制，提升业务水平，实现转型升级，努力创建世界一流商业银行就成为迫切需要研究和解决的问题。也就是说，商业银行实行创新转型势在必行。

《新型城镇化与商业银行转型》基于笔者已有的研究成果和多年的一线岗位实践，系统研究了新型城镇化建设背景下中国商业银行转型的环境、风险与挑战，创新性提出了中国商业银行转型的战略目标、战略重点以及转型路径和对策建议，并在研究中形成六个方面的特点。

1. 注重背景研究，使研究内容扎实有据

事物的发生发展总是离不开一定的政治、经济、文化背景，剖析特定的政治、经济、文化背景，进而说明事物的发生发展，是经济学研究常用的研究方法之一。商业银行的发展与转型也是在一定的政治、经济、文化背景下进行的。商业银行要实现新时代背景下的成功转型和科学发展，必须对新型城镇化这个最大的历史背景有深刻的了解和把握。我们要发展的新型城镇化是能够提供新的发展动力，与工业化、信息化、农业现代化同步推进的城镇化；是关注可持续发展，人口、经济、资源和环境相协调的城镇化；是以人为本，实现人口集聚、公共服务协调发展的城镇化；是实现城乡统筹，促进城乡发展一体化的城镇化。它以人的城镇化为新目标，以市场主导为新机制，以环境优质化为新格局，以社会待遇公平化为新模式，以转型升级、产城互动为新动力。新型城镇化是破解"土地城镇化"难题、解决环境污染问题、消除城乡分割、缓解社会矛盾、实现全方位变革和区域协调发展的重要途径，是实现中国梦的重要支撑。未来新型城镇化的发展将实现发展理念人本化、发展方式集约化、发展路径生态化、发展形态集聚化和发展趋势回流化，并将随着人口素质的提升、经济结构的调整、消费需求的升级、产城深度的融合，释放出最大的改革发展红利。

新型城镇化发展将给商业银行带来前所未有的发展机遇。商业银行在支持新型城镇化发展过程中，要摆脱传统城镇化下的思维，更加着重对公共基础设施建设方面的投资支持，以创新的理念和手段满足新型城镇化在基础设施建设方面的投融资需要；更加强化对产业融合方面的支持，在企业并购重组、重大项目投资、新技术新产品研发应用投入、企业产品和原材料信息采集等方面，在农业现代化发展、农田水利建设、农业新经营发展方式等方面，在不同类型服务业发展方面，通过特色化和差异化的服务提供有力的支持；更加关注中小微企业和创新型企业发展，根据不同企业的不同融资需求，提供有针对性的融资服务；更加鼓励个人信贷和理财服务发展，针对城镇人口增长带来的居民消费模式的转变，大力发展消费金融产品和服务，开发多样化的消费金融产品，把握新型城镇化背景下各种需求增长的历史机遇，实现自身的快速发展和经营水平的不断提高。

2. 注重内在关联研究，使研究逻辑协调统一

世界万物总是存在着内在的关联，新型城镇化与商业银行也不例外。两者不是相互隔绝、相互孤立、相互排斥、相互对立的，而是相互协调、相互作用、相互支持、相互促进的，它们在中国经济社会发展的各个阶段，都走在了发展的前沿，共同担负着培育中国经济发展新优势、增强中国经济发展新动能的历史重任。

在新型城镇化进程中，城镇需要大量的商业项目和公共基础设施建设投资，人口向城镇的集聚会导致产业布局调整，同时教育、医疗、文化资源也势必需要向城镇集中。众多领域建设存在大量的投融资需求，因此新型城镇化离不开商业银行在资金融通方面的支撑，商业银行也可以在新型城镇化的过程中实现发展和转型。与此同时，新型城镇化的发展、城镇人口的不断增加意味着人民生活方式的巨大转变，进而使得居民储蓄、理财、结算等方面的金融服务需求会大大提高。伴随着居民收入的不断提高、互联网的迅速发展以及资本市场的不断完善，人民群众对于金融服务的水平、质量和交易方式的需求也在不断转变。所以，新型城镇化的发展也在不断促使商业银行加快规模和水平的发展以及经营方式的转型。

新型城镇化和商业银行发展存在着三个方面的契合性：

一是新型城镇化和商业银行的发展历程存在一定的同步性。城镇化和商业银行的发展都是在改革开放以后启动，并在近十多年进入质量提升的快速发展阶段。1996年至今，中国城镇化率年均提高1.29个百分点，呈现出快速发展的趋势。同期，中国商业银行开始银行系统的市场化改革、监管体制

改革和股份制改革，同样实现了规模和质量的快速发展。

二是新型城镇化和商业银行发展存在着内在的关联和契合。30多年来，中国城市形态不断变化，大中型城市和小城镇在规模和人口数量方面快速发展，截至2014年末，中国人口超千万的城市已经达到了14个。伴随着城市规模的扩大和城镇人口的持续增长，中国的第二产业和第三产业随之快速发展，人民群众的生活和消费方式不断发生转变，城镇化快速推进成为中国经济社会发展的最大内需。而中国商业银行的发展同样对国民经济和社会发展做出了巨大贡献。中国的金融体系从改革开放恢复重建以来，一直以商业银行为最主要的组成部分。商业银行的存贷款数量与GDP的比例一直保持着上升趋势，为中国各项基础设施建设、产业发展、人民生活等多领域提供着投融资、储蓄和结算等方面的支持。因此，两者均在中国经济社会的快速发展中扮演着重要的角色，提供着强大的支撑，具有天然的契合性。

三是新型城镇化和商业银行经历了相似的发展变迁和转换。在改革开放的30多年里，中国城镇化经历了从东部沿海地区向中西部地区推进的过程，从以城市为中心、带动周边区域，到小城镇扩张、城市新区建设，再到城市群发展的过程，商业银行也经历了体系恢复重建、金融机构多元化、市场化改革、股份制改革等多个阶段，两者都是在探索中发展，在持续改革中实现转型，并在各自的发展阶段中提供了相互支持。每个阶段，城镇化都会从很多方面产生投融资需求，带动商业银行的规模发展和业务转型，而商业银行的转型也往往是为了更好地满足人民群众的需求，为经济社会发展服务。因此，商业银行的创新发展，必须紧抓新型城镇化宏观背景下的机遇和需求，实现新的转型。

3. 注重关联变革研究，使历史与当代延续发展

事物的发展是一个过程。一切事物，只有经过一定的过程才能实现自身的发展。自然界、人类社会和思维领域中的一切现象都是作为一个过程而向前发展的。商业银行作为以营利为目的，通过多种金融负债募集资金，以信贷为主要方式获取盈利并进行信用创造的一种银行类金融机构，也经历了一个从萌芽到发展壮大的过程。

中国商业银行的历史最早可以追溯到明朝末年，近代银行业则主要产生

于鸦片战争以后。新中国成立后，中国借鉴和学习苏联的银行体系，实施的是"大一统"的银行体系，中国人民银行作为唯一的银行业金融机构，一方面承担着基础货币发行、集中管理和资金调配的功能；另一方面从事商业银行的相关业务，吸收居民存款，发放贷款。改革开放以后，中国开始了对银行体系的重建和改革，商业银行体系的发展总体上经历了三个阶段：

一是1978~1993年的金融市场体系重建阶段。至1984年形成以中国人民银行为领导，以中国农业银行、中国银行、中国人民建设银行和中国工商银行四家专业性商业银行为骨干的银行体系。随着改革开放和商品经济的发展，中国商业银行体系开始了快速发展。在四大国有商业银行成立后的十余年间，交通银行、中信实业银行、深圳招商银行、福建兴业银行、深圳发展银行、中国光大银行等股份制商业银行纷纷成立。基本形成了以中国人民银行为领导、国家专业银行为主体、多种金融机构共同发展的现代金融机构体系。

二是1994~2003年的银行业市场化改革阶段。1993年底，《国务院关于金融体制改革的决定》提出金融体制改革的目标，中国的金融体系开始朝着以下目标发展：建立在国务院领导下，独立执行货币政策的中央银行宏观调控体系；建立政策性金融与商业性金融分离，以国有商业银行为主体、多种金融机构并存的金融组织体系；建立统一开放、有序竞争、严格管理的金融市场体系。1997年亚洲金融危机爆发前后，中国召开第一次全国金融工作会议，并推出了一系列改革措施，改善商业银行治理结构，改进风险管理方法。2003年4月，中国银行业监督管理委员会成立，银行业监管职能从中国人民银行分离出来，中国金融业形成了"一行三会"的监管体系，同年12月27日，《银行业监督管理法》颁布，银行业监管有了法律依据。

三是2003年至今的股份制和集团化发展阶段。中国在2002年加入了WTO以后，一方面加快对国有商业银行的股份制改革进程；另一方面成立中央汇金公司，实现对国有商业银行改革的重大创新，改变了国有商业银行长期存在的产权主体虚位局面。随后，国有商业银行通过股份制改造和公开上市，改善了治理结构，实现了快速发展。2008年金融危机后，中国商业银行通过控股的方式开始进军证券、信托、基金等行业，实现金融领域混业经营。

经过多年的改革，中国商业银行不仅实现了自身的发展、转型和经营水平的提升，更为经济社会发展做出了重要的贡献，成为名副其实的经济发展的"血脉"。当前，在新型城镇化快速推进和经济结构转型升级的宏观背景下，中国商业银行进入转变经营理念、创新金融手段、加强风险控制、提升业务水平，努力走向世界银行业最高水平的新的历史阶段。

4. 注重比较研究，使一般性与特殊性融合借鉴

古罗马著名学者塔西陀曾说："要想认识自己，就要把自己同别人进行比较。"比较是认识事物的基础，是人类认识、区别和确定事物异同关系的最常用的思维方法。比较研究可以帮助我们更好地认识事物的本质，把握事物发展的普遍规律。在经济学研究中，比较研究是一种最基本也是最重要的研究方法。"不识庐山真面目，只缘身在此山中。"只有借助他人，才能认清自己。有比较才有鉴别，有鉴别才有认识，有认识才有发展。商业银行转型发展是一个复杂的过程，涉及诸多因素。为使决策科学、合理，就必须对各种因素有一个全面的认识，这就需要对国内外商业银行发展进行比较，从比较中分析借鉴，帮助我们获得新的发现，为政策的制定提供依据，从而使政策的制定符合规律与实际。

在城镇化的发展进程中，尽管各个国家在银行体系方面存在很大程度的差别，但是商业银行的发展都遵循着一定的规律。在本书的研究中，我们对美国、德国和日本等世界发达国家商业银行的转型发展进行了比较研究，同时分析了一些发展中国家在商业银行发展转型方面的历程，进而揭示出世界各国城镇化进程与商业银行转型发展的密切关系。美国、德国和日本等世界发达国家的商业银行普遍经历过多次转型，以不断提高服务经济、跟踪社会发展的本领和能力。

第一阶段起步于20世纪60年代，商业银行转型发展的重点集中体现为创新金融产品服务、调整优化业务结构和拓展经营领域范围。

第二阶段起步于20世纪90年代，经济全球化浪潮波及范围日益宽广，新一代互联网技术影响程度日益深化，发达国家商业银行纷纷开始第二次转型。转型重点是：扩展业务领域，打造全能银行；在金融活动中普及新兴技术；稳步提高经营的国际化程度以及海外资产所占份额；银行业再造流程和重组机构，进而保障业务转型。

总之，发达国家的商业银行转型经历了两个发展阶段，即先从"同质化"阶段演进到"初步差异化"阶段，再从"初步差异化"阶段演进到"高度差异化"阶段。世界范围内发达国家和其他发展中国家商业银行转型发展的实践与探索，为新型城镇化视角下推进中国商业银行转型发展提供了有益的借鉴与启示。

一是商业银行的发展必须适应外部环境的发展变化，变被动为主动，这是商业银行实现可持续发展的内在要求。

二是商业银行应支持新兴产业创新发展，从而有效激发市场活力，推动中国战略性新兴产业的发展，提升中国产业的国际竞争力。

三是商业银行战略转型必须紧密结合本国的经济结构、金融环境和市场环境。既不能一味地贪大求洋，跨越目前发展阶段，脱离目前发展现实，也不能抱残守缺，不思进取，落后于不断变化的经济金融环境。

四是商业银行实施转型应高度重视战略研究，应审时度势，根据环境变化，选择好战略转型模式和转型时机。

五是商业银行转型应适度把握金融创新的广度和深度，确保金融创新与客户需求密切联系。注意金融创新的步伐与中国经济金融市场化的进程同步，优先发展适合中国国情、适合客户需求、有发展潜力的金融衍生产品，并逐步建立金融创新的风险回报识别、评估和应对流程，减轻金融创新对金融系统的影响，有效防范和化解金融领域存在的各种风险。

六是商业银行转型应注意实现差异化发展，培育和强化核心竞争力，通过持续不断地实施创新驱动战略，突出自身核心能力的挖掘、培育与发挥。

5. 注重环境因素的研究，使目标与运作协调一致

环境因素是可以变化的、有差异的因素。金融业是现代市场经济的核心产业，也是社会经济发展的一面镜子。商业银行作为重要的金融企业，其发展必然受社会经济环境等各方面因素的影响和制约。当前，在人民币国际化的背景下，中国的利率市场化和汇率市场化迈出了实质性的步伐，并将不断深入。多元化金融市场的不断发展，证券、信托、基金和各类金融机构的快速发展以及业务规模的不断上升,加上新型城镇化的推进等固然给商业银行提供了空前难得的发展机会和战略机遇,但是,在当前利率市场化导致传统利差收窄、客户结构出现结构性变化、国家产业结构不断调整以及互联网金融日益普及的新形势下,商业银行转型面临着来自内外部两方面的风险和制约。

从外部环境来说,商业银行面临着很大的外部风险:

一是城镇快速扩张建设带来的市场风险。虽然新型城镇化规划体现了"存量优先"的基本原则,不再片面地追求外延性城镇化率的提高,而是将重点放在提高城镇化的内在质量上,促进已经进城的人口市民化,以存量带增量,但是,由于各地城镇化差异性较大,一些地方在发展中依然延续"造城"的思路,只注意城市的盲目扩张,而缺乏足够的资源、产业与人口支撑,这类低水平扩张的"造城运动"式城镇化项目必然会产生资金风险,并转移到商业银行身上。

二是投资主体多元化带来的信用风险。在新型城镇化建设中,PPP 模式在加快推行,投资主体更加多元化,但由于各类投资主体的参与,PPP 模式引入的可能不是增量资金,缺乏长期稳定的激励机制,加上各类主体之间的背景、利益诉求、经验等差异性较大,导致收益率降低或者项目失败,从而给参与其中的商业银行带来信用风险。

三是地方融资平台带来的债务风险。中国的地方融资平台从出现那天起就存在制度缺陷,资金的使用、贷款的偿还等一般由政府统筹安排,项目的实际法人主体不明,还款主要靠的是政府的偿债能力。由于监管缺位和制度缺陷等问题,地方融资平台贷款风险评估较难,地方政府融资平台的资金长期游离于公共监管体系之外,财务信息缺乏透明度。

四是地方政府失信行为带来的行政风险。中国的新型城镇化建设尚处于探索阶段,顶层设计虽然已经基本成型,但相关的政策、法律等环境尚不完善,地方政府在推进新型城镇化过程中可能会出现一些失信行为,给城镇化项目推进带来行政风险。

从内部环境来说,与世界上的先进商业银行相比较,中国的商业银行在经营理念、经营效能、经营结构、风险掌控以及创新改革等很多方面都存在着一定的差距，面临着一些关键因素的制约：

一是金融产品创新力度不够，创新动力不足。长期以来，作为典型卖方市场的金融体系，在金融产品供给需求关系中长期处于主动地位，银行通常缺乏创新的危机感和紧迫感。如今，伴随着金融市场的日益开放，金融市场供给和需求之间的关系已经发生了逆转，但银行仍没有办法做到提供特色化服务，金融产品同质化现象十分严重。怎样加大金融工具的创新力度，充分发挥金融市场具备的资源配置功能，依然任重而道远。

二是内部管理模式亟待创新转型，管理能力亟待提升。当前，中国商业银行内部管理水平较低，"规模即效益"的经营理念依然根深蒂固，不容易改变。资产负债管理相对简单、比较直接。在资源配置和成本管理方面，缺乏以发展战略为导向的资源配置机制；在业绩效能考核方面，考核指标偏杂偏多、灵活机动性不足、效益指标权重偏低；在风险管理方面，管理技术落后，普遍缺乏量化评估；在管理体制机制方面，仍然沿用传统的"条条"、"块块"模式，条块分割还比较严重，尚未建立以客户为中心、自上而下、专业化和协同性并存的垂直型管理组织架构。

客观地说，中国商业银行发展方式还比较粗放，市场化改革还远没有结束，转型之路才刚开始起步。要实现商业银行成功转型的目标，必须正视现存的一些亟待破解的难题。

6. 注重实践研究，使得措施与手段相得益彰

新型城镇化的发展为商业银行的转型发展提供了良好的机会和广阔的舞台，同时也对商业银行的转型发展提出了更高的标准和要求，可以说是机遇与挑战并存。要应对这些挑战，准确把握机遇，要求我们立足国情，脚踏实地，做好调查研究，这既是我们进行科学决策的基础，也是做好各项工作的前提。我们的研究立足于商业银行的实践情况，深入商业银行运作一线，切实了解商业银行发展的过程、出现的问题，并在充分掌握第一手材料的基础上，洞察事实，抽丝剥茧，发现规律，破解发展难题，创新发展举措，为商业银行实现科学转型创造条件。

我们的研究以中信银行的发展实践为例证，以点带面，为中国商业银行的转型发展提供可资借鉴的政策建议和对策措施。

中信银行是中国改革开放以来最早成立的新兴商业银行之一，是中国在对外开放方面做得最好的商业银行之一，也是具有强大综合竞争力的全国性商业银行。在近30年的发展实践中，中信银行坚持推进经营理念转变、业务水平提升，在转型发展方面走在中国商业银行的前列。在中国经济进入新常态的发展背景下，中信银行提出了"深化战略转型"的要求，并从发展战略、指导思想、市场地位和发展路径方面进行了总体谋划。中信银行在实现战略转型的过程中，提出加快从以业务为中心的经营管理模式向以客户为中心的模式转变，实施差异化的竞争策略，把握市场发展趋势，依托专业化的产品体系，满足客户全方位的需求，推动各项业务的可持续发展，提升中信银行的市场综合竞争力。

在经济新常态背景下，商业银行要成为全面服务新型城镇化建设的领先者，就必须抓住全面深化改革和新型城镇化发展的战略机遇，加快战略转型的实践探索，着力构建内涵式智慧发展模式，围绕新型城镇化进程中日益增长和升级的金融需求，加快转型发展，调整提升经营管理战略，加快结构调整，加强制度流程创新，加快业务产品、金融服务模式和营销模式创新，推进风险管理体制改革，构建优质高效的服务体系和新型人才体系，从而赢得新的更大的发展空间。

总之，《新型城镇化与商业银行转型》这本专著全面论述了在推进新型城镇化的过程中，中国商业银行改革和发展的历史进程与实践探索，研究了在推进新型城镇化的大背景下，商业银行如何成功实现转型发展的问题，对相关理论与实践问题进行了深度思考和理论阐述，并力图提出富有建设性、前瞻性的对策建议。正如开篇所强调的，金融作为现代经济的核心、经济的"血脉"，对一国、一个区域经济的快速增长具有决定性的意义。金融发展的根基在于服务实践，作为金融业主体的银行业只有与鲜活的实践全面地、深入地结合在一起，才能实现相互促进、共同发展。

当前，全球经济复苏道路艰难曲折，中国经济面临下行压力。新型城镇化的推进，对我国经济转型升级、社会发展、加快推进社会主义现代化具有重大意义。商业银行应牢牢把握新型城镇化蕴含的巨大机遇，准确研判新型城镇化发展的新趋势、新特点，找准自身定位，从战略高度做好统筹部署，在坚持规模、质量和效益和谐统一的前提下，不断改革、不断完善，为推进新型城镇化发展提供更高效的服务，发挥更独特的作用，并在积极支持新型城镇化建设的同时，促进自身实现转型发展、跨越发展。

第一章 新型城镇化相关理论研究

新型城镇化是中国走向现代化强国的必经之路，同时也是扩大内需的最大潜力所在，推进城镇化不仅是解决农业、农村、农民问题的重要途径，也是扩大内需和促进产业升级的重要抓手。2014年3月，《国家新型城镇化规划（2014~2020年)》出台，明确提出要以人为本，推进以人为核心的城镇化，提高城镇人口素质和居民生活质量，把促进有能力在城镇稳定就业和生活的常住人口有序实现市民化作为首要任务。与此同时，新型城镇化必须建立多元可持续的资金保障机制，彻底摆脱对"土地财政"的依赖。因此，加快新型城镇化建设不仅成为破解二元结构、提高城镇化质量、助推经济实现持续健康发展、不断改善民生的重要战略举措，而且其释放的巨大资金需求信号和金融创新压力，也将给商业银行带来前所未有的发展机遇。正确认识新型城镇化发展的一般规律，了解新型城镇化的总体特征，把握新型城镇化发展的趋势，是商业银行实现金融创新的前提和基础。

一、新型城镇化的缘起

中国城镇建设历史悠久，城市发展曾一度居于所处时代的前列，出现过当时享誉世界的大都市，但随着近代以来的外国入侵和殖民掠夺，社会发展严重滞后，近现代城镇建设和城镇化进程基本上被扼杀。新中国成立初期，中国的城镇化率只有10.6%，改革开放之前，中国的城镇化缓慢增长，一系列政策人为地控制农村人口向城镇转移。1978年中国的城镇化率只有17.9%，生活在城镇的人口约为1.7亿人。改革开放后，中国城镇化进入一个新的发展阶段，特别是随着近年来经济的高速增长，城镇化发展进入由快速发展逐步向科学发展转变的过程，呈现出城镇人口数量不断增长、城镇人口比重不断提高、城镇数目不断增加、城镇用地规模不断扩张和城镇不断向高层次发展的总体趋势。截至2014年，中国城镇人口已经超过7.5亿人，城镇化率达到54.77%，进入城镇化率快速上升的发展阶段。

自2003年党的十六大开始，中央推进新型城镇化的思路逐渐明晰，2012年12月的中央经济工作会议提出要积极稳妥地推进新型城镇化，着力提高城镇化质量。2014年3月，中共中央、国务院印发了指导全国新型城镇化健康发展的宏观性、战略性、基础性的《国家新型城镇化规划（2014~2020年）》（以下简称《规划》）。《规划》指出，新型城镇化是现代化的必由之路，是解决农业、农村、农民问题的重要途径，是推动区域协调发展的有力支撑，是扩大内需和促进产业升级的重要抓手。制定和实施《规划》，是为了走出一条以人为本、四化同步、优化布局、生态文明、文化传承的中国特色新型城镇化道路，力促全面建成小康社会，加快推进社会主义现代化。《规划》的正式出台，标志着中国城镇化发展开始从"传统"转变到"新型"，新型城镇化建设进入全新的发展阶段。出现这种转变的背景表现在以下几个方面：

一是"土地城镇化"难以持续，要求我们必须摒弃传统城镇化道路，走新型城镇化道路。过去传统的城镇化发展对人口、居民素质和生活质量的城镇化重视不够。一些地方此前强推的所谓城镇化，非但没有解决城乡失衡，反而埋下扩大城乡失衡的隐患。例如，以土地流转推进农业规模化生产变成了"圈地"；鼓励工商业资本下乡促进农业产业结构调整，变成了工商业"围剿"农业。特别是地方政府在国有土地出让中的收入大幅度攀升，从2001年的1300亿元左右增加到2014年的4万亿元，占国有土地出让收入的95%。[①] 土地城镇化的快速发展使得土地资源的制约逐渐显现，土地征收成本不断攀升，地方债务风险明显增加，土地财政难以持续支撑传统城镇化模式，这就要求城镇化发展不能再走政府主导的道路，应将市场机制引入城

---

① 《"土地财政"创新高　去年地方卖地收入超四万亿》，《中国新闻网》2015年2月2日。

镇化发展中，将人的需求与发展作为城镇化发展的最终目标，走新型城镇化发展道路。

二是环境问题日益严重，要求我们必须摒弃传统城镇化道路，走新型城镇化道路。传统城镇化推动了大量人口向行政级别高的大城市聚集，不仅使中小城市发展相对缓慢，小城市功能不完善，造成空间布局的过度集中、经济结构的严重失衡，而且由于忽视城镇资源配置效率，消耗了大量土地、能源、水等资源，并大量排放"三废"，造成环境的严重污染，一些城市和乡村患上了较为严重的"城市病"，中国的城镇化已不能再走传统城镇化的道路。20世纪80年代以来，随着人们环境意识的觉醒和可持续发展战略的提出，发展和建设生态城市的思潮席卷全球，人们更加注重城市经济的清洁生产、安静交通、绿色居住以及城市生态功能区的规划建设。这要求未来的城镇化建设必须摒弃传统的忽视人口、资源、环境协调发展客观规律的粗放型发展模式，代之以全新的以绿色、低碳为特征的新型城镇化发展模式。

三是城乡分割，社会矛盾日益积累，要求我们必须摒弃传统城镇化道路，走新型城镇化道路。就中国而言，由于历史、国情等多方面原因，城乡分割、城乡关系失衡问题比较突出，城乡二元样态呈现出"中心（城市）—边缘（乡村）"的结构。这不仅体现在城乡物理空间上的隔离，还体现在城乡居民社会空间上的分殊，尤其是城乡居民存在发展机会、社会福利的差别。改革开放以来，在经济飞速发展的同时，中国地区间的差距、居民之间的差距在不断拉大。过去长期实行的城乡有别的隔离政策，不仅严重制约了城乡一体化和互动融合发展，也使庞大的农民和城市外来人口（见表1-1）成为被边缘化的"二等公民"。此外，在既有制度安排尤其是政府垄断土地市场的条件下，土地和房地产市场背后不合理的利益分配格局也使得社会差距急剧扩大，在已有的城镇化模式下，每一寸土地的城镇化，都在制造新的社会不公，积累新的社会矛盾。因此，传统的城镇化模式已不可持续，迫切需要改变，需要推进注重经济社会协调发展和人的全面发展的新型城镇化。

表 1-1 2008~2013 年中国农民工规模变化情况

单位：万人

年份 指标	2008	2009	2010	2011	2012	2013
农民工总量	22542	22978	24223	25278	26261	26894
1. 外出农民工	14041	14533	15335	15863	16336	16610
（1）住户中外出农民工	11182	11567	12264	12584	12961	13085
（2）举家外出农民工	2859	2966	3071	3279	3375	3525
2. 本地农民工	8501	8445	8888	9415	9925	10284

资料来源：《2013 年中国农民工现状调查》，《全球经济数据》2014 年 5 月 13 日。

二、新型城镇化的科学内涵与特征

中国当前所秉持和践行的城镇化是与西方城镇化和传统城镇化完全不同的城镇化，是超越自身、逐步完善的城镇化；是坚持科学发展，适应当今中国城市发展新环境的城镇化；是与当今世界经济发展相适应，坚持生态文明理念和原则，环境友好、资源节约的城镇化；是以大中小城市和小城镇、各类城市群科学布局为方向，坚持城乡统筹、城乡一体、产城互动、和谐发展的城镇化；是坚持以人为本，以新型工业化为动力，以统筹兼顾为原则，推动城市现代化、城市集群化、城市生态化、农村城镇化，重在全面提升城镇化质量和水平的城镇化。

（一）新型城镇化的科学内涵

关于新型城镇化的内涵，学界见仁见智，各有各的理解和阐述，至今尚未形成统一、标准的定义。孙久文等认为，新型城镇化是以科学发展观为指导，实现从速度型向"又好又快"的质量型转变，走集约型城镇化道路的城镇化。[①] 牛文元认为，新型城镇化是更加注重城乡一体化、均等化，更加注重集约发展、和谐发展，提升农民和新增城镇居民的生存条件和生活质量，

---

① 孙久文、叶振宇：《走中国特色城镇化道路的若干问题探讨》，《中州学刊》2009 年第 3 期。

转变经济发展方式，实现资源节约、环境友好，大中小城镇协调发展的城镇化。[①] 魏后凯认为，新型城镇化是高度关注农民市民化，着力解决城乡和城市内部双二元结构，实现人本城镇化、市场城镇化、文明城镇化、特色城镇化、绿色城镇化、城乡统筹城镇化、集群城镇化和智慧城镇化等相统一的城镇化。综合起来，我们认为，新型城镇化主要有以下四个方面的基本内涵：

1. 新型城镇化是能够提供新的发展动力，与工业化、信息化、农业现代化同步推进的城镇化

工业化是新型城镇化的主导和发展的主要动力；农业现代化是新型城镇化的重要基础和发展的根基；信息化是新型城镇化发展的后发优势和新的活力。过去18世纪的第一次科技革命（工业革命），为工业的发展提供了廉价的劳动力。19世纪的第二次科技革命，电力的推广使工业发展深入推进。现如今，以3G网络、4G网络、"云端"、"大数据"等为代表的云时代使各个领域开始了量化过程，以信息产业为代表的第三产业将为新型城镇化提供新的发展动力。在推进新型城镇化发展的过程中，要特别注意科技、经济和社会环境的协调发展，充分发挥工业化的动力作用、农业现代化的基础作用和信息化的引领作用，实现"四化"有机融合，促进工业化和城镇化良性互动、城镇化和农业现代化相互协调，城镇发展与产业支撑、就业转移、人口集聚相统一，形成以工促农、以城带乡、工农互惠、城乡一体的新型工农、城乡关系。

2. 新型城镇化是关注可持续发展，人口、经济、资源和环境相协调的城镇化

新型城镇化把提升城镇化的质量作为发展的关键点，注重内涵优化、科学合理的城镇发展，并全面融入生态文明的理念和原则，按照"资源节约和环境友好"的要求，注重节能减排、保护和改善生态环境，依托城镇的资源和环境承载能力聚集产业和人口，努力发展低耗经济、低碳经济、循环经济；注重历史文化传承和城镇综合承载能力，按照城市标准，对垃圾、污水、噪声等污染物进行达标处理和控制，增加绿地、林地面积，突出城市生

[①] 牛文元：《中国特色城市化报告》，科学出版社2012年版。

态建设，推动城市与自然、人与城市环境和谐相处，不断提升城市品位，建设生态城市，保障城镇化的质量、效益和福利，实现城镇化的可持续推进。

3. 新型城镇化是以人为本，实现人口集聚、公共服务协调发展的城镇化

新型城镇化崇尚以人为本，追求公平共享，将"人的城镇化"放在首位，以满足人的需要和充分改善民生为出发点和落脚点，强调和维护人在新型城镇化进程中的核心和主体地位，不断提高人民群众的物质、精神文化生活水平和健康水平，让人民生活得更加幸福美好；新型城镇化强调不断促进民生改善，让进城农民都享有基本的公共服务，让外来常住人口在医疗、教育、养老、失业救济等方面与城市人口享受平等的权利；新型城镇化强调不断提高城镇的包容性，推动不同主体基本公共服务的均等化和发展权利的均等性，破解城乡二元体制，注重城镇化的社会管理和服务创新，改革城镇人口社会管理制度，努力消除人口膨胀、交通拥挤、贫富分化等现代"城市病"，实现经济高效、资源节约、环境友好、布局科学和城乡互促。

4. 新型城镇化是实现城乡统筹，促进城乡发展一体化的城镇化

新型城镇化立足于城市，着眼于农村，力促农业增效、农民增收、农村繁荣，重点推进农村城镇化，逐步缩小城乡差距，实现大中小城市与小城镇协调发展，带动城乡共同富裕；新型城镇化推动城镇向数字域、信息域、智能域、知识域方向发展，引导人口和产业集中集聚，促使城镇地理空间优化、中心城市与卫星城镇共同繁荣，优化配置城乡资源，增强城镇对农村的辐射牵引作用，加强社会主义新农村建设，实现城乡经济社会的全面融合，造就城镇宜居、宜业、宜游的环境，统筹城乡发展。

（二）新型城镇化的特征解读

新型城镇化是以科学发展观为指导，以人的全面发展为目的的城镇化；是民生得到保障和改善、人民幸福指数不断上升、能够安居乐业的城镇化；是遵循客观规律，实现全面、协调、可持续发展的城镇化；是工业化、信息化和农业现代化协调发展的城镇化。新型城镇化具有以下五个方面的典型特征：

1. 新型城镇化以人的城镇化为新目标

与以物为本、产业非农化、土地非农化的传统城镇化发展的目的相比，新型城镇化强调以人为本，目标在于提高城镇居民的生活质量，让农村转移人口获得同样的幸福感受。新型城镇化将会以人口城镇化为核心，实现职业上从农业到非农业、地域上从农村到城镇、身份上从农民到市民的转换。过去相当长的一个时期以来，中国城市建设主要是为了拉动经济增长，而非促进农民向城市转移，实现的是土地的城市化而非人的城市化，大量农民和流动人口没有办法真正融入城市，同时，一线城市人口暴涨，"大城市病"不断出现，"空城"现象时有发生等。新型城镇化则是以人为核心的、具有鲜明的以人为本特征的城镇化。

2. 新型城镇化以市场主导为新机制

与政府主导型的城镇化、政府对资源特别是土地资源起重要支配作用的传统城镇化不同，新型城镇化从发展机制上讲，是实现由政府主导型城镇化向市场主导型城镇化转型的城镇化，这是经济发展和城镇化规律使然。城镇化涉及政府、市场和社会问题，本质上应该是基于政府、市场和社会相互作用达到均衡的城镇化，不存在谁主导的问题，但就新型城镇化发展的特定阶段而言，仍然有必要提出由政府主导的城镇化向市场主导的城镇化转型。由政府主导向市场主导的转型，并不是否认政府的作用，而在于打破权力与资本的增长联盟，使得政府回归其本位，为城镇化发展提供公共产品和公平的发展环境。

3. 新型城镇化以环境优质化为新格局

与重数量、重规模、重速度的传统城镇化相比，新型城镇化重质量、重结构、重效益。良好的生态环境是人和社会持续发展的根本基础。新型城镇化强调提升质量、绿色环保，提倡大力提高城镇土地利用效率、城镇建成区人口密度；切实提高能源利用效率，降低能源消耗和二氧化碳排放强度；高度重视生态安全，扩大森林、湖泊、湿地等绿色生态空间比重，增强水源涵养能力和环境容量；强调不断改善环境质量，减少主要污染物排放总量，控制开发强度，增强抵御和减缓自然灾害的能力；强调坚持生态文明，着力推进绿色发展、循环发展、低碳发展，尽可能减少对自然的干扰和损害，节约集约利用土地、水、能源等资源；强调传承文化，发展有历史记忆、地域特色、民族特点的美丽城镇。

4. 新型城镇化以社会待遇公平化为新模式

与城乡分离、重城轻乡、优先发展城镇、城乡差距悬殊的传统城镇化相比，新型城镇化注重统筹城乡协调发展、城乡一体化、城乡差距缩小、基本公共服务均等化。在传统城镇化发展模式下，中国农民工总量超过2.5亿人，20%的农民工子女无法入读全日制公办中小学校，参加除工伤保险之外的其他城镇职工社会保险的比率均未超过30%，城乡福利差距巨大。新型城镇化从统筹城乡发展的战略高度，重在打破二元体制，走城乡一体化道路，加快推进户籍制度、社会管理体制和相关制度改革，有序推进农业转移人口市民化，逐步实现城镇基本公共服务覆盖常住人口，为人们自由迁徙、安居乐业创造公平的制度环境，实现社会待遇的公平化，最终实现城乡融合。

5. 新型城镇化以转型升级、产城互动为新动力

与大城市和中小城市发展失衡、功能单一、配套设施不完善的传统城镇化模式相比，新型城镇化注重在产业支撑、就业环境、人居环境、社会保障、生活方式等方面实现由"乡"到"城"的切实转变。特别是在中国城镇化率过半之际，新型城镇化强调通过适当的经济结构转型来获取长久的发展，强调通过产业培育、产业更替、产业优化等策略不断融入工业化、信息化、城镇化和农业现代化的"四化"发展之中，形成新型城镇化的内生动力，从而改变以往城镇与产业不匹配的局面，促进产城互动，推动产业升级和提升城镇化水平。

三、新型城镇化发展的重大意义

新型城镇化是非农产业在城镇集聚、农村人口向城镇集中的自然历史过程，是13亿中国人实现"中国梦"的重大战略部署，是人类社会发展的客观趋势，是保持经济社会持续健康发展的强大动力引擎，是中国现代化建设

的历史任务,是全面建成小康社会的重大举措。顺应发展规律,因势利导,趋利避害,积极稳妥扎实有序地推进新型城镇化,对全面建成小康社会、加快社会主义现代化建设进程、实现中华民族伟大复兴的中国梦,具有重大的现实意义和深远的历史意义。

(一) 推进新型城镇化是实现现代化建设的重要选择

从人类社会发展历史看,新型城镇化是中国现代化建设的必由之路,是实现现代化的必然选择。世界工业革命以来的经济社会发展史表明,一国要成功实现现代化,在工业化发展的同时,必须注重城镇化同步发展。在中国这样一个拥有 13 亿人口的国家,要用占世界不足 9% 的耕地养活占世界 20% 左右的人口并实现现代化,是一个极大的挑战,面临着极大的困难。因此,建设现代化国家,实现社会主义现代化目标,是一个必须长期努力、艰苦探索的过程,而加快新型城镇化进程对于推进现代化建设具有非常大的战略意义。加快城镇化能够推进现代服务业发展,有效提升工业化水平,加快农业现代化步伐,促进产业结构优化升级。由于新型城镇化推进的过程伴随着农村人口向城镇的转移,城镇规模呈不断壮大的发展状态,所以这一过程中,民生服务需求将带动第二产业中冶金、建材、建筑、装备制造、电子信息等行业的发展,同时还将扩大对房地产、现代物流、设计规划、咨询服务、金融保险等第三产业的需求,因而能够促使经济增长主要由投资拉动,转向消费、投资、出口协调拉动,实现经济发展方式的实质性转变,从而全面促进现代化建设和实现全面建成小康社会。

(二) 推进新型城镇化是实现全方位变革的强大支撑

新型城镇化的推进不单是发展和增长的问题,它涉及改革的方方面面,能为经济社会的全方位改革提供强大的战略支撑。在推进新型城镇化的进程中,将从户籍、土地、住房、财税、地方投融资等方面的改革着手,为城镇化发展提供政策支持,因此,新型城镇化是一个让广大农民平等参与现代化、共同分享现代化成果的过程,更是一个催生城镇户籍制度改革,逐步打破城乡二元体制,促进城乡居民自由、合理流动的过程。新型城镇化倡导的人口城镇化，将启动农村新一轮改革，进一步释放土地和劳动力潜能，通过要素流动与资源配置效率的提高，带动中国内部的资源、资金、人力和商品的自由流动，为中国经济增长提供内部支撑，为深化体制改革提供新的发展动力。

（三）推进新型城镇化是解决"三农"问题的重要途径

改革开放30多年来，中国农业生产水平虽然有了很大提高，但是自20世纪80年代中后期以来，农民收入增速明显慢于城镇居民，城乡居民收入差距拉大。造成这种状况的原因是多方面的，例如，中国农业劳动力市场可支配的土地资源太少，人均耕地仅0.1公顷，农户户均土地经营规模约0.6公顷，远远达不到农业规模化经营的门槛，加上劳动生产率提高缓慢，导致农民很难依靠经营小块土地实现脱贫致富。解决"三农"问题的根本出路在于实现农村城市化，农民市民化，农业商品化、产业化、现代化，以农民为本，提高农民的幸福度。新型城镇化总体上有利于集约节约利用土地，为发展现代农业腾出宝贵空间。随着农村人口逐步向城镇转移，农民人均资源占有量相应增加，可以促进农业生产规模化和机械化，提高农业现代化水平和农民生活水平。城镇经济实力提升，会进一步增强以工促农、以城带乡能力，加快农村经济社会发展。

（四）推进新型城镇化是实现区域协调发展的重要环节

区域协调发展事关社会主义现代化建设的全局和全面建成小康社会奋斗目标的实现。改革开放以来，中国东部沿海地区率先开放发展，形成了京津冀、长江三角洲、珠江三角洲等一批城市群，有力推动了东部地区快速发展，成为国民经济重要的增长极。但与此同时，中西部地区城镇化发展相对滞后，如东部地区常住人口城镇化率达到62.2%，而中部、西部地区分别只有48.5%、44.8%。推进新型城镇化，能够发挥城镇化不可替代的融合和引领作用，促进区域协调发展建立在发展平衡性、协调性、可持续性明显增强的基础上，使城镇化布局既遵循经济规律，也考虑国家安全，优化行政区划，促进要素流动和功能整合，推动跨省或地区的区域合作，提升东部城镇化质量，并通过推动中西部地区城镇化加快发展，带动中西部地区发展，培育形成新的增长极，从而促进经济增长和市场空间由东向西、由南向北梯次拓展，推动人口经济布局更加合理、区域发展更加协调。

（五）推进新型城镇化是破解资源环境约束的有效途径

改革开放 30 多年来，中国在取得社会主义经济建设、政治建设、文化建设、社会建设以及生态文明建设重大进展的同时，由于庞大的人口数量和巨大的发展需求，长期形成的结构性矛盾和粗放型增长方式尚未发生根本变化，日趋强化的资源环境约束依然是中国经济社会发展中存在的突出问题。科学推进城镇化，加快转变经济发展方式，是从根本上破除资源环境"瓶颈"，克服传统城镇化模式和传统工业化发展模式缺陷，以环境容量优化区域布局，以环境改善倒逼发展方式转变，以生态建设再造环境优势，有效减轻环境治理压力，扭转生态恶化趋势，解决中国国民经济持续快速增长带来的资源供给不足和环境污染日益严重两大压力，促进中国经济社会长期平稳较快发展的治本之策。

四、新型城镇化发展的成就与问题

新型城镇化是顺应中国基本国情与时代发展需求提出的具有中国特色的城镇化发展道路。自 2003 年党的十六大明确提出推进新型城镇化道路，特别是《国家新型城镇化规划（2014~2020 年）》出台以来，中国新型城镇化建设如火如荼，取得了令世人瞩目的成就，人民的居住空间和生产生活方式不断得到调整，稀缺的土地、资金、人才等资源配置受到高度关注，生态建设、文化发展与社会管理模式也在重新调整，从粗放到集约、从冲突到和谐、从单向到全面、从追求短期效应到持续发展的根本转变也正在从理念的树立逐渐落实到切实的实践中。

（一）新型城镇化建设取得的阶段性成就

新型城镇化的核心在于实现城乡基础设施一体化和公共服务均等化，促进经济社会协调发展，最终实现共同富裕。近年来，在各级政府的共同努力下，中国新型城镇化建设取得了阶段性成果，城镇居民生活水平逐年提高，城镇环境呈现生态、宜居、可持续发展的良好态势。

1. 城镇人口快速增加，全国7.5亿人生活在城镇

根据《2014年国民经济和社会发展统计公报》显示，2014年中国城镇化率达到54.77%，也就是说，全国城镇人口占总人口的比重达到54.77%，有将近7.5亿人生活在城镇，接近《国家新型城镇化规划（2014~2020年）》中要求的2020年实现城镇常住人口占60%左右的数据。1978年中国的城镇化率只有17.9%，生活在城镇的人口约为1.7亿人。1978~2014年，城镇常住人口从1.7亿人增加到接近7.5亿人（见表1-2），城镇化率从17.9%提升到54.77%，年均提高1.02个百分点；城市数量从193个增加到658个，建制镇数量从2173个增加到20401个。京津冀、长江三角洲、珠江三角洲三大城市群，以2.8%的国土面积集聚了18%的人口，创造了36%的国内生产总值，成为带动中国经济快速增长和参与国际经济合作与竞争的主要平台。城市水、电、路、气、信息网络等基础设施显著改善，教育、医疗、文化体育、社会保障等公共服务水平明显提高，人均住宅、公园绿地面积大幅增加，体现了城镇化的快速发展和中国经济实力的快速上升。

表1-2 2011~2014年末中国人口数及其城乡构成

单位：亿人

年份	2011	2012	2013	2014
中国人口总计	13.47	13.54	13.61	13.68
其中：城镇人口	6.91	7.12	7.31	7.49
农村人口	6.57	6.42	6.30	6.19

资料来源：根据国家统计局2015年2月6日发布的《2014年国民经济和社会发展统计公报》整理。

2. 城镇化率稳步提升，经济发展的内生动力不断增强

新型城镇化的推进有效拉动着消费增长、推动着消费的升级，是中国扩

大内需的最大潜力。城镇化每提高一个百分点，就有1000多万农村人口进入城镇，从1978年的17.9%到2014年的54.77%，中国城镇化率以年均增长1.02个百分点的速度稳步提高，这意味着每年上千万的农民进入城镇工作、生活。农村劳动力向城市转移，为经济发展提供了宝贵的人口红利，亿万农民向市民转化带来的巨大消费需求更成为中国经济由外向内转型升级的第一推动力。新型城镇化在吸纳如此大量的农村剩余劳动力的同时，也释放了巨大的消费潜力，使中国经济增长的内生动力不断增强。城镇化水平的持续提高，让更多农民的腰包鼓起来，使城镇消费群体不断扩大、消费结构不断升级，也带动城市基础设施、公共服务设施和住宅建设等巨大投资需求，促进了服务业快速发展。所有这些都进一步增强了经济发展的内生动力，经济爆发出来的可持续能力使中国经济呈现出勃勃生机和旺盛活力，将成为全球增长的发动机。

3. 社会实现成功转型，城镇就业人员首超农村

2011年，中国大陆城镇人口达69079万人，占总人口的比重达51.27%，首次超过农村人口，人口结构重心的城乡转换标志着中国跨入城市时代的门槛。2014年，中国全年城镇新增就业人员1322万人，年末城镇就业人员达39310万人。城镇就业人员占全国就业总量的比重比上年提高1.2个百分点，并首次超过50%，达到50.9%。也就是说，全国有超过一半的就业人口在城镇上班。从人口数量超过农村到就业人员超过农村，只用了短短的三年时间，揭示了中国新型城镇化的快速推进和城镇化推进质量的快速提升。新型城镇化发展成为社会转型发展的重要标志。此外，城市吸纳农村转移劳动力的就业比例也在不断优化。过去主要是以制造业和基建投资为平台，而2013年以来则转向由服务业带动。2014年，第三产业占国内生产总值的比重达48.2%，连续第二年超过第二产业，高于第二产业5.6个百分点。这说明，服务业在新型城镇化进程中扮演了越来越重要的角色。

中国在推进城市化的进程中，不是照搬西方国家单向发展大城市的模式，而是结合中国实际，创新性地将大中小城市并举发展，形成纵横双向城市群发展模式。尤其是将星罗棋布、连接城市和乡村的万千个建制镇，列入城市化建设的范畴，实施以"小城镇，大战略"为发展目标的新型城镇化战

略，不仅加快了中国经济社会的发展，而且具有一定的世界意义，对全球经济发展做出了巨大的贡献。近年来，中国在城市化过程中每年以建筑总量占世界 50%左右的规模和年均 10%以上的经济增长速度，对全球经济拉动的贡献率达 50%，直接影响甚至左右着全球经济的发展。由此可见，城镇化成为拉动社会经济发展的"航母"。

（二）新型城镇化建设中存在的问题分析

新型城镇化是关系中国现代化全局的大战略，是最大的结构调整，事关几亿人生活的改善。以人为核心的新型城镇化在推动中国经济社会健康稳定发展、使亿万农民享受到改革发展成果的同时，也存在一些必须高度重视并着力解决的突出矛盾和问题。

1. 人的城镇化滞后，农村转移人口难以融入城市社会

新型城镇化归根结底是人的城镇化，解决好"三个 1 亿人"问题，即促进约 1 亿农业转移人口落户城镇，改造约 1 亿人居住的城镇棚户区和城中村，引导约 1 亿人在中西部地区就近城镇化，是推进新型城镇化的核心任务。目前，中国常住人口城镇化率为 54.77%，户籍人口城镇化率则只有 37%左右，低于人均收入与中国相近的发展中国家 60%的平均水平。2011年，全国人户分离的人口为 2.7 亿人，比 2010 年增加 977 万人。根据世界城镇化发展普遍规律，中国仍处于快速城镇化发展区间，城镇化率每年大约将增加 1 个百分点，每年将有约 1300 万人从农村进城，必须高度重视这些转移人口的就业、住房、医疗、子女上学等基本问题。

在新型城镇化发展中，要解决这些问题，不能延续过去传统城镇化模式下政府大包大揽或服务缺位等行为，必须向民生领域转变职能，让市场、社会组织承接部分服务职能。但由于各方面衔接得不完美、市场发育得不完善，造成被统计为城镇人口的 2.34 亿农民工及其随迁家属，未能在教育、就业、医疗、养老、保障性住房等方面享受城镇居民的基本公共服务，加上产城融合不紧密，产业集聚与人口集聚不同步，城镇化滞后于工业化，结果使农民进城容易、生存难成为普遍的现象。另外，农民进城变市民之后，难以适应城市用工需求，就业压力大，从而积累了一些社会怨气。一些基层政府仍然沿用传统的社会管理方式,也导致社会矛盾的不断积聚,形成事实上的城乡分割、人地分割的城镇化,造成社会不同群体间的利益分化,城镇内部出现新的二元矛盾,农村留守儿童、妇女和老人问题日益凸显,给经济社会发展带来诸多风险隐患。传统城镇化强调城的建设,新型城镇化的核心则是以人为本。如何依托新型城镇的聚合载体作用,在经济、文化等诸多层面满足进城人口全面发展的需求,让农村转移人口"进得来、住得下、融得进、能就业、可创业",成为推进新型城镇化健康发展的头等大事。

2. 建设用地粗放低效,过度开发带来生态危机

建设土地供给与耕地保护始终是新型城镇化进程中的焦点和难点问题。《国家新型城镇化规划(2014~2020年)》明确指出,到2020年,要努力实现一亿左右农业转移人口和其他常住人口在城镇落户。一方面,这些人口的居住和就业需要大量建设用地;另一方面,随着大量农民转移进城,其在农村的土地承包经营权和宅基地使用权需要流转。

尽管新型城镇化倡导要走绿色、节约道路,但在具体的开发中,有许多地方政府的实施路径仍然是靠土地财政拉动,过度开发,粗放用地,浪费土地现象仍然严重。一些城市"摊大饼"式扩张,过分追求宽马路、大广场,新城新区、开发区和工业园区占地过大,建成区人口密度偏低。一些地方过度依赖土地出让收入和土地抵押融资推进城镇建设,加剧了土地粗放利用,浪费了大量耕地资源,威胁到国家粮食安全和生态安全,也加大了地方政府性债务等财政金融风险,同时也带来了前所未有的环境污染问题,如城市空气严重污染、水污染、噪声污染等。这些污染不断加剧,使城市雾霾问题更加严重,温室效应也时有发生。这一系列问题的根本原因是监督不力,没能真正建立起行之有效的监督、监管机制,导致开发建设失控、滥建的不堪局面。这就需要我们高度重视推进新型城镇化发展中的土地问题,不断探索土地改革的新思路、新办法,着力建立新型城镇化土地、人口、产业协同机制,严格保护耕地、园地等农业空间资源,积极支持和推动城镇低效用地再开发,盘活城镇存量建设用地。

3. 城镇规划盲目,空间分布和规模结构不科学

在新型城镇建设和发展的前期工作中,存在规划盲目、脱离实际、好大

喜功、完全不遵从科学依据的问题，不能科学有序地抓好新型城镇规划，即使有属于自己的规划也多是地方性的粗制滥造，缺乏科学性和预见性，推行起来偏离了新型城镇化建设的原有宗旨。

从大的布局来说，中国东部一些城镇密集地区资源环境约束趋紧，中西部资源环境承载能力较强地区的城镇化潜力有待挖掘；城市群布局不尽合理，城市群内部分工协作不够、集群效率不高；部分特大城市主城区人口压力偏大，与综合承载能力之间的矛盾加剧；中小城市集聚产业和人口不足，潜力没有得到充分发挥；小城镇数量多、规模小、服务功能弱。这些都增加了经济社会和生态环境成本，与资源环境承载能力不匹配。

4.城市管理水平不高，自然历史文化遗产保护不力

由于新型城镇化推进过程中体制机制不健全，阻碍了城镇化的健康发展，再加上重经济发展、轻环境保护，重城市建设、轻管理服务，城市管理运行效率不高，公共服务供给能力不足等，造成进城农民享受的公共服务得不到落实，生活水平得不到保障，致使新型城镇的社会承载力不强。

此外，城乡建设也缺乏特色，对历史文化遗产保护不力。一些城市景观结构与所处区域的自然地理特征不协调，部分城市贪大求洋、照搬照抄，脱离实际建设国际大都市，"建设性"破坏不断蔓延，城市的自然和文化个性被破坏。一些农村地区大拆大建，照搬城市小区模式建设新农村，简单用城市元素与风格取代传统民居和田园风光，导致乡土特色和民俗文化流失。路径相同、功能相近、千城"一面孔"、管理"一刀切"，是中国城镇化过程中的顽疾。文化是城市的灵魂，虽然城市建设会不断融入现代元素，但应同步保护和弘扬优秀传统文化，延续城市文脉。新型城镇化的核心是人的城镇化，应关注人的需求，突出宜居，让新型城镇融入大自然，而不是花大力气去劈山填海、造人工景观。所以，如何杜绝大拆大建，不搞千城一面、万楼一貌，让新型城镇有历史传承、有自然风貌、有文化记忆，努力留住乡愁，是推进城镇化过程中必须积极探索的问题。

五、新型城镇化发展的趋势与展望

根据世界城镇化发展的普遍规律,中国仍处于城镇化率 30%~70% 的快速发展区间。随着内外部环境和条件的深刻变化,中国新型城镇化将进入以提升质量为主的转型发展新阶段。未来新型城镇化工作的重心是在致力于以人为本,消除不同地区贫富差距的同时,以全面的社会保障体系推动全体人民生活水平共同提升,推动"三个 1 亿人"工作重心的实现,推动户籍制度改革,加快社会保障建设,加大对中西部地区新型城镇化的支持。

(一)新型城镇化发展的趋势分析

新型城镇化是中国未来的经济引擎,将为中国经济增长提供中长期动力。走新型城镇化之路,是中国缩小与发达国家的发展差距、加快现代化进程的必然选择,是符合国情、面向未来的主动城镇化道路。新型城镇化的发展既表现为人口城市化率的增长,又表现为区域"城市性"程度的提升。当人口城市化率达到最高程度即峰值以后就不会再增长,而区域"城市性"仍会持续提升。所以,以人口城市化率的"峰值"为标志,中国的新型城镇化之路可以分为两大阶段,即新型城镇化的成长阶段和新型城镇化的成熟阶段。从成长阶段走向成熟阶段,就成为中国新型城镇化的演变趋势。中国新型城镇化在从成长阶段转向成熟阶段的过程中,将呈现出发展理念人本化、发展方式集约化、发展路径生态化、发展形态集聚化、发展趋势回流化五大发展趋势。

1. 发展理念人本化

城镇是因人的发展而兴起的,也是为人的发展而兴盛的,因此,城镇的本义应是"文明的人居环境"。人本主义的核心在于关注人的需求和价值,尊重人的自我选择,促进人的全面发展。城镇发展的人本化理念是指城市建设和发展要尊重人的生理与心理欲求,以宜人居住为目标,体现人文关怀,吸纳市民参与,强调公共服务,呼唤情感认同,使人们生活得更加安全、健康、舒适、自由和谐。长期以来，我们走的是以物为本的传统城镇化道路，城镇化的发展过度关注城市经济的快速增长、生产要素的大量投放和城市规模的盲目扩张，而忽视了人的发展需要和对居民合法权益的保护，因而产生了一系列违背客观规律和以人为本精神的问题和矛盾。推进新型城镇化，就是要用以人为本的理念替代以物为本的理念，在城镇化发展中体现人文关怀，吸纳市民参与，关注社会和谐，使城镇化发展与构建和谐社会目标相一致。

2. 发展方式集约化

发展方式集约化是指在最充分利用一切资源的基础上，更集中合理地运用现代管理与技术，充分发挥人力资源的积极效应，以提高工作效益和效率的一种形式。与粗放式发展方式相比，发展方式集约化最主要的特点是要素组合的集结、协调和优化。过去，中国城镇化发展采取的是粗放式的发展方式，不仅浪费各种资源，更对生态环境造成了不利影响。在当前中国面临人口、资源、环境等多重约束的背景下，城镇化发展必然要尊重和顺应自然规律，强化集约发展理念，健全规划建设体制机制，推动集约、智能、绿色、低碳发展，实现发展方式的集约化和城市的持续发展。

3. 发展路径生态化

生态环境是人类生存和发展的基本条件，也是实现城镇化可持续发展的基础保障。城镇化生态发展是全球普遍关注的问题。中国过去依靠劳动力廉价供给、粗放式的经济增长与非均等化公共服务低成本供给的传统城镇化已经无法再持续下去。《国家新型城镇化规划（2014~2020年)》针对传统城镇化中存在的"重物轻人"、空间失衡、生态恶化、文化流失、粗放低效、"城市病"蔓延等弊端和问题，要求"把生态文明理念全面融入城镇化进程，着力推进绿色发展、循环发展、低碳发展"，更加注重生态环境治理与保护，强化生态环境建设和维护，走出一条集约、绿色、低碳，人与自然和谐统一的城镇化路子。

4. 发展形态集聚化

当今世界城镇化发展呈现出发展形态上的集聚化，这已成为世界城镇化发展的主体形态。发展形态的集聚化表现为在全球经济一体化的形势下，在空间布局上，以核心城市为中心，以若干次中心城市为支撑，以星罗棋布的小城镇为基础，形成城市集聚区和若干城市群。同时，城市群之间又呈融合化趋势，从而形成大都市区、都市圈和都市带等，这也是我国提出大力发展"三个支撑带"的由来。这种集聚化发展，一方面有利于区域资源共享，节约区域的经济和社会发展成本，提升区域运行效率；另一方面有利于提高区域整体竞争能力，提升在国际分工中的地位，获取更多的发展空间和机会。中国新型城镇化的发展必将顺应这一发展趋势，培育和形成一批都市区、都市圈等。

5. 发展趋势回流化

当人口城市化率达到峰值后，新型城镇化便进入成熟阶段。这个阶段的特征是人口转移与结构转型并存的"二元"发展型城市化将会终结，人口转移成为正常的人口流动，以提高人口城镇化率为标志的城镇化任务已经基本完成，城镇化出现新的结构转型，乡村人口向城市的大规模转移趋于结束，城乡进入相融的时代，可能会有一部分城市人口向乡村"回流"，这样的"回流"并不是传统意义上的"逆城市化"，而是"顺城市化"的人口流动的自由选择。城镇化发展进入合理化状态，人口分布、城市布局和城市功能的发挥符合经济发展规律、社会发展规律和自然发展规律的客观要求，无论是局域的单个城市、广域的相邻城市和县域的新市镇、新农村，都构建起与经济发展相适应、与社会发展相协调、与自然发展相和谐的城市化体系，城镇化发展完全进入合理化状态。

（二）新型城镇化发展的前景展望

新型城镇化是城市和乡村自然融合的整体，是人才、物资、信息、资金等自由流动，城乡经济、社会、文化相互渗透、相互融合、相互依赖的各种时空资源高效利用的城镇化。在全球经济再平衡和产业格局再调整的背景下，全球供给结构和需求结构正在发生深刻变化，庞大的生产能力与有限的市场空间的矛盾更加突出，国际市场竞争更加激烈，中国新型城镇化发展面临着巨大的挑战，城镇化发展由速度型向质量型转型的要求更加紧迫。在推进新型城镇化的进程中，一定要注意防止脱离产业基础的"过度城镇化"，避免城镇化发展陷入"拉美陷阱";防止"有速度无质量"的城镇化,避免城镇化发展"快而不优";防止城镇化进程中进城务工人员的过度"边缘化",避免"半城镇化"过高的社会代价。在全面提升新型城镇化质量,优化新型城镇化空间形态,协调发展大中小城市,增强城市可持续发展能力的同时,要认识到新型城镇化不仅是中国经济增长的主要引擎,而且是支撑中国从经济大国向经济强国转换的重要支撑,并将在人口素质、结构调整、消费调整、产城融合和体制改革五大方面释放出巨大的红利,从而为中国经济的可持续发展提供更大的空间和市场。

1. 人口素质提升将释放人口素质红利

人口是一个国家重要的战略资源,也是生产和财富分配的基础。新型城镇化的核心是人的城镇化,强调人口素质的提升和人力资源的高效利用,其出发点和落脚点都是人。从数据上看,近年来,中国劳动力市场格局已经发生了重大的变化。在严格执行独生子女政策30多年后,中国开始面临严峻的人口老龄化问题,改革开放以来经济快速发展中所享有的人口红利已经接近枯竭,未来年轻的劳动年龄人口(15~29岁)数量到2020年,每年都在以3.6%的速度减少。如果仅从人口规模来看,随着人口老龄化问题的到来,中国人口红利的机遇期将终结,但如果从人口素质来看,中国人口素质在近年来已有显著改善,仅1990~2010年的20年间,中国在业人口的人均受教育年限由6.8年增加至9.1年,劳动者整体受教育水平逐步提升,呈现出从人口规模大国向人力资源强国转变的态势,这种转变态势可能在今后一段时间内延续人口红利。此外,中国人才使用更加科学规范,市场机制优化人才资源配置,束缚人才流动的体制不断清除,这些积极变化也有望继续维持人口红利。

2. 经济结构调整将带来新的改革红利

中国前30年的改革主要是增量改革,即主要通过破除束缚生产力发展的制度性约束,使各类生产要素大量投入和高度集聚,从而做大经济总量的"蛋糕"。但如今,传统改革红利带来的要素投入规模快速扩张的外延式增长模式已难以为继,中国经济进入一个增长率相对较缓的中高速增长期,即经济新常态时期。下一步做大增量的空间已剩不多,必须转变思路,通过做优结构继续挖掘经济改革的红利，着力构建有利于经济结构调整和优化的体制机制，通过"分蛋糕"来创造新的改革红利。由于中国许多地区已进入工业化中期或工业化后期，工业全面性的产能过剩问题比较突出，工业投资不可能继续保持像前几年那样的高速增长，工业投资增速会有所放缓。与此同时，投资重点将转向基础设施建设、生态环境治理、民生工程等领域，所以，今后战略性新兴产业将是产业结构调整优化的关键着力点，中国传统产业改造升级会加快步伐，节能环保、新一代信息技术、合成生物技术、高端装备制造、新能源、新材料、新能源汽车等战略性新兴产业和先进生产性服务业将会有更大的发展空间。创新驱动战略的实施也将释放出新的改革红利。

3. 消费需求升级将释放更大的消费红利

当前，中国经济发展的内在支撑条件和外部需求环境都已发生了深刻变化，经济增长正进入由高速向中高速转换的新常态。在新常态下，内需将成为拉动经济增长的主引擎。世界经济强国的发展历程表明，强国经济的发展主要依靠内需的拉动。美国、德国、日本等经济体，其最终消费率均在80%左右，而2013年中国最终消费率仅为50%，消费红利有待进一步挖掘和释放。新型城镇化的发展，将会有大量农民进城落户，城乡居民收入水平增长将促进消费升级，从以往以耐用消费品为主的消费需求转向更高层次、多样化、个性化的服务消费以及住房消费，特别是服务消费比重将明显提高。因此，充分发挥中国作为经济大国的市场优势、规模优势和制度优势，持续改善消费环境，将会释放大量的消费红利，为企业发展提供良好的发展机遇。

4. 产城深度融合将带来集聚经济红利

城市和产业深度融合是新型城镇化深度发展的内在要求，主要表现为要素匹配、功能协调、机制互促和效应累积。产城深度融合，既要避免像过去那样片面重视发展产业园区，忽视产业工人就地落户的问题，又要避免只重视城市建设，缺乏产业支撑的问题。产城深度融合是获得集聚经济红利的主要途径，在中国数千个大小不同、等级不一、规模不等的产业园区中，如果部分园区能够顺利实现从园区向城市的转型升级，则集聚经济红利将会得到有效释放。实现产城有机融合，产城相互促进至关重要。政府规划应从原来的产城分离向产城互动转变。在产城融合中，远离城区的工业园区可规划独立形成产业新城，靠近中心城区的工业园区则努力实现产业功能和城市发展相融合。

5. 深化体制改革将释放最大的红利

改革是最大的红利。改革的实质是制度变迁或制度创新，改革红利是指由制度变迁或制度创新所带来的收益。改革是一个由制度均衡到制度不均衡再到制度均衡的过程。当存在制度不均衡时，一项新制度的出现就会将潜在的收益转化为现实的收益，从而形成改革红利。新型城镇化不仅要解决农业转移人口在城市落户和就业的问题，更要破除长期困扰着城镇化的体制性障碍。通过体制机制创新，推进户籍制度、土地管理、城市服务管理、社会保障等方面综合配套改革，打通农业转移人口进城务工或落户的体制梗阻，将降低有形或无形的体制成本，逐步转化为促进经济社会发展的红利。总之，一个拥有13亿人口的发展中大国实现新型城镇化，在人类发展历史上没有先例，但只要我们立足国情，实事求是，在实践中不断探索和完善，就能最大限度地收获改革创新的红利，从而实现发展的目标。

第二章 新型城镇化与商业银行转型的关系分析

中国的城镇化发展从改革开放以后起步,经过了 30 多年的发展,城镇规模不断扩大,大型城市不断涌现,取得了举世瞩目的成就,成为中国经济社会持续快速发展的最有力见证。然而,在城镇化发展到一定阶段后,传统城镇化的思路暴露出许多弊端,如城乡发展不平衡、城镇布局结构不合理、新进人口难以融入城市、城市基础设施欠缺和管理不善导致的"城市病"等。2014 年 3 月,国务院发布了《国家新型城镇化规划(2014~2020 年)》,提出走以人为本、四化同步、优化布局、生态文明、文化传承的中国特色新型城镇化道路。在新型城镇化进程中,公共基础设施投资等方面的资金需求离不开商业银行在投融资方面的支撑。在经济新常态的背景下,金融市场改革持续深化,商业银行在不断地加快经营理念和方式的转型、金融产品和服务的创新。新型城镇化作为国民经济发展的最大内需,给商业银行的转型带来了重大机遇。商业银行应当紧抓这一历史机遇,通过持续的转型发展,以产品、业务、组织管理和风险控制策略的创新来不断适应新环境,实现经营规模和水平的突破。

一、中国商业银行发展的回顾与评价

银行是依法成立的进行货币信贷经营方面的金融机构。银行作为金融机构中的一类,其自身也分为很多种,包括中央银行、商业银行、投资银行等。商业银行是主要的银行类金融机构,是以营利为目的,通过多种金融负债进行募集资金，以信贷为主要方式获取盈利并进行信用创造的一种银行类金融机构。商业银行的概念区别于中央银行、政策性银行、投资银行等其他银行业机构。商业银行没有基础货币发行的权力，而且传统商业银行的主要业务集中于经营存款和贷款方面，通过存款和贷款之间的利息差获取主要的利润。现代商业银行的主要业务包括存贷款业务、票据贴现、中间业务、信用托管，还逐渐走向多元化，涵盖了资产管理、投资银行等领域的业务。

中国的商业银行最早可以追溯到明朝末年，当时一些规模比较大的经营银钱兑换业务的钱庄开始经营贷款。到了清朝，钱庄逐渐开始办理存款和汇兑业务。中国的近代银行业主要产生于鸦片战争以后，国外银行纷纷到中国开设机构，开展金融业务。最早进入中国的外国银行是英商东方银行，之后列强纷纷到中国设立银行。虽然国外银行成为列强在华获取经济利益的载体，但客观上来讲，国外银行的进入对于中国银行业的起步和发展具有一定的刺激作用。之后，清政府于1897年在上海成立了中国通商银行，成为中国第一家现代银行。之后，国内的一些银行不断诞生。在民国时期，民国政府成立了以中央银行、中国银行、交通银行、中国农民银行、中央信托局、邮政储金汇业局、中央合作金库（简称"四行、二局、一库"）为主体，包括省、市、县银行及官商合办银行在内的金融体系。在民间，民族资本家也开办了一些私营的银行和钱庄，但是大部分集中在上海，而且规模不够大，在动乱年代对国民经济的影响力很小。

伴随着解放战争的胜利，中国共产党于1948年12月1日建立了中国人民银行，开始着手人民币的发行。新中国成立前后，中国开始了资本主义向社会主义的改造，对民国期间的银行进行了接管，针对不同银行的情况进行整顿和改组，取消了国外银行在中国的所有特权，并禁止外币在国内流通。新中国成立后，中国实施的是"大一统"的银行体系，中国人民银行是唯一的银行业金融机构。这种体制借鉴了苏联的银行体系，具有计划经济的特点，施行高度集中、统一管理的模式。一方面，中国人民银行作为中央银行，承担着基础货币发行、集中管理和资金调配的功能；另一方面，它还要从事商业银行的相关业务，吸收居民存款，发放贷款。"文革"期间，中国人民银行的独立性日渐消失，在1969年9月并入财政部，作为财政部的二级机构。

党的十一届三中全会召开以后,中国走上了计划经济向市场经济转轨的道路,并开始了对银行体系的重建和改革。当时的金融业面临着在市场经济条件下如何使金融业搞活并为市场经济发展提供资金支持的问题,但当时的"大一统"体制不能够适应市场经济条件下对于金融业的要求,因此如何将单一的银行体系转变为多元化的金融体系,如何使金融业为市场经济发展做好服务,金融业又如何实现自身的发展壮大,成为当时金融市场改革的重要任务。改革开放至今,中国商业银行体系的发展大致经历了三个阶段。

(一) 1978~1993 年:金融市场体系重建阶段

1978年3月,国务院恢复了中国人民银行的独立性和部级单位地位,但中国人民银行仍然肩负着中央银行和居民储蓄信贷的双重业务职能。党的十一届三中全会以后,改革开放的大幕掀起,商业银行体系也开始重建。1979年2月恢复了主要从事农村金融业务的中国农业银行;同年3月,中国人民银行中分出主管外贸信贷和外汇业务的部分职能,成立中国银行;同年8月,国务院从财政部分出了主管长期投资和贷款业务的部分职能,建立中国人民建设银行;1983年9月,国务院明确了中国人民银行专门行使中央银行的职能,负责领导和管理全国的金融事业,并将中国人民建设银行划入中国人民银行主管的金融系统;1984年1月,组建中国工商银行,接管中国人民银行原有的居民储蓄和信贷方面的商业银行业务。通过几年的改革,中国农业银行、中国银行、中国人民建设银行和中国工商银行先后组建成功,形成了以中国人民银行为领导、四家专业性商业银行为骨干的银行体系,中国的商业银行体系雏形得以恢复。

随着改革开放和商品经济的发展,中国的商业银行体系开始了快速发展。1985年,中国人民银行发文允许专业银行业务适当交叉,并指出"银行可以选择企业、企业可以选择银行",以此鼓励四家专业银行之间进行适度的市场化竞争,改变银行系统资金"统收统支"的"供给制",迈出了银行系统从计划经济向市场经济改革的步伐。之后,中国的银行系统为商品经济、农村和乡镇企业的发展提供了有力的支持。

1986年12月，邓小平同志对金融工作提出要求："金融改革的步子要迈大一些。要把银行真正办成银行。"随后，中国人民银行提出要建立以中央银行为领导、各类银行为主体、多种金融机构并存和分工协作的社会主义金融体系。在四大国有商业银行成立后的十余年间，交通银行、中信实业银行、深圳招商银行、福建兴业银行、深圳发展银行、中国光大银行等股份制商业银行纷纷成立。

伴随着股份制银行发展起来的还有大量信托投资公司、财务公司等非银行金融机构，以及遍及全国的城乡信用社。20世纪90年代中期，在整顿城市信用社、化解地方金融风险的过程中，中央决定以城市信用社为基础开始组建城市商业银行。当时全国有5000多家城市信用社，关闭或停业整顿了一批，剩下2000多家城市信用社组建为110多家城市商业银行。城市商业银行在不断发展的过程中，从金融合作组织逐步转变为地方政府的金融机构。

从1990年开始，中国开始建立证券市场，上海证券交易所和深圳证券交易所前后设立，同时北方、海通、申银等证券公司纷纷成立。从此，中国基本形成了以中国人民银行为领导、国家专业银行为主体、多种金融机构共同发展的现代金融机构体系。

（二）1994~2003年：银行业市场化改革阶段

中国的金融机构队伍基本形成之后，对市场经济体系建设和社会发展起到了重要的作用，但是计划经济遗留的思维和包袱仍然制约着商业银行的发展。同时，初期建立的银行业体制机制也相对粗放，因此中国的银行体系需要进一步的市场化改革。

1993年底，《国务院关于金融体制改革的决定》[①] 提出金融体制改革的目标：建立在国务院领导下，独立执行货币政策的中央银行宏观调控体系；建立政策性金融与商业性金融分离，以国有商业银行为主体、多种金融机构并存的金融组织体系；建立统一开放、有序竞争、严格管理的金融市场体系。

---

①《国务院关于金融体制改革的决定》（国发〔1993〕91号），1993年12月25日。

通过建立政策性银行，几家国有银行原本的政策性业务被剥离，逐渐转变为专业的商业银行。新成立的三家政策性银行包括国家开发银行、中国进出口银行和中国农业发展银行。其中，国家开发银行接管了中国建设银行关于基础设施建设贷款方面的政策性银行业务，中国建设银行通过剥离政策性业务转变为商业银行；中国进出口银行承担了中国银行关于进出口贷款方面的政策性银行业务，成立国家外汇管理局来承担外汇管理职责，中国银行通过业务剥离转变为商业银行；中国农业发展银行接管了中国农业银行关于农业农村贷款方面的政策性银行业务，农村信用社和中国农业银行脱离隶属关系，中国农业银行在剥离相关业务后转变为商业银行。政策性银行和四大国有商业银行分开，分属于不同的银行类别。1995年5月，第八届全国人大常委会第13次会议通过了《中华人民共和国商业银行法》，明确了商业银行的性质、地位及与其他金融市场主体之间的关系。

1997年亚洲金融危机爆发前后，中国的银行体系同其他亚洲国家一样，面临着不良贷款占比过高的问题。由于之前的银行体系贷款有着强烈的计划经济色彩，大量银行贷款流向了盈利能力较低、经营不善的国有大型企业，造成了不良贷款。1997年6月底，四家国有商业银行不良贷款已达10020亿元，占全部贷款的25.6%。其中，逾期贷款5590亿元，占14.3%；呆滞贷款3760亿元，占9.6%；呆账贷款670亿元，占1.7%。面对这种情况，商业银行的坏账准备严重不足，国外媒体和机构认为中国的四大国有商业银行已经"技术上破产"。与此同时，全国各地大量的城市信用社和农村信用社出现亏损，信托公司和投资公司纷纷出现破产，区域性金融风险频发。

面临国内外严峻的金融形势，中央在1997年召开了第一次全国金融工作会议，并推出了一系列改革措施。其中包括以下几个方面：一是成立中央金融工作委员会，对全国性金融机构实行垂直管理，改变银行干部任免机制，减少地方政府对银行工作的干预。二是在1998年发行特别国债为四家国有商业银行补充资本金，并在1999年10月成立了中国华融资产管理公司、中国长城资产管理公司、中国东方资产管理公司、中国信达资产管理公司，分别对口解决工、农、中、建四家国有商业银行的不良贷款问题，通过补充资本金和不良资产剥离，帮助四家国有商业银行走出困境。三是向四大国有商业银行派驻监事会,改善商业银行治理结构,改进风险管理方法,改善相关管理措施。

通过这些改革措施,国有商业银行资产负债水平得到了改善,但是深层次问题并没有得到根本性解决,计划经济思维和落后的经营体制没有发生根本性转变,随着信贷规模的不断扩张,不良贷款率再次上升。到2002年底,四大国有商业银行的不良贷款率又超过了20%,又一次出现了"技术性破产"的情况。

2002年中央召开了第二次全国金融工作会议,并提出"必须把银行办成现代金融企业,推进国有独资商业银行的综合改革是整个金融改革的重点";"无论是充分发挥银行的重要作用,还是从根本上防范金融风险,都必须下大决心推进国有独资商业银行改革";"具备条件的国有独资商业银行可改组为国家控股的股份制商业银行,条件成熟的可以上市"。2003年10月,党的十六届三中全会提出,选择有条件的国有商业银行实行股份制改造,加快处置不良资产,充实资本金,创造条件上市。

2003年4月,中国银行业监督管理委员会成立,银行业监管职能从中国人民银行分离出来,中国金融业此后形成了"一行三会"的监管体系。同年12月27日,中国《银行业监督管理法》颁布,银行业监管有了法律依据。

(三) 2003年至今:股份制和集团化发展阶段

中国在2002年加入了世界贸易组织(WTO)以后,根据相关承诺,要在若干年内允许外资银行进入中国市场,设立分支机构,开设经营网点,提供各类金融服务。然而,面临外资银行的竞争威胁,中国的商业银行依旧存在着许多方面的问题,如经营理念落后、竞争能力较差、金融创新水平不足、不良贷款率较高、资本充足率偏低等。中国必须在加入WTO之后的过渡期中对国有商业银行进行改革,使其具备和外资银行在同一舞台进行竞争的能力。

2003年9月,中央和国务院原则通过了《中国人民银行关于加快国有独资商业银行股份制改革的汇报》,决定选择中国银行、中国建设银行作为试点银行,用450亿美元国家外汇储备和黄金储备补充资本金,进一步加快国有独资商业银行股份制改革进程。国家按照产权明晰的原则,在2003年12月成立中央汇金公司,由其运用国家外汇储备向试点银行注资,并作为国有资本出资人代表。汇金公司的成立是国有商业银行业改革的一个重大创新,国有商业银行长期存在的产权主体虚位局面得到了根本性改变。此后,中国银行、中国建设银行等试点银行的改革工作按照改革总体方案,根据"一行一策"的原则稳步开展。"三步走"的银行业改革思路逐渐成为共识,也就是先降低不良资产率、实行审慎原则的会计制度,接下来在商业银行推行股份制,最终实现商业银行上市。

随后,国家开始向国有商业银行注资,充实资本金。商业银行开始引入国外的战略投资者,进行股份制改造。2004年,交通银行引入汇丰银行作为战略投资者;2005年,中国建设银行引入美国银行和淡马锡;同年,中国银行引入苏格兰皇家银行、淡马锡、瑞银集团、亚洲开发银行等战略投资者;等等。通过股份制改造,改善了商业银行的公司治理结构,并引入了国外银行的经营管理理念,开始推动国有商业银行上市。从2005年交通银行在H股上市开始,中国建设银行、中国银行、中国工商银行先后上市,到2010年中国农业银行在A股+H股同时上市之后,五大国有商业银行全部实现上市(由于2006年监管部门的调整,交通银行被列入五大国有商业银行)。股份制商业银行上市的步伐相对于国有五大商业银行还要更早,如1991年深圳发展银行就在深圳证交所上市,1999年浦发银行上市,2000年民生银行上市,2002年招商银行上市,2007年中信银行上市等。在这一阶段中,中国银行业基本实现了商业银行股份制改造和公开上市。

通过股份制改造和公开上市,中国商业银行的公司治理结构得到了改善,经营管理理念逐渐实现转变,服务水平质量和核心竞争能力不断提升。股份制改造之后,中国的商业银行从三个方面得到了提升:一是治理结构的现代化,股东大会、董事会、监事会和管理层之间的关系得到了明确,各个业务部门分工更为明晰;二是通过引入国外战略投资者,也引入了国外先进的经营管理模式、国际化的内部控制和风险管理制度,金融创新加快,金融服务水平不断提高;三是通过发行股票,商业银行募集了大量资金,商业银行的财务状况得到了改善,为银行业规模的迅速发展提供了动力。

经过股份制改造和经营观念的转变,中国的商业银行得到了快速的发展。截至 2014 年末,商业银行总资产达 134.8 万亿元,[①] 其中各项贷款余额为 67.47 万亿元,商业银行负债规模达 125.09 万亿元,其中各项存款余额为 98.34 万亿元,加权平均一级资本充足率为 10.76%,商业银行全年累计实现净利润 1.55 万亿元,总体保持平稳运行,各项指标表现较好。和国外银行相比,中国的商业银行从规模上来讲也已经进入世界前列。2015 年 7 月,全球银行业权威杂志——英国《银行家》公布了"世界 1000 家银行排名",其中共有 117 家中资银行入围,跻身前 100 名的中资银行有 16 家,前 10 名银行里中国的商业银行占据 4 席,分别是中国工商银行(第 1 名)、中国建设银行(第 2 名)、中国银行(第 4 名)和中国农业银行(第 6 名)。

2008 年金融危机以后,金融业混业经营的理念重新成为金融业发展中的一个潮流。中国的商业银行开始通过控股的方式进军证券、信托、基金等行业,实现金融领域混业经营,纷纷成为"全牌照"的金融业集团,并通过集团化的优势更好地融通资金,加快金融创新,为经济社会发展服务。同时,在人民币国际化的大背景下,借助 2008 年金融危机和欧洲主权债务危机的契机,中国的商业银行纷纷通过海外并购和发展海外分支机构的方式实现跨国发展,扩张了海外市场。截至 2013 年底,已有 18 家中资银行业金融机构在海外 51 个国家和地区设立 1127 家分支机构,总资产超过 1.2 万亿美元。

经过多年发展,商业银行始终在中国金融领域扮演着最重要的角色。在不断发展的过程中,中国的商业银行实现了自身的发展、转型和经营水平的提升,并为经济社会发展做出了重要的贡献。在中国经济进入新常态的背景下,中国的商业银行已经能够和国外大银行进行竞争,并且经营水平和风险防控能力不断提高。然而还需要看到,中国的商业银行在人才储备、经营观念和手段等方面和国外同行仍存在一定的差距。同时,中国银行业还面临着汇率和利率市场化、金融创新不断加快的挑战,面对着新型城镇化快速推进、经济结构转型升级紧迫等宏观因素的影响。因此,中国的商业银行应持

[①] 数据来自中国银监会发布的《中国银行业运行报告(2014 年度)》。

续转变经营理念、创新金融手段、加强风险控制、提升业务水平，努力走向世界银行业的最高水平。

二、新型城镇化与商业银行转型发展的契合性

　　城镇化是一个国家或地区在经济发展进程中，伴随着工业化发展，非农产业向城镇集聚、农村人口向城市转移的过程，是人类经济社会发展的客观规律，是一个国家和地区现代化的标志。新型城镇化是城镇化发展的新阶段，它改变了传统城镇化片面注重人口聚集和城市规模扩张的粗放发展思路，更加强调以人为本、城乡统筹、布局高效、绿色生态、尊重特色等新观点。2014年3月，国务院编制发布了《国家新型城镇化规划（2014~2020年)》，明确了中国新型城镇化发展的目标、道路和要求，并确定了新型城镇化的基本路径和战略任务。

　　金融是现代经济的核心。在中国，商业银行是金融业的核心。在新型城镇化进程中，城镇需要大量的商业项目和公共基础设施建设投资，人口向城镇的集聚会导致产业布局调整，同时教育、医疗、文化资源也势必需要向城镇集中，众多领域建设存在大量的投融资需求，因此新型城镇化离不开商业银行在资金融通方面的支撑，商业银行也可以在新型城镇化的过程中获取丰厚回报。与此同时，新型城镇化的发展、城镇人口的不断增加意味着人民生活方式的巨大转变，进而使得居民储蓄、理财、结算等方面的金融服务需求大大提高，伴随着居民收入的不断提高、互联网的迅速发展以及资本市场的不断完善，人民群众对于金融服务水平、质量和交易方式的要求也在不断转变。所以，新型城镇化的发展也在不断促使商业银行加快规模和水平的发展，以及经营方式的转型。

　　中国的新型城镇化和商业银行转型发展之间存在着以下几个方面的契合性：

　　第一，中国城镇化和商业银行的发展历程存在一定的同步性。中国的城镇化和商业银行发展都同样是在改革开放以后启动的，并在之后实现了多年

的连续发展。从图 2-1 可以看到，中国城镇化率从改革开放后逐年提高。1978~1995 年，中国城镇化率平均每年提高 0.62 个百分点，之后中国城镇化进度开始加速，1996~2014 年，中国城镇化率平均每年提高 1.29 个百分点，呈现出了快速发展的趋势。

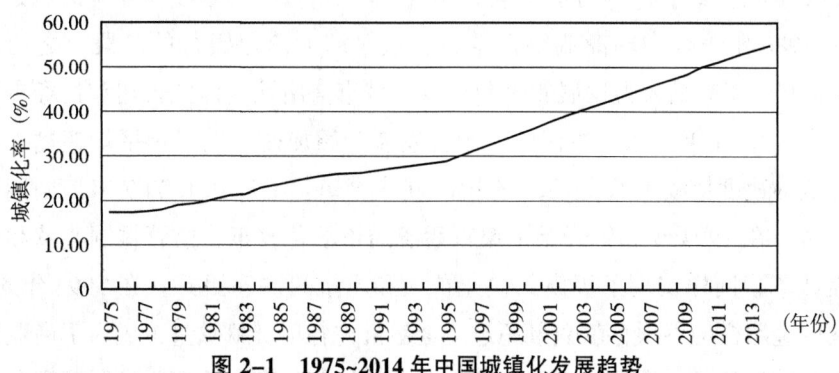

图 2-1　1975~2014 年中国城镇化发展趋势

资料来源：根据国家统计局网站相关数据绘制。

与之相类似的是，中国的商业银行在改革开放以后重建体系，经过 20 世纪 80 年代初对四大银行的恢复，20 世纪 90 年代股份制银行和城市商业银行的发展，以及 20 世纪 90 年代中后期开始的市场化改革，中国的商业银行在规模、效益和经营水平等多个方面都实现了持续快速发展。图 2-2 显示了中国金融机构存贷款余额的发展趋势，同样是在改革开放以后实现了

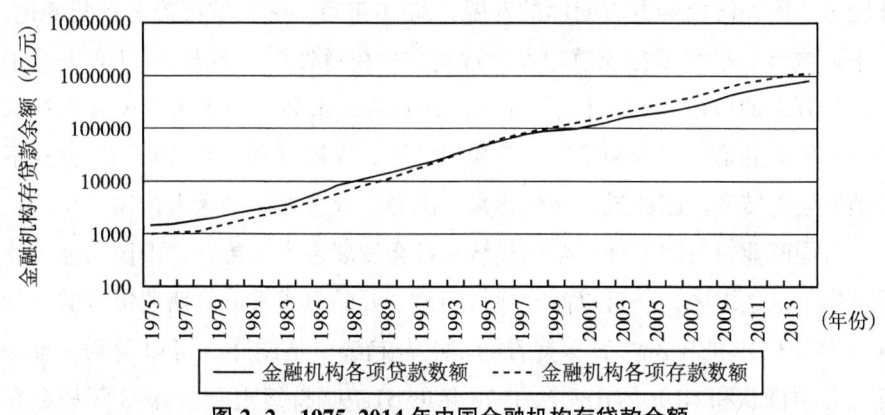

图 2-2　1975~2014 年中国金融机构存贷款余额

资料来源：根据国家统计局网站相关数据绘制。

30多年的持续快速发展。

颇有趣味的是两个时间点,一个是1987年前后,另一个是1995年前后。从1978年末改革开放起到1987年的9年间,中国的城镇化率平均每年上升0.82个百分点,而1987~1995年的8年间则下降了0.47个百分点,从图2-1也能看到1987年前后趋势的变化。与此同时,从1978年末改革开放起到1986年正是中国商业银行重建、恢复四大商业银行的阶段,之后的1987~1994年则是大力发展股份制银行、城市信用社、信托公司和证券市场的阶段。1995年之后,中国的城镇化发展开始加速,以每年平均超过1个百分点的速度持续不断发展,到2014年末城镇化率达到了54.77%。中国的商业银行在1994年起则开始了银行系统的市场化改革、监管体制改革和股份制改革,同样实现了规模的快速扩大和质量的快速提升。在1994年末,中国的金融机构各项存款数量超过了金融机构各项贷款数量,成为了商业银行发展转折的另一个体现。所以说,中国的城镇化和商业银行发展历程存在着明显的同步性和契合性。

第二,新型城镇化和商业银行转型都是中国经济社会发展宏观背景下的重要侧面,两者存在着内在的关联和契合。从1978年起,中国城镇化开始快速发展。1978~2014年的30多年间,中国城镇人口数量增加了近5.8亿,接近全世界人口的1/10。尤其是1995年以后,中国城镇人口平均每年增加2000万左右。这样的巨变是全世界范围内绝无仅有的,城镇化的快速发展推动了中国经济社会方方面面的发展。30多年间,中国城市形态不断变化,大中型城市和小城镇在规模和人口数量方面快速发展。截至2014年末,中国超千万人的城市已经达到了14个。伴随着城市规模的扩大和城镇人口的增长,中国的第二产业和第三产业快速发展,人民群众的生活和消费方式不断地发生着转变。因此说,城镇化是中国经济社会发展的最大内需。

中国商业银行的发展对全国经济和社会发展也十分重要。中国的金融体系从恢复重建以来,一直以商业银行为最主要的组成部分。商业银行的存贷款数量与GDP的比例一直保持着同步上升趋势。从图2-3可以看到,金融机构各项贷款和GDP的比例从1978年的51.79%持续上升,1998年和金融机构各项存款一起超过了当年的全国GDP,到2014年该比例达到了

128.39%。金融机构各项存款上升相对于贷款更快，在1978年仅有GDP的31.64%，而到2014年则达到了GDP的178.99%。商业银行在发展转型的过程中，为各项基础设施建设、产业发展、人民生活等多领域提供着投融资、储蓄和结算等方面的支持。可以说，中国经济社会的持续快速发展离不开商业银行体系的支撑。伴随着城镇化发展进入新的阶段，人们对城镇化过程中公共基础设施、科教文卫资源、绿色生态环保以及城镇布局等方面的要求不断提高，人们在生产生活、日常消费和投资理财等方面的观念也都在发生着变化。在这种情况下，商业银行也需要推动自身经营服务水平的提高，坚持为经济社会发展提供资金融通的支持。因此说，新型城镇化和商业银行转型在国民经济社会快速发展的背景下都扮演着重要的角色，两者具有天然的契合性。

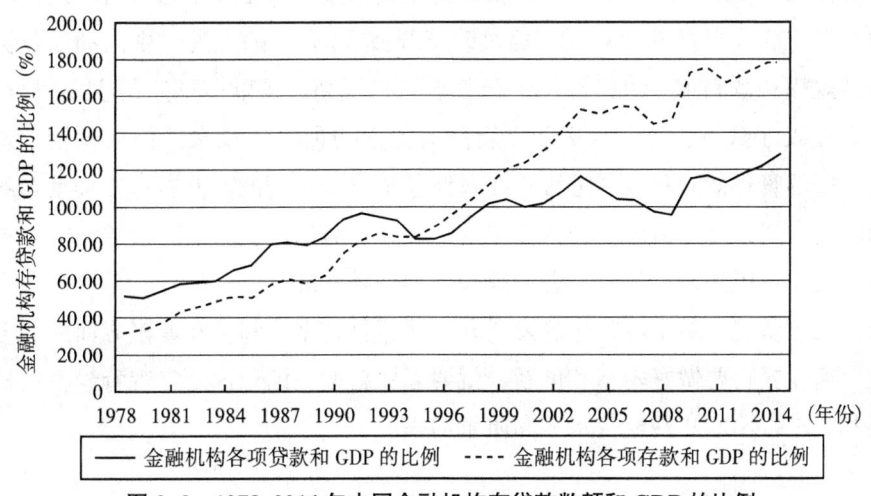

图2-3　1978~2014年中国金融机构存贷款数额和GDP的比例
资料来源：根据国家统计局网站相关数据绘制。

第三，新型城镇化和商业银行转型之间存在着相互促进、相互推动的关系，因此具备很强的契合性。在中国，无论是城镇化，还是商业银行的发展，都是在改革开放30多年的过程中逐步推进的，发展速度都相当快，而且各自经历了不同的阶段。在30多年的发展过程中，城镇化经历了从发展东部沿海地区到发展中西部地区的过程，从以城市为中心、带动周边区域，到小城镇扩张、城市新区建设，再到城市群发展的过程；商业银行也经历了体系恢复重建、机构多元化、市场化改革、股份制改革等多个阶段，都是在探索中发展，在持续改革中实现转型。在每个阶段，城镇化的发展都产生了多方面的投融资需求，促进和带动了商业银行的规模发展和业务转型，而商业银行不断推动业务转型也是为了更好地满足人民群众的需求，为经济社会发展服务，其中为城镇化服务就是重要的一方面。因此两者之间存在相互促进、相互推动的关系。

经过30多年的发展，2011年中国的城镇化率已经超过了50%，传统城镇化片面追求城镇规模和城市人口扩张的粗放发展思路已经逐渐被摒弃，新型城镇化更加突出以人为本、城乡统筹、布局高效、绿色生态、尊重特色等特点。那么，城市建设和投融资体制就要做出相应的改革和创新，商业银行作为投融资体制中的重要成员，就需要根据新型城镇化发展的新需求进行转型。对于商业银行发展来讲，经过改革开放30多年的发展，中国的商业银行从规模和盈利水平上已经不逊于甚至可以说超过了欧美国家的主要银行，然而在人才队伍、经营水平和创新能力方面与世界一流水平仍存在较大差距，旧的管理体制和发展思维存在着路径依赖。中国的商业银行要推动自身的转型发展，需要借助新型城镇化这一最大内需，以业务发展中的实际需求带动人才队伍建设、经营理念调整和金融创新发展。

综上所述，新型城镇化的发展和商业银行转型之间存在着多方面的契合性，商业银行要做好转型和创新，就要紧抓新型城镇化这一宏观背景下的机遇和需求，不断实现经营水平和质量的提高。

三、商业银行对新型城镇化发展的金融支持分析

新型城镇化与传统城镇化发展的思维不同，不再片面追求人口城镇化率的提高和城市规模的扩大，而是强调以人为本，强调城乡统筹协调发展，使城镇人口不断增加的同时，保证人民生活水平不断提高，幸福感不断增强。因此，新型城镇化更加强调交通、通信、管道等公共设施的建设，使城市功

能可以良好地运转；强调产城融合，使人们进入城市以后能够获得良好的就业机会，有稳定的收入作为保障；强调科教文卫、休闲娱乐设施等方面的配套，使人们在城市能够获得很好的生活水平；强调生态环保建设，使城市的发展更加绿色、可持续；强调城市自身的特色发展，城镇化的建设不再是千篇一律的高楼大厦，而是打造各具韵味、风格不同的特色城市；新型城镇化不再单纯强调大城市的发展，转而走大中小城市与小城镇、新型农村协调发展的新道路，避免大城市人口快速增加带来的"大城市病"。商业银行既要加强对大型城市基础设施建设的金融支持，还需要对中小城市与小城镇、新型农村发展的特色和需求提供有针对性的融资支持，服务新型城镇化体系的发展，确保大城市和各级城镇协调发展、产业持续健康发展、人民生活娱乐就业幸福、公共服务及社会保障不断完善，以及科教文卫事业同步发展。

宏观来看，新型城镇化不再是传统的规模和人口扩张的城镇化，而应当与新型工业化、信息化和农业现代化实现相互适应、同步发展。新型工业化要求产业转型升级、技术创新发展，不仅需要商业银行的融资支持，更需要商业银行为新型工业化的新融资需求和特点提供产品和服务创新；信息化发展带动了智慧型城市建设，也改变了人们的生活、消费和娱乐方式，以及人们进行金融支付、结算、理财的方式，商业银行在信息化发展大潮中必须加强对互联网和信息技术的应用，发展互联网金融，既要为客户提供方便、高质量的金融产品和服务，又要保证在互联网技术利用中支付和理财的信息安全；农业现代化同样离不开金融服务的支持，随着农业产业化的发展、农村农业基础设施建设、农民消费理财信贷需求的增长，商业银行面对农业现代化同样有着巨大的历史机遇。

因此，商业银行在支持新型城镇化发展的过程中，要打破传统城镇化之下的旧思维方式，更加着重于支持以下几个方面的需求：

第一，对于公共基础设施建设方面的支持。在新型城镇化进程中，城镇居民人口快速增加的同时，对于公共基础设施的需求将持续加大，无论是道路、交通、通信、各类管道、垃圾和污水处理，还是学校、医院、公园、文化设施等，都需要进行相应的投资。因此，新型城镇化产生的基础设施建投的融资需求十分巨大，此外，农村公共基础设施建设同样需要加大支持力度。商业银行贷款是支持和完善基础设施的重要条件。不仅如此，不同的建设项目有着不同的建设周期和资金需求，投融资模式和渠道也有所不同，商业银行还要对 PPP 项目、基础设施建设项目资产证券化等方面予以支持，以创新的理念和手段服务新型城镇化在基础设施建设方面的投融资需要。

第二，加强对于产业融合方面的支持。首先，对工业产业结构调整和企业转型升级提供金融支持，如在企业并购重组、重大项目投资、新技术新产品研发应用投入、企业产品和原材料信息采集等方面提供支持。其次，对农业现代化发展、农田水利建设、农业新经营发展方式等提供支持，在农业产业基地、农产品精深加工、农业产业整合、农村人口创业等方面提供贷款及咨询等金融服务。再次，以金融资源支持产业聚集区、特色产业园区的发展。在新型城镇化进程中，中小城镇往往会利用产业转移、产业链整合的机遇建设产业园区等，这也需要商业银行给予资金支持。最后，服务业是城镇发展过程中承载就业的重点，也是为城镇居民提供各类服务的产业。商业银行需要根据不同类型服务业的特点提供有针对性的金融服务，通过特色化和差异化的服务推动新型城镇化过程中服务业的发展。

第三，做好对中小微企业和创新型企业发展的支持。中小微企业是国民经济中最具有活力的主体，是市场经济体系中重要的组成部分，是城镇经济发展和承载就业的主导力量，也是人民日常生活中产品和服务最主要的生产者。中小微企业同样是科技创新、产业创新的重要主体。可以说，中小微企业和创新型企业发展的水平和质量直接关乎国民经济发展的水平和质量。在新型城镇化进程中，中小微企业要成为承载城镇人口就业的重要主体，而创新型企业将成为未来城市经济实现转型升级和持续健康发展的保障。因此，商业银行要做好针对中小微企业和创新型企业的服务。中小微企业和创新型企业具有不同的发展阶段，在创业期、成长期和成熟期分别有着不同的融资需求，尤其是知识密集型的创新型企业，有着固定资产少、技术资本丰富等特点，商业银行要根据不同企业的不同融资需求，提供有针对性的融资服务。

第四，鼓励个人信贷和理财服务发展。在中国经济社会快速发展的背景下，新型城镇化快速发展，人口向城镇聚集，带动了工业和服务业的发展、农业劳动生产率的提高，城镇和农村居民的人均收入不断增加，进而带动可支配收入、储蓄和消费能力的提升。商业银行应针对城镇人口增长带来的居民消费模式转变，大力发展消费金融产品和服务，开发多样化的消费金融产品，发展个人综合授信和消费贷款等业务；针对城镇新增人口的住房需求，发展住房按揭贷款业务；针对城市人口老龄化等趋势，发展养老理财产品和服务；针对互联网信息科技的发展和人们消费结算需求的提升，发展互联网金融和理财服务；针对城市富裕和中产阶层人群理财需求的增长，发展大资产管理业务；等等。商业银行需要利用创新的思维和理念，不断开发出新的产品和服务，支持新型城镇化背景下不断增长的各种金融服务需求，实现自身的快速发展和经营水平的不断提高。

四、新型城镇化发展为商业银行转型带来了重要机遇

经过30多年的发展，中国的商业银行在规模、人才、组织、产品、服务、风险控制和经营理念等方面都实现了长足的进步，特别是规模方面已经能够和国外一流银行比肩，并且纷纷开始"走出去"，推进跨国经营和发展。然而，在发展的同时还需要看到，中国的商业银行在人才队伍、经营理念、创新水平、风险控制等方面还存在不少的问题。面对经济社会快速发展和经济进入新常态的宏观背景，商业银行只有不断加快推进转型发展，提高金融创新和风险控制水平，才能够保持稳定快速的发展，不断向世界一流水平迈进。

2014年，习近平在河南考察时提出，中国经济进入了"新常态"。经济新常态是中央对于中国经济在改革开放30多年高速发展之后，进入新发展状态的一个宏观性、战略性论断。经济新常态意味着中国经济发展从高速增长换挡到中高速增长，转向质量更好、结构更优、更可持续的发展模式。基于这样的判断，新常态下宏观经济发展和调控的思维也有所转变，宏观调控

既坚持底线思维，又坚持战略思维，既要避免经济出现大波动的风险，又要摆脱对经济指标的过度追求，对经济指标实行区间调控。调控方法上也更加强调针对性、时效性和实用性，不搞"大水漫灌"式的刺激政策，而是坚持定向调控，抓住经济结构中的关键领域和薄弱环节进行"喷灌"、"滴灌"。在新常态下的发展方式上，更加强调五个方面的转变：一是不断推进经济结构优化升级，提升发展的质量和效益；二是通过改革激发市场活力，释放新的红利；三是以创新作为中国发展的新引擎，打造新增长点和驱动力；四是不断扩大开放，推动国际交流和区域合作；五是城乡区域差距逐步缩小，发展成果惠及更广大民众。在经济新常态和全面深化改革的背景下，中国的金融体系、投融资体制、财政税务体制以及国企经营体制都会不断推进和深化改革，并通过改革创新释放新的制度红利，实现经济社会的持续健康发展。对于商业银行来讲，只有把握新常态宏观背景的内涵和实质，才能使自身的转型发展更加符合经济社会发展的趋势和要求。

从金融业的经营发展环境来讲，商业银行也面临着多方面的机遇和挑战。一是人民币国际化的背景下，中国的利率市场化和汇率市场化迈出了实质性的步伐，并将不断深入。在人民币国际化和金融开放的过程中，外资银行在中国将会获得更加自由的经营权，中国的商业银行将面临国外同行更为直接的竞争。随着利率市场化进程的推进，存贷款利差将逐渐收窄，商业银行主要依赖利差收入的传统经营模式将会受到严重冲击。商业银行必须转变经营思维，加强产品服务创新，扩大中间业务收入，提高核心竞争力。二是多元化金融市场不断发展，证券、信托、基金和各类金融机构快速发展，业务规模不断上升。商业银行面临着更大的竞争压力，居民在投资理财需求增长的情况下可能会出现"存款搬家"的现象，但与此同时，商业银行的中间业务会出现增长。商业银行应通过控股集团的方式实现混业经营，不断提供跨市场、跨品种、跨领域的新金融产品和服务。三是金融创新不断深化，新产品、新业务模式层出不穷，风险管理的难度和要求不断提高。四是金融脱媒不断加剧，影子银行和民间金融快速发展。伴随着债券、股票和信托市场的发展，直接融资比例不断上升，与此同时，金融管制与实体经济中融资需求的脱节，导致民间金融和影子银行快速发展，使得商业银行发展不断受到挑战。五是互联网信息技术和金融业的结合成为潮流，无论是商业银行，还是证券、基金等其他金融机构都在积极发展互联网金融的业务模式，民间的众筹、P2P 网贷等新的互联网金融业务层出不穷，成为金融业发展中最重要的趋势之一。

面临着新的宏观经济环境，以及金融体系不断出现的新趋势、新情况，商业银行应通过持续的转型发展，以产品、业务、组织管理和风险控制策略的创新来不断适应新环境，解决发展中面临的层出不穷的新问题。另外，中国的商业银行要更好地实现转型和创新，需要把握新型城镇化这一历史机遇。新型城镇化是中国经济社会发展的最大内需，对于商业银行来讲，就是巨大的市场需求和市场机遇。新型城镇化发展过程中，一方面，能够产生大量的投融资、信贷、理财和交易结算需求，从而以市场需求推动商业银行进行转型和创新；另一方面，商业银行能够在支持新型城镇化所产生的各种金融需求的过程中，获得丰厚的利润回报，实现规模和水平的发展，进一步支持商业银行转型升级所需要的技术、设备和人力资源投资。

具体地来看，截至 2013 年底，中国的城镇化率是 53.73%，城市人口 7.31 亿，根据《国家新型城镇化规划（2014~2020 年）》，到 2020 年中国常住人口城镇化率要达到 60% 左右，实现 1 亿左右农业转移人口和其他常住人口在城镇落户。在 2014 年"两会"期间，财政部官员称要实现这一目标将带来约 42 万亿元的投资需求。横向对比来看，当前中国城镇化率仍远低于发达国家 80% 以上的水平，未来一段历史时期，中国的新型城镇化仍将持续推进。不但如此，新增城镇人口还会拉动房地产建设投资需求，而房地产还会进一步拉动上下游数十个产业的需求。城镇化过程中，人口向城镇流动就需要新增就业岗位，从而带动第二、第三产业的发展，这都会对商业银行产生信贷需求。从消费的角度看，新增城镇人口会产生日用品、休闲、文化、娱乐、教育、医疗等多方面的需求，从而对商业银行提出各种各样的信贷、理财、交易结算等要求，产生广阔的市场空间。商业银行要把握新型城镇化带来的历史机遇，深挖各类不同项目、不同群体在各种新的发展环境下对于金融服务的多元化需求，持续推动业务转型、产品和服务创新，获取丰厚的回报，实现快速健康发展。

五、新型城镇化背景下银行业对国民经济拉动作用的分析

2014年3月,国务院编制发布了《国家新型城镇化规划(2014~2020年)》,明确了中国新型城镇化发展的目标、道路和要求,并确定了新型城镇化的基本路径和战略任务。在新型城镇化发展的宏观背景下,商业银行将需要在公共基础设施建设、房地产建设、工业和服务业发展、科教文卫事业建设、绿色环保和城市景观投资以及居民生活消费投资等领域提供金融支持。本部分将针对新型城镇化背景下银行业对于国民经济发展的拉动作用进行分析,分析将采用投入产出分析法,从投入产出的角度全面分析商业银行对于国民经济发展的作用。

(一) 投入产出表概述

投入产出表,也叫作部门联系平衡表,或者产业关联表,该方法通过矩阵形式描述国民经济中不同部门在一定时期中进行生产活动的投入来源和产出去向,以这样的方式来分析国民经济中各个部门之间所存在的相互关联、相互制约的数量关系,是国民经济核算体系的重要组成部分。

投入产出表由三个象限构成,第Ⅰ象限是由名称相同、排列次序相同、数目一致的若干产品部门纵横交叉而成的中间产品矩阵,其主栏为中间投入,宾栏为中间使用。矩阵中的每个数字都具有双重意义,沿着行的方向看,反映的是某个部门生产的货物或服务提供给其他各个产品部门的价值,被称为中间使用。沿着列的方向看,反映的是某部门在生产过程中消耗各产品部门生产的货物或服务的价值,被称为中间投入。第Ⅰ象限是投入产出表的核心,主要反映国民经济中各个部门之间存在的相互关联、相互制约的关系。

第Ⅱ象限是第Ⅰ象限在水平方向上的延伸,主栏的部门分组与第Ⅰ象限相同,宾栏由最终消费、资本形成总额、出口等最终使用项目组成。沿着行

的方向看，反映某部门生产的货物或服务用于各种最终使用的价值量。沿着列的方向看，反映各项最终使用的规模及其构成。第Ⅱ象限又称最终使用象限，反映国民经济生产成果的使用去向。

第Ⅲ象限是第Ⅰ象限在垂直方向上的延伸，主栏由劳动者报酬、生产税净额、固定资产折旧、营业盈余等各种增加值项目组成，宾栏的部门分组与第Ⅰ象限相同。第Ⅲ象限反映各产品部门的增加值及其构成情况，又称增加值象限，主要反映国民经济中各部门增加值分配或最初投入的构成情况。

若把上述三个象限综合起来考察，可以清楚地看出，投入产出表事实上是由两张大表构成，即把第Ⅰ、第Ⅱ象限连接在一起，形成一个横表，反映各部门的产品分配和使用去向；把第Ⅰ、第Ⅲ象限连接在一起，形成一个纵表，反映各部门在生产中的投入和来源，也反映生产过程中的价值形成。

投入产出表有以下几个基本的平衡关系，这些平衡关系是投入产出分析的基础。从横向看：

$$AX + Y = X \quad X = (I - A)^{-1}Y$$

其中，X 为产出列向量，Y 为最终使用列向量，I 为单位矩阵，A 为直接消耗系数矩阵。上述公式说明中间产品与最终产品之和等于总产出。需要指出的是，直接消耗系数矩阵是投入产出表的核心，也是投入产出分析的基础。影响它的主要因素有生产技术水平、管理水平和部门结构变化等。

从纵向看：

$$FX + D + V + T + M = X$$

其中，F 为 A 矩阵的列和做成的对角矩阵，D 为固定资产折旧列向量，V 为劳动者报酬列向量，T 为生产税净额列向量，M 为营业盈余列向量。上述公式的实质是中间投入与最初投入之和等于总投入。若定义 $N = D + V + T + M$，则上式可变为：

$$X = (I - F)^{-1}N$$

每个部门的总投入 = 该部门的总产出，第Ⅱ象限的总量 = 第Ⅲ象限的总量，这是投入产出表的总平衡式。但应指出的是，每个部门的最初投入不一定等于该部门的最终产品合计。

投入产出表的分类有一级分类和二级分类，一级分类把产业分为了40

多个部门，二级分类把产业分为了 100 多个部门，一级分类中把金融保险业归为一个部门，而二级分类中把金融保险业分为了金融业和保险业，二级分类更能体现出银行金融行业的真实性。本书选用 2002 年和 2007 年投入产出表的二级分类对中国的银行业进行分析。

（二）银行业的产业波及效果及地位分析

1. 影响力系数

影响力系数是反映国民经济某一部门增加一个单位最终使用时，对国民经济各部门所产生的需求波及程度，计算公式如下：

$$F_j = \frac{\sum_{i=1}^{n} \overline{b_{ij}}}{\frac{1}{n}\sum_{i=1}^{n}\sum_{j=1}^{n} \overline{b_{ij}}} \quad (j = 1, 2, \cdots, n)$$

其中，$\sum_{i=1}^{n} \overline{b_{ij}}$ 为列昂惕夫逆矩阵的第 j 列之和，表示 j 部门增加一个单位最终产品时，对国民经济各部门产品的完全需要量。

当 $F_j > 1$ 时，表示第 j 部门的生产对其他部门所产生的波及影响程度超过社会平均影响水平（各部门所产生波及影响的平均值）；当 $F_j = 1$ 时，表示第 j 部门的生产对其他部门所产生的波及影响程度等于社会平均影响水平；当 $F_j < 1$ 时，表示第 j 部门的生产对其他部门所产生的波及影响程度低于社会平均影响水平。显然，影响力系数 F_j 越大，表示第 j 部门对其他部门的拉动作用越大。

由表 2-1 可以看出，2007 年全国影响力系数大于 1 的有 74 个部门，大多集中在第二产业，并且以制造业居多。位次靠前的部门主要集中在机械设备制造业，这些部门的技术含量高，且附加值大，属于高技术产业，它们的发展不仅会产生较大的辐射作用，而且有利于中国工业结构的升级和产业结构的优化。第三产业中航空运输业和商务服务业的影响力系数大于 1，高于社会平均水平，属于与生产活动直接相关的服务部门。而银行业的影响力系数为 0.2534，远低于 1，即银行业每增加 1 万元最终使用时，对其他行业所产生的生产需求为 2534 元，说明银行业对其他行业的影响力远低于各行业的平均水平，由此可知，银行业对国民经济的拉动作用比较弱。而保险业的影响力系数为 0.9189，远高于银行业，说明保险业对国民经济的拉动作用要强于银行业。可见，二级分类更能体现出银行业对国民经济影响力之弱。

表 2-1 2007 年影响力系数大于 1 的各产业部门系数

部门名称	影响力系数	位次	部门名称	影响力系数	位次
电子计算机制造业	1.5450865	1	仪器仪表制造业	1.2757253	24
文化、办公用机械制造业	1.5128712	2	针织品、编织品及其制品制造业	1.2702084	25
通信设备制造业	1.5006817	3	矿山、冶金、建筑专用设备制造业	1.2679556	26
雷达及广播设备制造业	1.4884489	4	纺织制成品制造业	1.2641889	27
家用视听设备制造业	1.4431207	5	其他专用设备制造业	1.2625164	28
汽车制造业	1.4228492	6	锅炉及原动机制造业	1.2589956	29
家用电力和非电力器具制造业	1.4084015	7	有色金属压延加工业	1.2556560	30
输配电及控制设备制造业	1.4068653	8	其他通用设备制造业	1.2473543	31
电子元器件制造业	1.4005851	9	棉、化纤纺织及印染精加工业	1.2402514	32
电线、电缆、光缆及电工器材制造业	1.3925435	10	橡胶制品业	1.2363390	33
塑料制品业	1.3657162	11	纺织服装、鞋、帽制造业	1.2347569	34
电机制造业	1.3571205	12	皮革、毛皮、羽毛（绒）及其制品业	1.2326626	35
其他电气机械及器材制造业	1.3551924	13	金属加工机械制造业	1.2301735	36
其他交通运输设备制造业	1.3521605	14	泵、阀门、压缩机及类似机械的制造业	1.2277575	37
起重运输设备制造业	1.3520273	15	肥料制造业	1.2277093	38
铁路运输设备制造业	1.3259073	16	钢压延加工业	1.2252305	39
专用化学产品制造业	1.3229455	17	合成材料制造业	1.2110407	40
农林牧渔专用机械制造业	1.3116297	18	化工、木材、非金属加工专用设备制造业	1.2050865	41
涂料、油墨、颜料及类似产品制造业	1.3032167	19	船舶及浮动装置制造业	1.1941842	42
化学纤维制造业	1.3002760	20	建筑业	1.1921144	43
文教体育用品制造业	1.2936252	21	其他电子设备制造业	1.1867267	44
农药制造业	1.2820353	22	基础化学原料制造业	1.1833450	45
金属制品业	1.2810316	23	有色金属冶炼及合金制造业	1.1509642	46

续表

部门名称	影响力系数	位次	部门名称	影响力系数	位次
航空运输业	1.1445264	47	液体乳及乳制品制造业	1.0768957	61
工艺品及其他制造业	1.1410154	48	玻璃及玻璃制品制造业	1.0744015	62
家具制造业	1.1333119	49	方便食品制造业	1.0716258	63
日用化学产品制造业	1.1300442	50	木材加工及木、竹、藤、棕、草制品业	1.0698156	64
水泥及石膏制品制造业	1.1230096	51	电力、热力的生产和供应业	1.0598159	65
砖瓦、石材及其他建筑材料制造业	1.1119183	52	软饮料及精制茶加工业	1.0513736	66
麻纺织、丝绢纺织及精加工业	1.1100764	53	调味品、发酵制品制造业	1.0312133	67
炼铁业	1.0998999	54	水泥、石灰和石膏制造业	1.0284380	68
陶瓷制品制造业	1.0947096	55	黑色金属矿采选业	1.0149886	69
造纸及纸制品业	1.0859264	56	石墨及其他非金属矿物制品制造业	1.0122028	70
印刷业和记录媒介的复制业	1.0827585	57	计算机服务业	1.0065813	71
商务服务业	1.0812350	58	屠宰及肉类加工业	1.0025700	72
毛纺织和染整精加工业	1.0809887	59	其他食品制造业	1.0021904	73
铁合金冶炼业	1.0788668	60	石油及核燃料加工业	1.0006891	74
银行业	0.2534191	133			

影响力系数小于1的部门大多集中在第三产业、农业部门以及第二产业中的少数部门。其中影响力系数小于1的第二产业部门大多是能源部门，属于较传统的重工业部门，主要为其他部门提供原材料，属于整个产业链中的后向部门，因而对其他部门的影响辐射力较小。

2. 感应度系数

感应度系数是反映国民经济各部门均增加一个单位最终使用时，某一部门由此而受到的需求感应程度，计算公式为：

$$E_i = \frac{\sum_{j=1}^{n} \overline{b_{ij}}}{\frac{1}{n}\sum_{i=1}^{n}\sum_{j=1}^{n}\overline{b_{ij}}} \quad (i=1, 2, \cdots, n)$$

其中，$\sum_{j=1}^{n}\overline{b_{ij}}$ 为列昂惕夫逆矩阵的第 i 行之和，反映当国民经济各部门均增加一个单位最终使用时,对 i 部门产品的完全需求;$\frac{1}{n}\sum_{i=1}^{n}\sum_{j=1}^{n}\overline{b_{ij}}$ 为列昂惕夫逆矩阵的行和的平均值,反映当国民经济各部门均增加一个单位最终使用时,对全体经济部门产品的完全需求的均值。

当 $E_i > 1$ 时,表示第 i 部门受到的感应程度高于社会平均感应度水平(各部门所受到的感应程度的平均值);当 $E_i = 1$ 时,表示第 i 部门受到的感应程度等于社会平均感应度水平;当 $E_i < 1$ 时,表示第 i 部门受到的感应程度低于社会平均感应度水平。

由表 2-2 可以看出,2007 年全国感应度系数大于 1 的有 34 个部门,大多集中在原材料、能源和运输部门等基础产业和传统的加工制造业部门,其产品大多具有中间产品的性质,尤其是电力热力的生产、石油天然气的生产等基础性的能源产业,其感应度系数远高于社会平均水平,说明这些部门对国民经济具有相当强的拉动作用,在经济快速增长时,这些部门受到的社会需求压力最大,往往成为制约国民经济发展的"瓶颈"。银行业的感应度系数达到了 2.9964,即其他部门均增加一万元最终使用时,需银行业提供的服务产值为 2.9964 万元,高于社会平均水平,表明银行业对其他产业的推动性较大,在经济产业链中处于核心地位。而保险业的感应度系数为 0.7442 且小于 1,远低于银行业,也低于社会平均水平,说明保险业对其他产业的推动性不大。

表 2-2 2007 年感应度系数大于 1 的各产业部门系数

部门名称	感应度系数	位次	部门名称	感应度系数	位次
电力、热力的生产和供应业	9.5353370	1	煤炭开采和洗选业	3.1066986	10
石油及核燃料加工业	5.6926974	2	金属制品业	3.0638729	11
石油和天然气开采业	5.5016576	3	银行业	2.9964342	12
农业	5.1344435	4	其他通用设备制造业	2.9756776	13
电子元器件制造业	5.0420887	5	塑料制品业	2.8506808	14
钢压延加工业	4.6951422	6	汽车制造业	2.6416130	15
基础化学原料制造业	4.3683013	7	造纸及纸制品业	2.5640038	16
有色金属冶炼及合金制造业	3.3842609	8	合成材料制造业	2.4869948	17
批发零售业	3.3530524	9	专用化学产品制造业	2.4470385	18

续表

部门名称	感应度系数	位次	部门名称	感应度系数	位次
有色金属压延加工业	2.2960313	19	炼钢业	1.4016660	27
道路运输业	1.9623386	20	餐饮业	1.3504960	28
棉、化纤纺织及印染精加工业	1.8752779	21	电线、电缆、光缆及电工器材制造业	1.2524891	29
畜牧业	1.8221555	22	仪器仪表制造业	1.1586302	30
商务服务业	1.7861745	23	木材加工及木、竹、藤、棕、草制品业	1.1405251	31
废品废料	1.7348374	24	水上运输业	1.1236108	32
黑色金属矿采选业	1.6394704	25	非金属矿及其他矿采选业	1.1179220	33
有色金属矿采选业	1.4725321	26	化学纤维制造业	1.0284544	34

第三产业中商务服务业、道路运输业、餐饮业的感应度系数也高于社会平均水平，说明服务业对国民经济的推动作用在增强，同时也说明这些部门易成为制约国民经济发展的"瓶颈"。感应度系数低于社会平均水平的产业部门大多是第三产业部门和农业部门，也有少数劳动密集型产业部门。其中第三产业中的新兴产业部门如电信及信息传输服务业，铁路运输业、保险业的感应度系数尽管略低，但其系数值接近社会平均水平。

总体上看，银行业对其他产业的拉动性弱，弱于保险业；而推动力强，也强于保险业。拉动性弱主要因为银行业是一个高增加值产业；推动力强则表明银行业有着相对重要的产业地位。银行业在经济生活中扮演了越来越重要的角色，逐渐渗透到国民经济中的各个环节，对国民经济的发展起着越来越重要的作用，我们需要依靠城镇化带动产业化，通过产业化加快对金融体制的改革，从而助推整个国民经济的发展。

（三）银行业同其他产业的紧密性分析

直接消耗系数，也称投入系数，记为 $a_{ij}(i, j = 1, 2, \cdots, n)$，它是指在生产经营过程中第 j 产品（或产业）部门的单位总产出直接消耗的第 i 产品部门的货物或服务的价值量。直接消耗系数的计算方法为：用第 j 产品（或产业）部门的总投入 X_j 去除该产品（或产业）部门生产经营中直接消耗的第 i 产品部门的货物或服务的价值量 x_{ij}，用公式表示为：

$$a_{ij} = \frac{x_{ij}}{X_j} \quad (i, j = 1, 2, \cdots, n)$$

完全消耗系数，通常记为 b_{ij}，是指第 j 产品部门每提供一个单位最终使用时，对第 i 产品部门的货物或服务的直接消耗和间接消耗之和。利用直接消耗系数矩阵 A 计算完全消耗系数矩阵 B 的公式为：

$$B = (I - A)^{-1} - I$$

依据直接消耗系数和完全消耗系数，计算出各产业在银行业中间投入中所占比重和银行业在各产业中间需求中所占比重。表 2-3 列出了银行业主要依赖的产业部门，表中数据只取了 2007 年各产业部门在银行业中间投入中所占比重较大的前 20 个产业部门。

表 2-3 银行业主要依赖的产业部门

指标　　　　年份	各产业部门在银行业中间投入中所占比重和位次			
	比重（%）		位次	
	2007	2002	2007	2002
银行业	21.97	22.39	1	1
商务服务业	18.57	4.71	2	5
房地产业	9.62	10.30	3	2
住宿业	4.37	3.03	4	8
电信和其他信息传输服务业	4.31	4.64	5	6
餐饮业	3.96	3.08	6	7
电力、热力的生产和供应业	3.36	2.60	7	10
计算机服务业	3.26	7.10	8	3
造纸及纸制品业	3.05	1.81	9	16
城市公共交通业	2.53	1.38	10	17
印刷业和记录媒介的复制业	2.43	0.86	11	25
文化、办公用机械制造业	2.33	2.70	12	9
石油及核燃料加工业	1.61	1.00	13	24
航空运输业	1.30	2.14	14	12
娱乐业	1.18	0.52	15	33
批发零售业	1.08	2.06	16	14
教育	1.01	1.16	17	20
文教体育用品制造业	0.97	1.08	18	22
其他专用设备制造业	0.96	0.76	19	26

续表

指标 \ 年份	各产业部门在银行业中间投入中所占比重和位次			
	比重（%）		位次	
	2007	2002	2007	2002
其他服务业	0.93	0.37	20	38
银行业	5.88	8.49	6	6
商务服务业	7.08	2.33	5	22
房地产业	8.35	9.24	4	5
住宿业	5.36	4.93	7	13
电信和其他信息传输服务业	2.93	2.85	15	17
餐饮业	2.15	2.57	19	21
电力、热力的生产和供应业	0.35	0.70	37	38
计算机服务业	15.25	10.85	1	3
造纸及纸制品业	1.11	0.95	25	31
城市公共交通业	11.35	11.57	3	2
印刷业和记录媒介的复制业	2.14	0.77	20	35
文化、办公用机械制造业	12.45	16.21	2	1
石油及核燃料加工业	0.27	0.33	41	49
航空运输业	2.19	6.69	18	8
娱乐业	4.64	3.96	10	15
批发零售业	0.24	0.36	43	46
教育	2.51	4.87	17	14
文教体育用品制造业	3.72	2.77	13	18
其他专用设备制造业	1.67	0.75	21	36
其他服务业	0.81	0.46	27	43

从横向来看，由表2-3可知，2007年银行业依赖的20个产业中，第三产业占据了13个，占到产业部门数的65%，其他7个部门为第二产业，占比为35%，而且第三产业所占银行业中间投入的比重达到了70%以上，说明银行业的发展高度依赖于第三产业。2007年，银行业对本部门的直接消耗系数占银行业中间投入的比重为21.97%，位居42个部门的首位，表明银行业的协作依存程度高。

从纵向来看，不论是银行业依赖的产业部门还是第三产业所占银行业中间投入的比重，虽然2002年同2007年的产业类别不尽相同，但其大体上持平，由此可见，银行业所依赖的产业已经基本达到了一个相对稳定的水平。

商务服务业从 2002 年的第 5 位且占比只有 4.71%一跃成为 2007 年的第 2 位且占比达到 18.57%，而且银行业在商务服务业的中间需求占比位次从 2002 年的第 22 位跃升为第 5 位，说明商务服务业迅猛发展，银行业对其依赖性显著增强。银行业在计算机服务业的中间需求占比也在增加，位次由 2002 年的第 3 位上升到 2007 年的第 1 位，比重由 10.85%上升到 15.25%；银行业在其他服务业的中间需求占比由 2002 年的第 43 位上升为第 27 位，表明银行业加大了对计算机服务业和其他服务业的扶持力度，国家加大了对新兴产业的资金支持。房地产业占比虽然徘徊在 10%左右，但是稳中有降，从 2002 年的第 2 位下降为 2007 年的第 3 位，在国家严厉控制房价的背景下，房地产业对银行业的推动作用也在逐渐减弱。

另外，制造业在银行业的中间投入中所占比重也在上升，如造纸及纸制品业、文教体育用品制造业、其他专用设备制造业等，其位次都有了不同程度的上升，表明银行业依然要依赖制造业，且要服务好制造业，这也体现出国家要求银行业对实体经济予以支持有了显著的成效，也表明中国实体经济与银行业正在逐步实现协调发展。由表 2-3 可以看出，电力、热力的生产和供应业，城市公共交通业的占比同时出现了上升，且上升幅度较大，表明基础产业对银行业的推动力在增强，城镇化的发展必然带来基础产业的发展，从而进一步推动银行业的发展。

（四）银行业的主要服务产业分析

由直接消耗系数和完全消耗系数计算出各产业在银行业的中间需求中所占比重和银行业在各产业的中间投入中所占比重，表 2-4 列出了银行业主要服务的产业部门，表中数据只取了 2007 年各产业部门在银行业中间需求中所占比重较大的前 20 个产业部门。

从横向来看，2007 年银行业服务的 20 个产业中，第一产业有 1 个，占比为 5%，第二产业有 10 个，占比为 50%，第三产业有 9 个，占比为 45%，但在排名前 4 位的产业部门中，第三产业占了 3 席，银行业分别为批发零售业、银行业和道路运输业提供了 8.57%、5.88%和 4.25%的中间产品，说明

表 2-4 银行业主要服务的产业

指标 \ 年份	各产业部门在银行业中间需求中所占比重和位次			
	比重（%）		位次	
	2007	2002	2007	2002
批发零售业	8.57	15.61	1	1
电力、热力的生产和供应业	8.28	3.84	2	6
银行业	5.88	8.49	3	3
道路运输业	4.25	2.39	4	8
电子计算机制造业	3.82	1.87	5	12
教育	3.67	0.13	6	94
建筑业	3.54	2.11	7	11
房地产业	2.78	10.98	8	2
商务服务业	2.71	1.10	9	18
钢压延加工业	2.63	1.11	10	16
水泥、石灰和石膏制造业	2.57	2.21	11	9
铁路运输业	1.82	1.05	12	19
公共管理和社会组织	1.62	4.29	13	4
电子元器件制造业	1.43	0.38	14	54
棉、化纤纺织及印染精加工业	1.37	0.94	15	22
煤炭开采和洗选业	1.32	1.01	16	20
保险业	1.29	0.35	17	56
有色金属冶炼及合金制造业	1.23	0.55	18	37
医药制造业	1.23	0.54	19	39
农业	1.21	4.07	20	5
批发零售业	8.90	9.75	9	4
电力、热力的生产和供应业	4.36	4.77	23	15
银行业	21.97	22.39	1	2
道路运输业	9.17	5.92	7	11
电子计算机制造业	3.76	4.25	25	20
教育	7.63	0.26	12	117
建筑业	0.88	0.48	117	111
房地产业	13.50	27.28	4	1
商务服务业	4.82	2.03	22	44
钢压延加工业	1.34	0.99	80	85
水泥、石灰和石膏制造业	7.10	7.38	13	6
铁路运输业	15.87	10.51	2	3
公共管理和社会组织	2.71	4.48	37	16

续表

指标 \ 年份	各产业部门在银行业中间需求中所占比重和位次			
	比重（%）		位次	
	2007	2002	2007	2002
电子元器件制造业	1.57	1.02	66	82
棉、化纤纺织及印染精加工业	1.56	1.35	68	68
煤炭开采和洗选业	3.03	2.86	30	28
保险业	5.41	2.23	19	36
有色金属冶炼及合金制造业	1.62	1.54	63	60
医药制造业	2.91	1.53	31	59
农业	1.67	4.09	56	23

银行业主要服务的产业仍然为第三产业。

从纵向来看，2002年银行业主要服务产业排名前4位的全部为第三产业，它们分别为批发零售业、房地产业、银行业及公共管理和社会组织，这充分说明银行业主要服务的产业为第三产业，但是由于中国实体经济不景气，第二产业在银行业中间需求中的位次在2007年都有了较大提升，主要服务产业在逐渐向第二产业转移。进一步分析银行业在各产业的中间投入中所占比重，2002年排名前3位的分别为房地产业、银行业和铁路运输业，这三个产业在2007年的排名分别为第4名、第1名和第2名，由此可知，这三个产业是最为依赖银行业的产业部门。

近年来，由于房地产业的不确定性增强，银行业在房地产业中的投入占比从2002年的第1位下降到了2007年的第4位，且房地产业在银行业中间需求中的占比也跌落了6位，表现出了银行业对房地产业的慎重。银行业主要服务的产业在2002~2007年变化最大的要数教育事业，其在银行业的占比从0.13%跃升为3.67%，银行业在其中间投入中的占比也从0.26%提高到了7.63%。其次为保险业，保险业在银行业中间需求中的占比从0.35%提高到了1.29%，上升了39位，银行业在保险业中间投入中的占比也从2.23%提高到了5.41%，上升了17位。表明银行业加大了对教育事业和保险业的支持力度，也体现出了教育事业和保险业对银行业的依赖程度大大加强。

上述分析是基于以银行业为核心的产业链，总体上看，这条产业链的主要组成部分为第三产业,因为第三产业对银行业的发展给予了最重要的支持,同时第三产业也是银行业最主要的服务对象;金融保险业的发展离不开住宿业和餐饮业、公共管理和社会组织等产业的支持,它们处于这条产业链的上端;同时金融保险业的发展推动了批发和零售贸易业、电力热力的生产和供应业等产业的发展,它们处于产业链的下端。中国正处于一个城镇化加速发展的时期,城镇化的发展离不开银行业,银行业的壮大也需要实现中国的城镇化,我们一定要加大银行业改革力度,使其更好地为中国经济建设服务。

第三章　新常态下商业银行转型面临的环境分析

当前，中国经济发展进入新常态，其主要特点表现为三个方面：一是增速换挡，从高速增长转为中高速增长；二是结构优化，经济结构不断优化升级；三是动力转换，从要素驱动、投资驱动转向创新驱动。在经济新常态背景下，商业银行的经营环境、竞争形势、客户需求等均发生了巨大变化，必须加快推进战略转型，进而实现持续、稳步、健康发展。

一、商业银行转型的必要性与紧迫性

商业银行转型就是商业银行根据国家政策、外部监管、市场竞争、客户需求以及技术发展等环境变化，在发展理念、发展战略、业务范围、产品结构和盈利结构等方面展开重大调整。当前，利率市场化导致传统利差收窄，客户结构出现结构性变化，同时国家产业结构不断调整，互联网金融日益普及，商业银行的发展面临着许多新形势、新情况和新问题，必须加快转型发展的步伐。

（一）传统利差收窄

金融危机以后和未来一段时期，中国经济发展进入新常态，在增速换挡、结构优化、动力转换的背景下，由于利率市场化、商业银行同业竞争加剧、直接融资途径增加等因素的共同作用，商业银行传统利差日益收窄。

1. 利率市场化收窄利差

长期以来，严格的利率管制扭曲了中国资金市场，在一定程度上产生了影子银行（Shadow Banking）、负利率、资产价格泡沫等负面影响，越来越不适应社会经济发展的需要。中国的利率市场化经历了一个较为漫长的过程（见表3-1）。2012年6月8日和7月6日，在不到一个月的时间内，中国人民银行两次降息，扩大了存款和贷款利率的浮动区间，此举被业内看作市场化改革的重大举措。在经济转型升级和金融体系深化改革的大背景下，利率市场化步伐不断加快。

表 3-1　中国利率市场化进程

年份	利率市场化举措
1996	放开银行间同业拆借市场利率，拆借双方自主定价
1997	启动银行间债券市场，放开债券市场债券回购和现券交易利率
1998	改革再贴现利率以及贴现利率的生成机制，放开贴现和转贴现利率，尝试政策性银行金融债券发行利率市场化定价
1999	国债发行开始采用市场招标方式，连续三次扩大金融机构贷款利率浮动幅度，批准中资商业银行法人与中资保险公司法人就大额定期存款协商确定利率
2000	放开外币贷款利率和300万美元（含300万美元）以上的大额外币贷款利率
2002	扩大农村信用社利率浮动幅度，统一中外资外币利率管理政策，扩大金融机构贷款利率浮动权，简化贷款利率种类，取消大部分优惠贷款利率，完善个人住房贷款的利率体系
2002	党的十六大报告提出，稳步推进利率市场化改革，优化金融资源配置；放开人民币各项贷款的计息、结息方式，由借贷双方协商决定；放开英镑、瑞士法郎和加拿大元的外币小额存款利率管理，同时，对美元、日元、港币、欧元等小额存款利率实行上限管理
2004	商业银行、城信社贷款利率浮动区间上限扩大到贷款基准利率的1.7倍，农信社贷款利率浮动区间上限扩大到贷款基准利率的2倍，金融机构贷款利率浮动区间下限保持为贷款基准利率的0.9倍不变
2004	不再设定金融机构人民币贷款利率上限以及贷款利率下限
2005	商业银行被允许决定除定期和活期存款外的六种存款的定价权
2006	将商业性个人住房贷款利率浮动扩大至基准利率的0.85倍
2007	中国货币市场基准利率上海银行间同业拆放利率（Shanghai Interbank Offered Rate）开始正式投入运行
2008	将商业性个人住房贷款利率下限扩大到基准利率的0.7倍
2013	全面放开金融机构贷款的利率管制，取消贷款利率0.7倍的下限

随着中国人民银行将金融机构存款利率浮动区间的上限调整为基准利率的1.1倍，贷款利率浮动区间的下限调整为基准利率的0.8倍，中国新一轮

的利率市场化开始启动。在世界上的其他国家和地区，利率市场化一般情况下都会导致利率的升高。例如，在中国的台湾地区，利率完全市场化后，存款利率大幅飙升20%~50%，利差由1989年的3.11%收窄为2011年的1.41%。就目前而言，中国多数商业银行的存款利率都已经向上浮动，存款利率接近基准利率1.1倍的上限。相关研究成果表明，由于长期的利率管制，利率市场化初期可能造成过激的市场反应，估计大银行的净利差会收窄0.25~0.5个百分点，中小银行的净利差会收窄1~1.5个百分点，四大国有商业银行的拨备前利润将减少10%左右，中小银行的拨备前利润将减少30%左右。

在利率市场化这一不可逆转的趋势下，商业银行的盈利能力、自主定价能力、风险管理能力和资产负债管理能力等都将面临严峻挑战。概括而言，一是全方位的金融脱媒现象日益加剧，商业银行去中介化态势凸显；二是商业银行资产负债表和损益表结构发生重大改变，资产负债表管理难度逐渐增加；三是风险属性、复杂性以及关联性逐渐增加，商业银行风险管理能力亟待提升；四是利率逐步放开的情况下，商业银行的定价管理能力也有待提高。

短期内来看，利率市场化对中小银行的冲击可能更为明显。第一，就目前状况来看，无论是在人才储备和体制机制方面，还是在成本、产品定价、风险管控以及内部管理水平方面，中小商业银行均处于劣势地位。第二，中小商业银行面临更大的盈利压力。一是利差收窄对中小商业银行的影响相对更大；二是在利率市场化后，中小银行所依赖的高利差盈利模式很难持续；三是与大型商业银行相比，中小商业银行网点数量不多、品牌知名度不高、议价能力不强，盈利能力更容易受到利率市场化的影响和冲击。

2. 商业银行同业竞争加剧收窄利差

中国的商业银行数量众多，包括中国银行、中国农业银行、中国工商银行、中国建设银行、交通银行五大国有商业银行，中信、招商、光大、民生、华夏、浦发、兴业、广发、平安、渤海、恒丰、浙商12家全国性股份制商业银行，144家城市商业银行，约241家农村商业银行，约799家村镇银行，外加邮政储蓄银行和外资银行。外资商业银行利用其管理优势、产品优势与服务优势，高起点、高水平地进军中国金融市场，争夺竞争对象直接指向优质市场、重要客户、新兴业务和高端人群。更为突出的问题在于，外资商业银行采取合资、参股等各种行之有效的措施，迅速提升对中国市场的渗透力，其结果是对中国商业银行的发展产生了不容小觑的实质性威胁。大量银行的涌现，必然导致银行业竞争的加剧。

当前，由于历史、制度和自身等方面的原因，中国商业银行存在着十分严重的同质经营问题。大型银行、中小型银行的发展战略、业务结构、收入结构、市场定位、发展模式、目标客户、产品和服务等方面，均存在同质化现象，整个银行业的经营发展方式还比较粗放。例如，就市场定位而言，中国大多数商业银行仍旧把市场重点局限在电力、公路、邮政、电信、石油石化、铁路、电子、城市基础设施等行业领域，聚焦于优质客户和重点大项目。以交通运输业为例，2011年，中国工商银行、中国农业银行、中国银行、中国建设银行和交通银行对该行业的贷款占比最高的在13%以上，最低的也有9%左右，在所有行业贷款占比中排名靠前。又如，就业务结构同质化而言，中国商业银行传统的存贷款业务占比非常高，存贷利差是银行利润的重要渠道。因此，资产结构以贷款为主，而非信贷资产占比偏低。2011年，在所有上市商业银行中，贷款占生息资产的比重最高的为56%，最低的也有40%。

大部分商业银行以大中型城市和经济发达地区为中心开展业务，以追求业务范围的拓展和市场占有率的扩大为战略发展方向。目标客户集中定位于大型企业和高端客户，而对小企业、居民、农民等小客户都不够重视。这种趋同趋势一方面导致各银行的非理性竞争；另一方面加剧了信贷资金供求矛盾，削弱了银行的风险控制能力和盈利能力，也使中小企业贷款难、贷款贵等问题变得更加突出。金融产品创新主要以低层次产品创新为主，各理财产品也主要投向央行票据、国债、金融债市场，产品在功能设计和服务形式上也都大同小异。业务结构过度依赖信贷利差，经营范围高度集中在传统的存贷市场。为数众多的商业银行在相同的领域开展相同的业务，其竞争的激烈程度可想而知。在市场经济中，优胜劣汰，适者生存，各商业银行竞争的加剧共同蚕食银行的收入，影响银行的盈利能力。就盈利模式而言，利息收入仍然是中国大多数商业银行的重要收入来源，盈利模式主要取决于存贷款利息差收入，而风险小、技术性和附加值高的中间业务对利润的贡献相对较小。无论是大型商业银行，还是中小商业银行以及农村信用社，都是以经营存贷款、支付和结算等传统业务获取存贷利差作为利润的重要来源，其差异化程度不大，盈利模式基本趋同。

3. 直接融资途径加速发展

在中国，企业融资以间接融资为主，即企业通过银行贷款间接融入资本，解决资本短缺问题，扩大生产经营规模。间接融资的发展促进了银行业的快速发展。近年来，随着中国资本市场的发展和完善，直接融资得到快速发展，其中，股票市场发展迅速。股票作为直接融资的工具之一，已为上市公司融得上万亿资金，缓解了企业的资金问题，有力地促进了上市企业的发展。

长期以来，中国企业的融资结构以间接融资为主，而企业通过债券市场实现直接融资的规模十分有限。不过，随着债券市场的快速发展，这一局面正在悄然发生改变。从数据来看，2002年，中国企业债券融资总数量为362.02亿元，占社会融资总数量的比重很低，仅为1.8%；10年后的2012年，企业债券融资总数量达到2.25万亿元，是2002年的60多倍，企业债券融资在社会融资总数量中的占比攀升至14.3%，提高了12.5个百分点（见图3-1）。债券市场在为企业提供直接融资服务方面，发挥的重要性持续凸显，对金融脱媒也产生了推波助澜的作用。近年来，中国商业银行与时俱进，顺应时代发展要求，纷纷启动战略转型，强力发展中型企业、小微企业金融服务。

随着中国信用体系的建立和资本市场的完善，直接融资工具会越来越多，直接融资工具的发展对以银行为中心的间接融资方式形成了严峻的挑战，使其利润空间不断受到压缩，在一定程度上会削弱商业银行的盈利能力。

（二）商业银行客户的结构性变化

未来，随着"大众创业、万众创新"成为中国经济的新引擎，传统条件下商业银行以大企业为主导的客户结构将难以为继，而中小企业客户对于商业银行的发展将具有十分重要的战略意义。

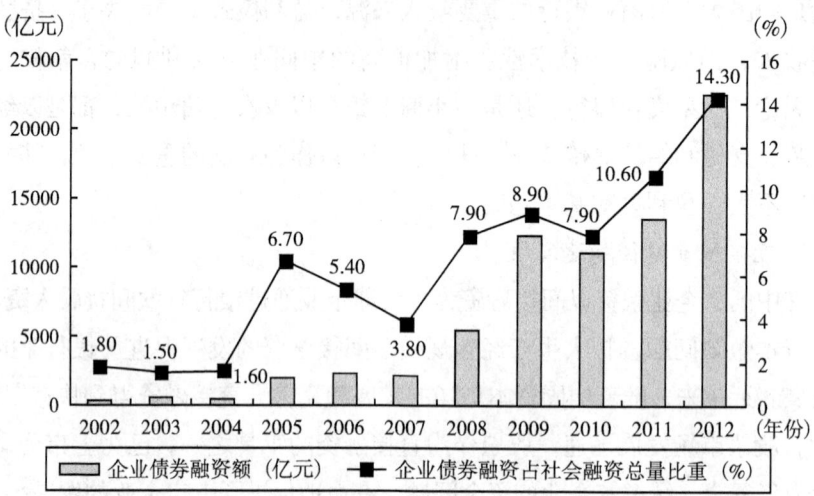

图 3-1 2002~2012 年企业债券融资额及其在社会融资总量中的占比

资料来源：中国人民银行、Wind 资讯。

1. 以大企业为主导的客户结构将难以为继

当前，商业银行主要依靠大企业客户，在金融监管日益严格、直接融资途径不断拓展、金融创新持续加快的情况下，商业银行以大企业为主导的客户结构将发生根本改变。首先，商业银行有限的资本供给与大企业巨额的融资需求存在矛盾。根据《中华人民共和国商业银行法》的规定，商业银行某一单个客户的贷款总额不得超过资本净额的 10%；而排名靠前的前 10 位客户的贷款总额不能超过银行资本净额的 50%。2012 年，在中小股份制银行中，中信银行净资产为 2030.86 亿元，招商银行净资产为 2004.34 亿元，民生银行净资产为 1685.44 亿元，中小商业银行提供给某一单个客户的贷款额度受到一定程度的限制。也就是说，大企业资金需求规模巨大，而中小型商业银行受监管制度的约束无法满足大型客户的资金需求。其次，对于大型企业客户而言，其自我融资能力较强。一方面可以通过股市融资；另一方面可以通过发行公司债券等方式融资，而且随着银行业同业竞争程度的日益加剧和利率市场化步伐的不断加快，大型企业客户的融资成本会进一步降低，因此，商业银行对大客户的贷款利率会进一步下调。最后，商业银行的客户结构和业务结构存在着一定程度的矛盾。商业银行大客户数量少、业务多，而中小客户情况与此相反，数量多、业务少，在金融产品日益多元化的今天，这种结构不对称性使大客户流失的风险日益加大。

2. 中小企业客户发展迅速

中小企业客户对于商业银行的发展具有十分重要的战略意义。与大型企业相比，中小企业经营方式灵活，适应能力和创新能力都比较强，是推动技术进步的重要力量。从国外众多优秀银行的实践经验来看，中小企业客户能够给商业银行带来十分丰厚的利润，是商业银行价值创造的重要源泉。近年来，中国中小企业发展迅速，为国民经济的快速发展做出了巨大贡献。中小企业在完善社会主义市场经济体制、扩大全社会固定资产投资、促进各类企业持续发展、保障和改善民生、创造就业岗位以及增加财政税收等方面发挥了不可或缺的作用。截至2013年末，全国约97%的企业是中小企业，国内生产总值的约60%是由中小企业创造的，全国税收的约60%来自于中小企业，全国城镇新增就业岗位有85%左右是由中小企业提供的（见图3-2）。可见，中小企业俨然已经成为中国国民经济的主体，推动着中国国民经济的快速发展。

中小企业是商业银行转型的重要推动者。中小企业贷款规模巨大，同时贷款利率通常高于基准利率20个百分点左右，为商业银行带来了丰厚的利

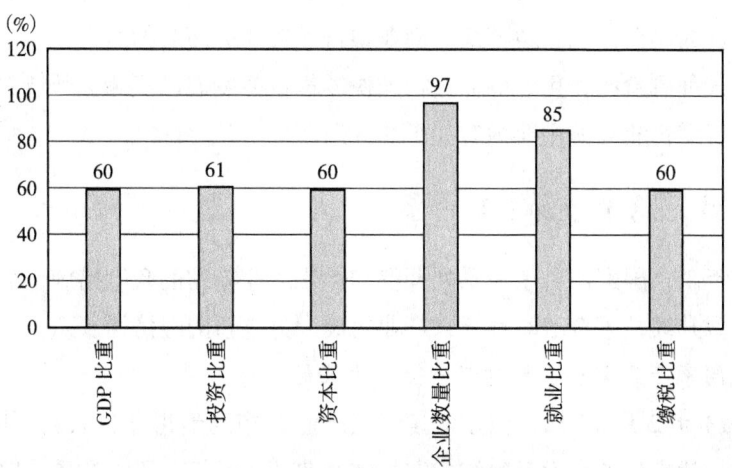

图3-2　2013年中小企业部分指标占比

资料来源：《中国统计年鉴》(2014)，中国统计出版社2014年版。

润。中小企业需求多样，有力地促进了商业银行负债业务、中间业务、国际业务、电子银行业务、信用卡业务等的全面发展，有利于优化商业银行的资产结构和客户结构，为商业银行创造新的利润增长点。

3. 零售客户异军突起

"十二五"时期，国家把加快转变经济发展方式作为发展主线，以经济结构战略性调整作为转变增长方式的主攻方向，以扩大内需作为结构调整的首要任务，居民收入实现了持续增加。截至 2011 年末，全国个人可投资资产总额达到 62 万亿元，比 2010 年增加 8 万亿元。预计到 2015 年底，中国私人可投资资产总额将达到 114.5 万亿元。人均收入水平的快速增长和国家刺激消费的政策支持，共同导致居民对银行零售业务的需求快速增加。

从长期来看，中国经济保持平稳快速增长的发展态势不会改变，经济结构的战略性调整也会持续下去，国民经济发展的"三驾马车"之间的结构也将不断优化，对外出口及国内固定资产投资对中国经济的贡献度将逐步降低，而国内消费对经济的贡献度将逐步增加，零售业务发展迎来前所未有的机遇。

当前，中国利率市场化重启，商业银行的利差收入面临严峻挑战，银行只靠传统信贷业务和逐渐缩小的利差来保持超额利润增长已越来越难。与此同时，随着中国资本市场的快速发展和日趋成熟，金融创新日新月异，特别是随着资本需求的超强劲增长，证券市场的作用日趋凸显，直接融资需求旺盛，银行的媒介作用日益萎缩。商业银行零售业务面对的客户日益广泛，具有缓释各种风险的作用，商业银行加快零售业务发展已成为大势所趋。

银行零售业务的主要内容如图 3-3 所示。

（三）国家产业结构的调整

近年来，国家出台了一系列调整和优化产业结构的政策措施，促进传统产业转型升级，培育战略性新兴产业发展，打造新的经济增长点。

1. 国家产业调整政策对部分行业的限制

2013 年 2 月 16 日，国家制定了《产业结构调整指导目录》，其目的十分明确，就是为了全面反映结构调整和产业转型升级，更加注重战略性新兴产业的发展，更加强调自主创新，支持和鼓励服务业发展，加大对产能过剩

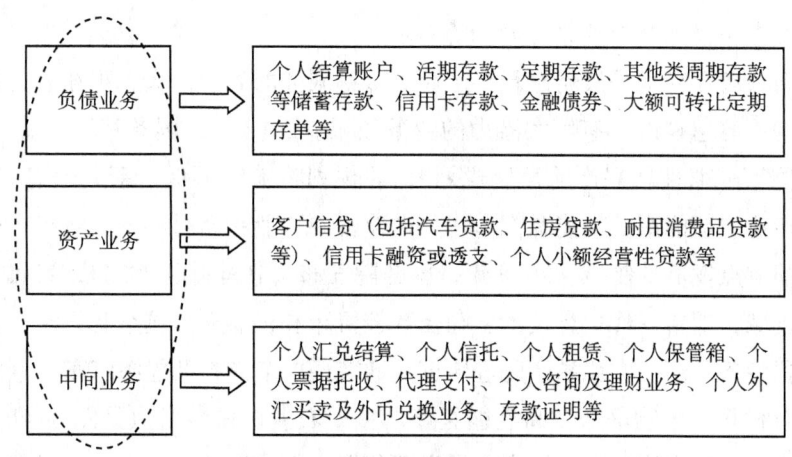

图 3-3 银行零售业务的主要内容

行业的限制和引导，落实可持续发展的客观要求，进而转变中国经济发展的方式，推动中国产业结构的调整和优化升级，完善和发展现代产业体系。当前，中国产业结构存在着产能过剩、重复建设的问题，国家不断加大产业调整的力度，优化产业结构，限制相关产业的过度发展。这部分产业既有钢铁、有色金属、建材、化工等传统产业，也有新兴产业；既包括纺织、鞋帽、箱包等低端产业，也包括多晶硅、光伏太阳能电池、风能等高端产业。据有关资料显示，中国钢铁制造行业产能过剩已持续好几年，在 2007 年之前，粗钢产能利用率在 83% 以上，但 2007 年之后产能利用率整体下了一个台阶，再也没有能够回到 80% 的水平。早在 2003 年，中国水泥行业就已经出现了产能过剩的苗头，当时立窑等落后产能的产量占总产量的 78%，新型干法水泥的产量占 22%，经过大概 10 年的时间，到了 2012 年，水泥总产量的 90% 是新型干法水泥。随着工业化和城镇化进程的推进，在房地产业和重化工业强大需求的共同推动下，众多企业纷纷涌入水泥行业，其结果可想而知，产能过剩的风险日益积聚。而据天则经济研究所发布的研究报告显示，除传统产业产能过剩现象非常普遍外，一些所谓的新兴产业也出现了一定程度的产能过剩，例如太阳能电池产能过剩达 95%，风电设备产能利用率低于 60%。国家要求应逐步限制产能过剩行业的扩张，对高污染、高消耗、高成本的行业要重点限制。

2. 新兴产业对商业银行的融资需求

新兴产业特别是战略性新兴产业对金融服务的需求巨大，正在成为各金融机构不容忽视的具有巨大潜力的业务领域。2012年，国务院印发《"十二五"国家战略性新兴产业发展规划》，该规划将节能环保、新兴信息产业、生物产业、新能源、新能源汽车、高端装备制造业和新材料七大新兴产业作为中国重点发展的领域。2015年，国务院发布《中国制造2025》，聚焦十大重点领域，即新一代信息技术、高档数控机床和机器人、航空航天装备、海洋工程装备及高技术船舶、先进轨道交通装备、节能与新能源汽车、电力装备、新材料、生物医药及高性能医疗器械、农业机械装备（见图3-4）。国家将采取有效措施，引导社会各类资源集聚，大力推动十大重点领域突破发展。相关行动计划的出台，将有力地促进新兴产业的快速发展，有利于中国经济结构的优化升级。新兴产业的快速发展将给银行信贷提供广阔的舞台。有资料显示，2011年，银行业支持战略性新兴产业的贷款增量为37634亿元，增长36%，大大高于平均增长率。根据以往经验，银行产业信贷投放规模同该产业在国民经济中的比重关系密切，相互对应。2012年，中国国内生产总值为51.93万亿元，社会融资总量为15.76万亿元，国家规划到2020年，战略性新兴产业增加值占国内生产总值的比重力争达到15%左右，

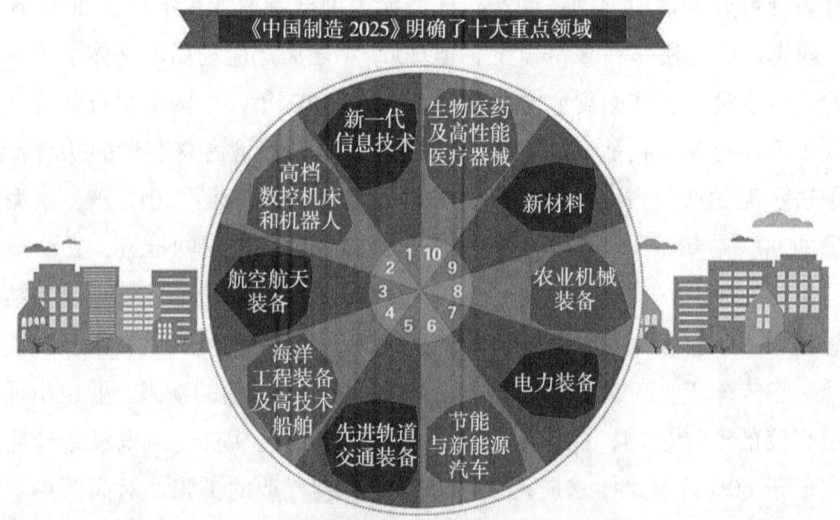

图3-4 《中国制造2025》重点发展领域

以国内生产总值、社会融资总量年均增长 8% 计算，到 2020 年，国内生产总值为 96.83 万亿元，社会融资规模为 31.5 万亿元，战略性新兴产业增加值为 14.52 万亿元，战略性新兴产业融资规模为 4.73 万亿元。战略性新兴产业大部分属于知识技术密集型产业，其成长潜力巨大且以中小企业与创业企业为主，金融需求多样，需要风险投资、股权融资、长期债务融资、保险等新型金融服务，为商业银行转型发展带来了前所未有的机遇。

（四）互联网金融发展日益普及

根据中国《电子银行业务管理办法》中的有关定义，电子银行业务是指商业银行等银行业金融机构利用面向社会公众开放的通信通道或开放型公众网络，以及银行为特定自助服务设施或客户建立的专用网络，面向客户提供的银行服务。目前，电子银行业务主要包括网上银行、电话银行、手机银行及其他电子自助设备服务。电子银行提供的业务十分广泛，涵盖账户余额查询、转账、理财、取款、充值缴费等功能。与传统银行相比，新兴的电子银行业务可以提供全天候的银行服务，延长了服务时间，大大拓宽了银行业务的服务范围，使客户办理银行业务更加便捷。电子银行服务的开展，在一定程度上降低了银行日常的营运成本，为银行腾出大量工作人员，用于服务高端客户，从事金融理财等高附加值服务。此外，电子银行的快速发展发挥了分流客户的作用，从而激发出银行的创新力和创造力，提升了新兴市场的渗透力，大大改善了客户体验。商业银行的核心竞争力将会显著增强，中间业务增加，从而优化银行业务结构。

互联网金融是指利用互联网技术来实现资金融通目的的所有行为之和，通过传统金融在线化、互联网企业渗透化以及金融生态圈新型化，从而涵盖从商业银行、保险、证券、交易所等金融市场和金融中介，到瓦尔拉斯一般均衡对应的无金融中介或者市场情形之间的全部金融交易和组织形式的新兴金融领域。目前，互联网金融的业务特征主要体现在四个方面：一是通过新技术来充分挖掘客户信息并管理信用风险；二是以点对点直接交易为基础进行金融资源的配置；三是以第三方支付为基础的资金转移模式；四是金融机构创新型互联网平台的搭建。实际上，互联网金融是电子银行业务的一种类型，是"互联网+"与金融业融合发展的新业态。根据互联网金融的业务特征、业态模式，可以对其进行归类（见表3-2）。

表3-2 互联网金融的分类

业务特征	业态模式	典型产品和企业	
		国外	国内
通过新技术挖掘客户信息并管理信用风险	金融产品比价搜索		融360、好贷网、我爱卡、银率网
	电商平台贷款主体信用评估	Ebay、Lending、Kabbage	阿里小贷、京东京保贝、京东白条
	第三方信用评估		安融汇众金银岛、金电联行
以点对点直接交易为基础进行金融资源配置	P2P贷款	Lending Club、Prosper	温州贷、盛融在线、翼龙贷、红岭创投、陆金所、拍拍贷、宜信
	众筹融资	Kickstarter、Funders Club、Bank To The Future	点名时间、天使汇、众筹网、追梦网、淘宝、星愿
	理财产品销售	Paypal、共同基金	余额宝、定存宝、腾讯基金超市、百度理财平台
以第三方支付为基础的资金转移	转移支付产品		支付宝钱包、微信支付、壹钱包、网银钱包、工银e支付
	移动支付技术		声波支付、扫描支付、NFC支付、密码支付
	第三方账户余额支付	Paypal、Amazon、Payment	支付宝、财付通、银联在线
	网银通道支付P2P资金托管		微信支付、支付宝钱包、汇付天下、易宝支付
金融机构创新型互联网平台	传统金融机构搭建电子商务和金融服务综合平台；不设立实体分支机构，完全通过互联网开展业务的专业网络金融机构		中国工商银行"融e购"、中国农业银行"E商管家"、中国银行"中银易商"、中国建设银行"善融商务"、交通银行"交博汇"、招商银行"非常e购"、中信银行"金融商城"

随着网络技术水平的突飞猛进和商业银行系统的更新换代，网上银行业务得到迅速发展。根据《2012年中国网上银行市场季度监测报告》数据显示，中国网上银行的交易规模2012年为995.8万亿元，同比增长26.7%。根据《第29次中国互联网络发展状况统计报告》显示，2012年中国有5.13亿网民，其中包括3.56亿手机网民，互联网普及率达到了38.3%。随着广大中小企业财务管理电子化水平的提高，电子银行拓展企业客户的步伐逐步加

快。2012 年中国网络购物市场交易规模突破 1 万亿元大关，达 13040 亿元，较 2011 年增长 66.2%，占社会消费品零售总额的 6.2%。据艾瑞咨询预测，到 2015 年，中国网络购物市场交易规模将突破 3 万亿元大关，占社会消费品零售总额的比重将超过 10%。中国移动支付业务迅速发展，2012 年全国移动支付规模达 1511.4 亿元，同比增长 89.2%，到 2015 年有望突破 7000 亿元。随着电子银行业务的普及，电子银行市场会越来越大，国内商业银行都已把电子银行作为推进转型和发展的战略型业务，加快抢占电子银行市场。

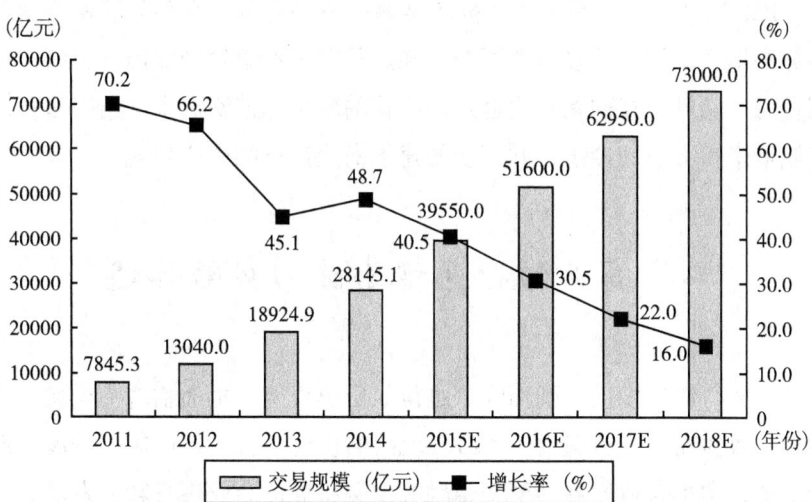

图 3-5　2011~2018 年中国网络购物市场交易规模及增长率

资料来源：食品商务网：《中国网络购物市场交易规模发展情况》2015 年 3 月 24 日。

另外，根据中国互联网络信息中心（CNNIC）2014 年 7 月发布的第 34 次调查报告显示，截至 2014 年 6 月，中国网民总体规模达到 6.32 亿人，比 2013 年增加了 2699 万人，互联网普及率再创新高，达到了 46.9%，与 2013 年相比，提高了 1.1 个百分点。互联网在社会变革中发挥着越来越强的先导作用，深刻地改变着大众的生产生活方式，日益成为大众日常生活中不可或缺的一部分。此外，世界著名的麦肯锡全球研究院（McKinsey Global Institute，MGI）发布的《中国的数字化转型：互联网对生产力与增长的影响》报告也指出，2010 年中国的互联网经济仅占国内生产总值的 3.3%，落后于大多数发达国家，但是到了 2013 年，短短的几年时间，该指数已经升至 4.4%，提高了 1.1 个百分点，超过了欧美等发达国家。据估计，2013~2025 年，互联网经济将在中国国内生产总值年增长率中占到 0.3~1 个百分点。互联网技术不断普及，逐渐成为打造中国经济升级版的新引擎，而一旦将互联网思维运用到金融领域，传统金融的经营理念、经营方式和业务结构都将发生天翻地覆的变化。

近年来，随着云计算、大数据、社交网络和搜索引擎等新一代信息技术的不断进步，中国互联网金融实现了突飞猛进的发展，第三方支付、互联网理财、P2P 网贷，以及基于大数据的金融服务平台等一系列互联网金融模式发展势头迅猛，如雨后春笋般不断涌现。具有成本集约和资源开放特点的互联网金融，满足了互联网时代客户多样化的融资和消费需求，给很多传统金融领域带来了不小的冲击，并逐步弱化了商业银行的中介功能。

二、商业银行转型面临的战略机遇

商业银行转型发展，既面临着难得的历史机遇，也面临着不容忽视的严峻挑战。整体而言，机遇大于挑战。就战略机遇而言，产业集聚发展、产业结构调整、中小企业发展、消费金融等，必将促进商业银行转型发展。

（一）产业集聚及基础设施建设形成了巨大的资金缺口

城镇化的过程在某种程度上就是产业集聚发展的过程，随着国内产业转移和战略性新兴产业、产业集聚区、工业园区的建设，对商业银行的融资需求明显增加。与此同时，伴随着大量基础设施的建设，如机场、高铁、轻轨、地铁、高速公路等立体交通设施建设，居民住宅建设，学校和医疗机构建设等，需要大量的资金支持，除了政府通过地方融资平台融资之外，商业银行的贷款必不可少。

城市基础设施建设的融资渠道包括多种形式，如银行贷款、发行债券、国外银行贷款、信托产品、资产证券化（Asset Backed Securitization，ABS）、投资基金和项目融资。其中，银行贷款是大多数地方政府进行城市基础设施建设融资的重要渠道。一方面，银行贷款有其优越性，方便而直接；另一方面，随着城市建设范围的日益扩大，城市功能快速提升，基础设施建设需求呈现多元化态势，城市建设资金缺口越来越大，仅仅通过银行贷款显然不能有效破解资金短缺难题。而且，就目前情况而言，商业银行介入现代城市基础设施建设还面临一系列障碍和藩篱，存在许多亟须解决的问题，这就要求商业银行在新型城镇化背景下，不断进行业务创新、产品创新，摸索出一条服务城市基础设施建设的新路子。

有的学者借鉴吸收了国外的经验，提出了设立基础设施融资银行的构想（见图 3-6）。

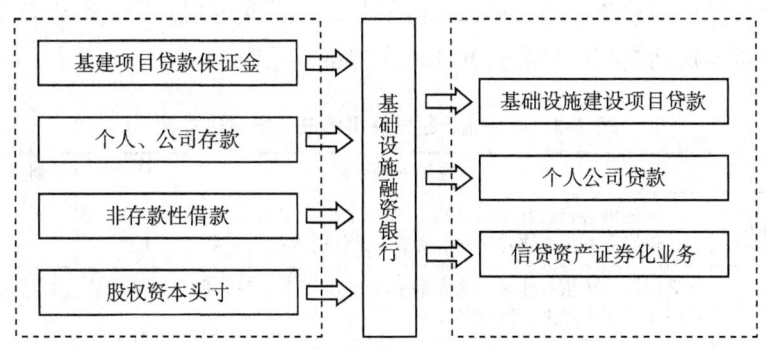

图 3-6　基础设施融资银行运作机制

资料来源：何文虎：《我国城市基础设施建设融资平台创新：基础设施融资银行》，《金融理论与实践》2014 年第 2 期。

（二）结构调整促使服务行业成为重点领域

城镇化的过程也是产业结构调整的过程，而现代服务业是产业结构调整的一个重要领域。随着经济发展和社会分工深化，现代服务业应运而生。现代服务业通常是知识密集型产业，具有产出附加值高、资源消耗少和环境污染少的特点。现代服务业在传统服务业的基础上通过技术改造和升级，变传统为现代，同时顺应市场的需求变化，发展新兴服务业。现代服务业属于节能环保、可持续发展的产业。当前，国内产业结构正在进行转型升级，商业银行应抓住机遇，努力推进信贷产业投向的转型，积极开拓现代服务业市场。通过对现代服务业的渗透和拓展，进一步优化商业银行的业务资源。

从系统的有序演化观点来看，商业银行顺应现代服务业大发展的趋势，完成基本转型的要求，就要加快从传统的融资中介向全能型的服务中介转变，从原来的社会资金的提供型银行逐渐向财富管理型银行转变。这种转型服务于现代服务业的整体发展要求，其实现需要一个过程，并不是一蹴而就的，需要遵循经济规律，更需要克服急躁情绪，培养耐心和毅力。具体而言，大体上可以分为三个阶段：第一个阶段是市场策略过程，主要是指银行客户结构的优化调整，以现有产品为工具，尽可能扩大现代服务业客户的覆盖范围和渗透程度。第二个阶段是产品升级过程，除了原有金融产品的自然升级以外，更多的是应对市场新需求的新技术、新工艺、新产品的研发和推广，特别是中间业务产品。第三个阶段是服务模式过程，主要是从资金流动银行向资本流动银行的功能提升和模式转型（见表3-3）。

表3-3 商业银行经营转型的三阶段演化进程

子过程	主要发展目标	计划经历时间
市场策略	现代服务业客户占比增长30%，其中中小客户占比增长达到50%以上；现代服务业领域的存贷款余额占比分别达到80%和50%以上	1~2年
产品升级	拥有国际一流银行主要业务品种达到90%以上；现代服务业领域的中间业务收入占比达到90%以上	3~4年
服务模式	形成以咨询顾问、资产管理、投资银行、托管等新兴服务为主导的资本流动银行服务模式	5~8年

资料来源：沈立强，《商业银行支持现代服务业发展的系统学解释》，《上海金融》2010年第9期。

（三）中小企业的快速发展造就了广阔的市场空间

2015年，中央经济工作会议提出，在积极稳妥推进城镇化的过程中，要把城镇化建设的重点放在中小城市和小城镇的发展上。而中小企业在社会经济发展中不可忽略，具有大企业无法取代的作用，是城镇化建设的重要经济条件。

在城镇化建设进程中，随着农村人口向城镇的转移，城市经济的信息、资金和技术向农村加速传递，城镇产业将会向农村乡镇企业辐射，乡镇中小企业将会得到进一步发展。大部分中小企业都是在国家产业政策的导向下形成的，产权明晰，现代产权制度完善，为商业银行提供了广阔的优质信贷市场。

2009年中小企业贷款情况显示,中国各类金融机构贷款占全部中小企业贷款的比重由高到低依次是:国有商业银行占比37.1%,股份制商业银行占比21.1%,农村合作金融机构占比15.1%,政策性银行占比13.6%,城市商业银行占比10.6%,外资金融机构占比1.8%,邮政储蓄银行占比0.5%和城市信用社占比0.2%(见图3-7)。

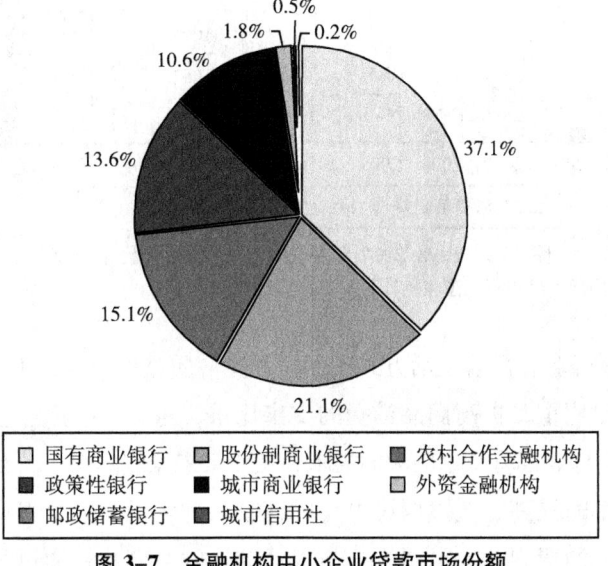

图3-7 金融机构中小企业贷款市场份额

资料来源:前瞻产业研究院:《缺钱中小企业2014年关难过怎么办?融资方式创新解密》,《前瞻网·经济学》2013年12月17日。

(四)市民化带动消费金融进入黄金时代

城镇化的过程就是市民化的过程。根据2013年《投资蓝皮书》,到2030年中国的城镇化水平将达到70%,中国总人口将超过15亿人,届时居住在城市和城镇的人口将超过10亿人,10亿市民将带动消费金融进入黄金时代。与此同时,城镇居民生活质量明显改善是城镇化发展的重要目标。据有关机构预测,到2017年,中国消费信贷规模将达到27.4万亿元(见图3-8)。

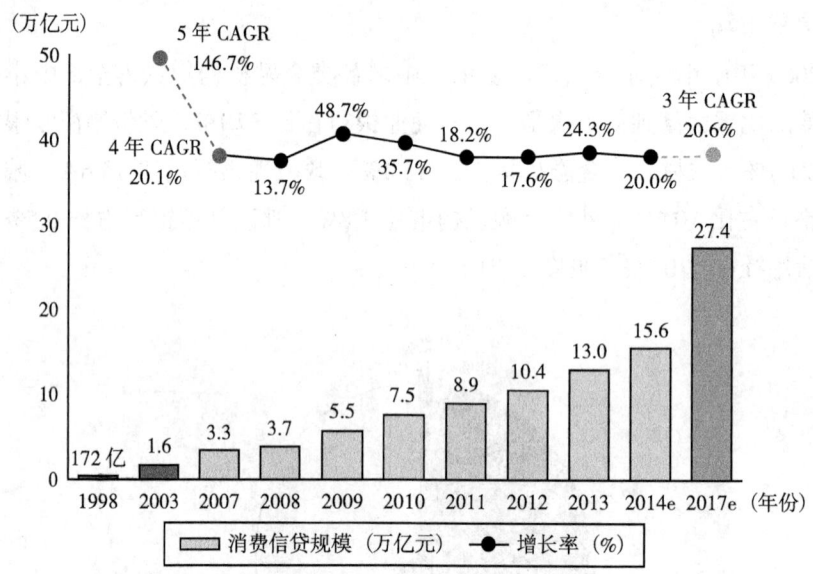

图3-8 1998~2017年中国消费信贷规模及增长率
资料来源：中国人民银行、国家统计局及艾瑞数据库。

根据国际经验，随着生活方式的变迁和生活质量的提高，市民必然减少自给消费的支出比重，提高商品消费的支出比重，对大宗生产、生活用品和汽车、旅游及教育等都将产生巨大的需求，从而带来相应的银行消费信贷业务。

城市化率的提高、城镇居民可支配纯收入的增长和人口聚集效应使人们的消费倾向、消费观念、消费方式、消费结构发生变化，通过积极发展住房金融业务和其他个人消费信贷业务，将为商业银行在支持城镇化建设中找到新的市场拓展方向。随着消费结构的升级，消费经济对GDP的贡献将越来越大。城镇化的过程中也伴随着客户结构的分化，贵宾客户和财富客户越来越多，将逐步成为银行的核心客户群体。商业银行应加大对财富存量高、收入增长速度高、投资理财需求高的高端贵宾和财富客户的信贷支持力度，并择优支持部分大众客户。

此外，中国商业银行转型还具备其他一些有利条件：一是利率市场化趋势将促进货币市场和债券市场的发展和完善，这将有利于银行增加资金业务收入。二是包括债券市场在内的资本市场的发展壮大，将会给商业银行开展债券承销、咨询顾问、结算清算等中间业务带来难得的历史机遇。三是利率市场化过程中不断发展的各种金融衍生品,将会给商业银行提供风险管理工具,增加金融衍生品方面的投资收益。四是中国贷款利率上限完全放开已经经历了一段时间,商业银行积累了一定的利率市场化条件下的经营管理经验。因此,中国商业银行必须正视转型压力,充分认识到转型的紧迫性和必要性,并尽可能利用利率市场化带来的战略机遇和有利条件,积极推进转型发展。

三、商业银行转型面临的重大挑战

客观地说,中国商业银行的发展方式还比较粗放,市场化改革还远没有结束,转型之路才开始起步。商业银行发展还存在一些亟待破解的难题,任重而道远。尤其是在2011年之后,商业银行利润增速开始下滑,不良贷款出现双升,被迅猛发展所掩盖的各种风险和问题开始凸显,对此必须有清醒的认识。

(一) 面临的内部挑战

与世界上的先进商业银行相比,当前中国的商业银行在经营理念、经营效能、经营结构、风险掌控以及创新改革等很多方面都存在着一定的差距,转型发展的内在要求就是不断消除在这些方面存在的缺陷和不足,将商业银行打造成为具有较强市场竞争力的现代金融企业。

1. 集约化经营战略有待调整

近几年来,为了适应现代市场经济发展的需要,商业银行纷纷转变过去重速度轻质量、重规模轻结构的外延粗放型发展方式,实行以效益为中心,以资金优化配置和科学利用为要素的集约化经营战略。集约化要求机构集中、权力集中、资金集中。

商业银行的集约化经营就是十分注重内涵式发展,更多关注效益、质量和效率的提升。要在保持一定的负债规模下,不断优化负债的结构和资产的结构,实现负债多元化、资产多样化,有效降低负债成本。基于此,一是要改革完善银行机构设置和组织形态；二是要不断建立健全内部考核机制；三是优化资产结构，提高资产质量；四是优化调整负债结构，降低负债成本；五是下放经营自主权，不断增强基层银行资金运营的弹性；六是加快互联网技术应用步伐，积极主动应对信息智能社会的到来。

城镇化背景下要求的金融服务是多样的和分散的，这与商业银行现行的集约化政策相悖，从而不能适应城镇化信贷市场开发的需要。如何既满足城镇化对金融的需求又符合银行集约化的经营战略，是一个有待解决的重要问题。

2. 政策制度差异化程度较低

在城镇化过程中，商业银行的政策制度差异化程度较低。针对城镇化过程中农村金融等需要灵活审批的项目不能做到权力下放、区别对待、差异经营，授权授信制度限制了城镇化信贷市场开发的力度。商业银行"一刀切"式的上收信贷权，使直接与经营主体打交道、享有信息最多最真的基层机构缺乏应有的信贷决策权，而贷款审批权限过分集中于上级行，也使审批手续和环节过多，贷款审批、发放效率低。

整体而言，商业银行授权授信管理制度有其实施的必要性，有利于提升管理水平，加强集约化经营，控制信贷风险。但是，也要看到，在商业银行授权授信管理上收和集中的过程中，集权与分权二者之间存在的固有矛盾逐渐显现，尤其是由于操纵层面对该项制度的把握程度不能整齐划一，对社会经济发展以及金融业自身发展产生了一些消极影响。

基层信贷中的有效需求部分难以满足。具体表现为：一是信贷准入门槛要求过高，中小企业尤其是微型企业的"贷款难"问题难以彻底解决；二是审批环节增多，审批过程烦琐，严重影响了贷款效率；三是货币政策传导机制受阻。商业银行依据自身发展策略和经营方针，坚持以提高信贷资金经营运行效益为中心，相对而言更加重视微观经济。当中国人民银行的宏观政策引导与商业银行本身的微观利益出现不一致，甚至发生冲突时，货币政策机制就不能正常发挥作用。

金融资源配置失衡性问题也越来越突出。一是因为贷款项目数量少、贷款审批权限小，在实行比较严格的贷款责任追究制度下，商业银行信贷人员责任重大、个人承担风险相对较高，加之上级银行实施提取二级准备金、下达存款考核任务、对上存资金给予一定程度优惠利率等一系列政策，导致欠发达地区基层银行"重存轻贷"现象日益普遍，直接致使欠发达地区资金出现严重外流，资金供给需求的"剪刀差"逐渐加大，经济发展的区域性失衡日趋严重。二是基层银行的盈利水平和资金利用效率出现下滑态势。苛刻的规模限制，一方面不利于发挥银行的资金效应；另一方面导致经济欠发达地区后发优势不足，经济发展后劲弱化。三是削弱了商业银行在区域经济，特别是县域经济中的地位和作用，地方政府对于商业银行给予地方经济发展的支持逐渐丧失信心，由此导致地方政府对商业银行的信任程度也不断降低，其后果是地方政府与商业银行之间产生一些分歧，人为造成工作协调障碍。

3. 金融产品创新力度不够

在城镇化过程中，商业银行金融创新力度不足，有非常大的提升空间。在城镇化发展过程中，个人和企业的金融需求具有差异性。一方面，商业银行应当根据不同客户的差异化需求，切实增强创新力度，设计出相应的金融产品；另一方面，也可以吸引各种民间资金成立新的金融机构满足各类客户的金融需求。

长期以来，中国的金融市场是典型的卖方市场，在这种市场上，银行在金融产品供给需求关系中处于主动地位，通常缺乏创新的危机感和紧迫感，满足于等顾客上门，提供服务的主动性没有被充分地调动起来，在搭建组织架构、管理模式和服务体系的过程中，通常也是以产品为中心、以自我为中心。而伴随着金融市场的日益开放，商业银行之间对优质高端资源的争夺越来越激烈，金融市场供给和需求之间的关系已经发生了逆转。但是有相当大一部分管理者仍然抱残守缺，专注于传统业务，只是考虑怎样将负债业务优势转化成收入、利润优势，怎样强力发展新兴业务和中间业务，怎样拓展优质客户、创新信贷经营和竞争优质资源，缺少更多具有创造性的举措。除此之外，部分管理阶层的管理者，仍然局限于传统思维定式，习惯于用传统手段和方法来应对新矛盾、新问题和新情况。

目前，中国商业银行没有办法做到提供特色化服务，金融产品同质化现象十分严重。在构建多层次现代金融服务体系这一关键问题上，怎样进一步加大金融工具的创新力度，充分发挥金融市场的资源配置功能，依旧任重而道远。

4. 内部管理能力亟待提升

商业银行要实现业务模式的成功转变，必须同时推进内部管理转型。当前，中国商业银行内部管理水平较低，提升空间很大。在经营理念方面，利率管制条件下的存款贷款利差基本固定，银行盈利水平的参差不齐主要体现为规模大小的差异性，因此"规模即效益"的经营理念依然根深蒂固，不容易改变。在资产负债管理方面，很多商业银行负债的主要形式就是存款，资产的主要形式就是贷款，因此，资产负债管理相对简单，比较直接。未来，随着利率市场化的推进，以及金融脱媒的不断深化，商业银行资产负债管理的广度、深度以及前瞻性也将不断提高。在定价管理方面，中国商业银行的内部资金转移定价（Funds Transfer Pricing，FTP）机制需要进一步完善。当前，中国商业银行的利率风险分担原则还不太明确，定价相关的基础数据积累依然十分匮乏。在资源配置和成本管理方面，中国商业银行缺乏以发展战略为导向的资源配置机制，资源配置效率不高，成本管理方式落后，尤其是前台业务部门工作人员的成本管理控制意识不强，与市场环境的变化不匹配。在业绩效能考核方面，考核指标偏杂偏多、灵活机动性不足、效益指标权重偏低等弊端在中国商业银行普遍存在，这些问题都亟待改进。在风险管理方面，中国商业银行风险管理技术落后，侧重于定性评价，普遍缺乏量化评估，利率市场化条件下的利率风险管理水平也有待提高。在管理体制机制方面，许多商业银行仍然沿用传统的"条条"、"块块"模式，条块分割还比较严重，尚未建立以客户为中心，自上而下，专业化和协同性并存的垂直型管理组织架构。

按照巴塞尔委员会的要求，商业银行应根据不同风险将风险分为市场风险、信用风险和操作风险，并将三种风险纳入银行资本充足要求的管理框架内，为三种风险配置相应的资本，建立管理风险的组织结构，制定风险管理的政策和程序、完善风险的管理流程及建立风险内部控制体系等。巴塞尔协议Ⅲ实施计划时间表如表3-4所示。

表 3–4 巴塞尔协议Ⅲ实施计划时间表

实施年份		2013	2014	2015	2016	2017	2018	2019
资本监管	杠杆率	并行期为 2013 年 1 月 1 日至 2017 年 1 月 1 日，开始披露杠杆率及其要素					纳入第一支柱	
	核心一级资本	3.5%	4.0%	4.5%				4.5%
	储备资本缓冲				0.625%	1.25%	1.875%	2.5%
	核心一级资本+储备资本缓冲	3.5%	4.0%	4.5%	5.125%	5.75%	6.375%	7.0%
	核心一级资本的逐渐扣减		20%	40%	60%	80%	100%	100%
	一级资本	4.5%	5.5%	6.0%				6.0%
	总资本	8.0%						8.0%
	总资本+储备资本缓冲			8.0%	8.625%	9.25%	9.875%	10.5%
	不再认定的非核心一级资本或二级资本的资本工具	2013 年起分 10 年逐步淘汰使用						
流动性监管	流动覆盖率			60%	70%	80%	90%	100%
	净稳定资金比例						引入最低标准	

注：①所有的具体日期均为当年的 1 月 1 日；②底纹为灰色的年份表示相关指标实施的过渡期。

商业银行应量化监控指标，使用高级计量法度量各风险，出具风险报告，强化风险管理。目前，中国商业银行并没有建立符合巴塞尔协议的风险管理体系，如何在最短的时间内建立并付诸实施，是摆在商业银行面前的一道难题。

（二）面临的外部挑战

金融业是现代市场经济的核心产业，也是社会经济发展的一面镜子。商业银行作为金融企业的重要组成部分，其发展必须深深根植于社会经济的土壤之中，伴随着社会经济外部环境的发展而不断演化。

1. 金融脱媒逐渐加速

资本市场的深入发展削弱了商业银行的间接融资功能与地位，挤压了商业银行的业务发展空间和盈利能力，商业银行遇到了前所未有的严峻挑战，集中表现为金融脱媒的深化。所谓"脱媒"（亦即"非中介化"），就是指资金的供给方直接输送到需求方和融资方，绕开了商业银行这一媒介体系。中国商业银行体系在短短的30多年时间内经历了巨大的变革，随着信息社会的来临和全球化的冲击，其面临的"脱媒"压力也越来越大。从理论脉络的角度看至少有四种解释：交易费用观点、信息不对称观点、风险控制观点和动态创新观点。

金融脱媒具体表现在以下三个方面：一是商业银行存款短期化和贷款长期化趋势。资本市场深化为个人投资者和企业投资者拓宽了投融资渠道。上市公司股票、企业债券、投资基金等一级市场证券发行和二级市场证券交易通过证券结算公司与交易所、清算银行和结算会员的电子网络，以净额结算方式完成证券和资金收付，清算银行成为证券发行和交易资金的集散地。从商业银行流出的是定额存款等较为稳定的资金，而流回的则是随时可能提取的短期存款。二是短期融资券的发行对商业银行短期贷款业务的替代。融资券的发行实施备案制，其准入和发行将比一般企业债券和银行贷款快，融资成本低。融资券的发行价格参照银行间市场同期限债券品种价格，由市场供求决定。三是证券投资基金迅速发展促使银行资金来源减少。与传统的商业银行相比，投资基金有内在的优势，收益率高，而且流动性好，是沟通货币市场和资本市场的桥梁和纽带，能够满足投资者对不同风险收益组合的需求。投资基金可以为投资者提供量身定做的金融产品，为投资者提供一站式服务，全面满足投资者的个性化需求。

根据中国人民银行公布的权威数据，2002年以来，中国社会总融资规模增长了5倍，而企业债券及非金融企业股票融资增长了近17倍，占比也由原来的不足5%增长到2011年的14%，提高了9个百分点。《金融业发展和改革"十二五"规划》也明确提出，"十二五"期间，企业直接融资占社会融资规模的比重要提高到15%以上。

2. 房地产信贷风险突出

根据以往经验，金融危机的爆发，往往与房地产泡沫破灭导致的信贷风险有关。当前，中国房地产投资性需求旺盛，炒房现象明显，房价过高，严重超过普通民众的承受能力，中国房地产泡沫风险很大。更为严重的是，据估算,现在55万亿元的银行信贷中,60%~70%的贷款都与房地产有关。房价上涨时,这些贷款风险自然而然地被隐蔽起来,但是如果房价下跌,其风险有多高则难以测算。如果某个资金链环节断裂,就会导致金融市场的系统性风险爆发。国家虽然针对房地产采取了一系列调控措施,严把土地、信贷"闸门",但是,房地产市场发展中一些较为突出的问题尚未得到根本解决。例如,不少房地产项目开发中因开发商资质问题、手续问题,银行企业人员内外串通违规交易,以及办理房地产假按揭问题,把巨大的"次贷危机"转嫁给了商业银行。而一些商业银行由于没有认真研究制定稳健的房地产信贷政策和发展战略,也未能科学把握房地产贷款的成本和风险变化,出现了重经营发展、轻内部控制,盲目跟进和集中过度授信现象,致使商业银行房地产贷款存在着较为严重的次级贷问题,风险逐步增大。

房地产信贷产品主要面临六类风险,其中,微观层面的风险包括操作风险、流动性风险、经营风险和信用风险,宏观层面的风险包括政策风险和泡沫风险。房地产信贷产品的风险不是相互分割的,而是相互联系、相互作用的,以房地产信贷产品为载体平台,在房地产市场的参与主体之间相互传递(见图3-9)。从宏观层面来看,政策风险通常是泡沫风险出现的导火索。在政策发生改变时,参与者们必定会选择对自身最为有利的策略。从微观层面来看,信用风险是房地产信贷产品最为核心的风险。而操作风险、经营风险和泡沫风险通常会导致信用风险的发生。流动性风险是房地产信贷产品最需要注意和防范的风险类型。当信用风险导致银行发生大量呆账和坏账时,银行资产质量将持续下降,带来流动性风险。一旦市场主体预期悲观,甚至对

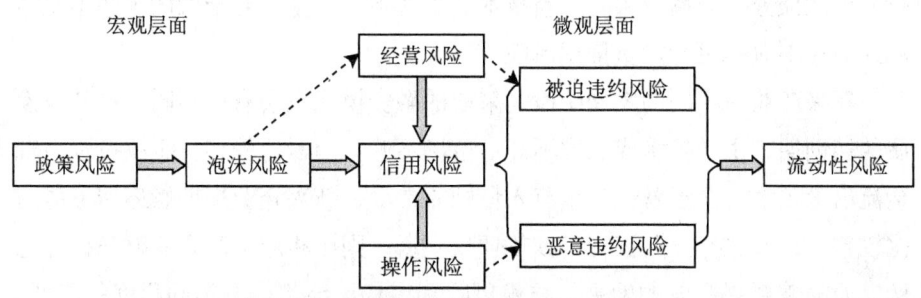

图3-9 房地产信贷产品风险传递流程

资料来源:何德旭:《中国金融安全评论》(第1卷),金城出版社2014年版。

银行丧失信心,引发挤兑现象时,商业银行就可能遭遇灭顶之灾,在"多米诺骨牌效应"作用下,最终引发金融动荡和金融危机。因此,在防范房地产信贷产品风险时,必须着眼战略全局,充分把握关键环节,各个击破。

2012年第四季度以来,房地产市场再次出现快速上扬:市场成交量持续放大,部分城市需求激增;房价出现快速上涨,部分城市涨幅较大;房地产投资增速加快,开发资金增速大幅上升。同时,市场区域分化明显,在一线城市房价快速上涨的同时,部分三四线城市则面临房价下行压力。例如,截至2013年末,温州房价已经连续27个月同比下降,房价持续下行导致银行抵押品出现不同程度的缩水,不良贷款率开始上升。同时,从中长期看,房地产市场泡沫快速积累和破裂的风险更值得重视,一些国家的经验教训表明,金融风险与房地产泡沫紧密相连。近年来,中国银监会一直把房地产贷款风险列为重点关注的风险之一。

3. 新兴企业信用风险

在国家城镇化以及产业结构调整背景下,商业银行应该支持新兴产业的发展。但是,新兴产业还不成熟,有许多不确定性。尽管新能源、新技术、绿色经济、低碳经济是未来经济发展的增长点,但是从目前的情况来看,具有划时代重大战略意义的新驱动力并没有真正出现,而由于配套设施、宏观调控等因素的不足,新兴产业表现出低效、低附加值,甚至存在过剩的风险。商业银行在新兴产业中主要面临着风险难以把控的风险、产业分析能力不足的风险以及相关金融创新和工具欠缺的风险。因为新兴市场的高风险性,企业运营过程中会发生不可控制的突发事件,这很可能造成企业无法履行其金融债务,而商业银行对新技术的了解不足、企业对金融的了解不足造成的信息不对称更会加重信用风险。

新兴产业在不同的发展阶段,采取的融资模式也会有所不同。在产业发展的初创期,生产技术成熟度不高,市场不确定因素比较多,企业投资性现金流出量较大,而经营性现金流入量则非常少,新兴企业短期偿还债务能力比较差,如果选择商业银行贷款等债权融资,则会相应提高企业财务杠杆比例。而随着新兴产业的发展,技术风险和市场风险都会有不同程度的降低,产业化、规模化生产逐步得以实现,这个阶段,夹层融资开始在产业发展期介入，诸如国际组织信贷、保守型产业基金以及政策性贷款等。一旦进入成熟期，投资方则聚焦于新兴企业的所有权控制，注重成本管控，开始追逐利润率指标（见图3-10）。

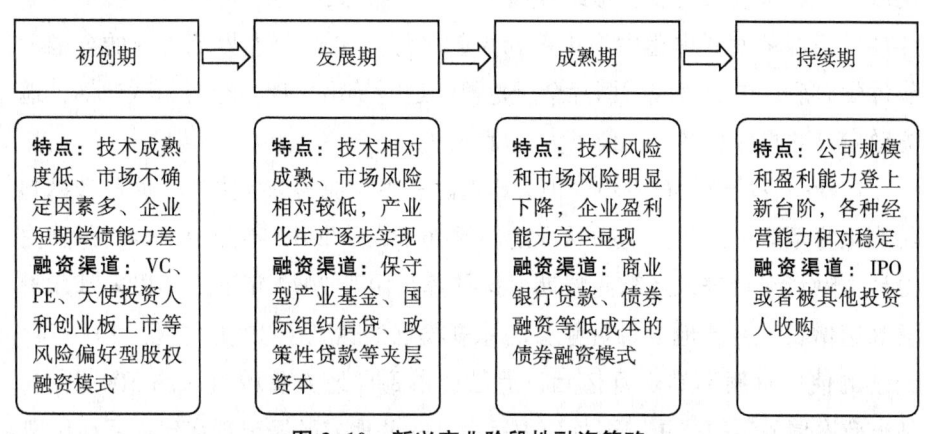

图3-10 新兴产业阶段性融资策略

4. 土地流转和地方担保较弱

中国土地流转尚未建立起一套完善的机制，流转过程不规范。一方面，缺乏土地流转的市场运作体系和相关服务平台，流转层次不高、渠道不畅、秩序混乱；另一方面，土地流转存在自发、无序、随意、分散、合同不规范等问题。此外，流转合同不合法，转出方多是村或村土地合作社，而有经营权的农民没有书面委托，造成流转双方主体资格不明确，不符合法律规定。

在城镇化进程中，地方进行基础设施、公益项目等的建设需要巨额资金的支持。通常情况下，融资平台公司是通过地方政府财政担保进行融资的，但是举借高额债务实际构成对未来财政收入的"透支"，埋下了风险隐患。首先，地方财政担保融资主要用于城市基础设施、交通设施、开发区建设以及环境污染治理等方面，社会效益显著，经济效益不明显，财政负担较高。其次，地方财政担保融资规模过大，地方政府通过多头举债，政府债务负担率过高，造成地方政府隐性负债的不断增加并难以控制。最后，地方财政担保融资过度依赖银行，造成系统性金融风险加大。地方财政担保融资贷款金额大、期限长，短期内难以回收本金和削减贷款规模，既降低了银行资金的流动性,也造成风险过度集中。

5.地方融资平台

地方融资平台及其贷款是某一特定历史条件下的产物,起始于1998年的政府投融资模式转变,最终成型于1994年开始的分税制改革,在最近十年的城市经济发展进程中呈现蓬勃兴起之势。2008年世界范围内的金融危机爆发以后,中国为应对国际金融危机,适时推出大规模经济刺激计划,地方政府设立投融资平台,债务大幅度增加。

在新一轮城镇化过程中,地方政府融资平台成为众矢之的,质疑和批判的言论纷至沓来。导致这一状况的原因在于,从2012年开始,全国范围内的地方融资平台进入还款高峰期。据估算,由于2012年下半年以来基建投资高速增长,目前地方融资平台的总规模已经达到了13万亿元。2013年,到期的债务总额不到3万亿元,但已经占到了地方财政收入的50%以上,地方政府债务负担严重,还款压力巨大,一些地方已经出现在建项目后续资金不足和还贷资金尚无安排的情况。此时,仍高调进行地方政府融资,意味着在旧账尚未偿还完毕时,地方政府融资平台又将再度膨胀,地方政府大规模举债隐藏的风险巨大。

在近期新一轮融资中,地方融资平台的渠道逐渐从传统银行信贷向信托、城投债等形式拓展,例如,仅2012年,城投债净供给就在7000亿元左右,这些债务主要以市、县级平台为主。这些城投债风险发行主体资质下沉、信息披露不及时、信用评级虚高现象明显。商业银行如何在参与地方融资平台的同时,通过金融创新和业务创新分散地方融资风险是一个迫切需要解决的问题。

目前,各方普遍认为地方债务风险主要体现在以下方面:财政、金融风险交叉传染,道德败坏和道德风险,债务期限错配风险等,而流动性风险更为紧迫、更加突出。数据显示,2013年下半年和2014年是地方政府偿债高峰,政府负有偿还责任的债务占总债务的比重分别是23%和22%。而地方政府项目缺乏有效的资金来源,未来债务偿还只能依赖于借新还旧和土地出让金收入。地方融资平台的流动性风险将显著加大商业银行的融资平台贷款风险。2014年中央经济工作会议提出,把控制和化解地方政府性债务风险作为经济工作的重要任务。

全国政府性债务审计结果如表 3-5 所示。

表 3-5　全国政府性债务审计结果

单位：亿元

年度	政府层级	政府负有偿还责任的债务	政府或有债务		合并口径
			负有担保责任的债务	可能承担一定救助责任的债务	
2012 年底	中央	94377	2836	21621	118834
	地方	96282	24871	37705	158858
	合计	190659	27707	59326	277692
2013 年 6 月底	中央	98129	2601	23111	123841
	地方	108859	26656	43394	178909
	一省级	17781	15628	18531	51940
	一市级	48435	7424	17044	72902
	一县级	39574	3488	7358	50419
	一乡级	3070	116	461	3647
	合计	206989	29256	66505	302750

资料来源：汤森路透、中国国家审计署。

6. 资本监管加强

在国际上，2010 年 9 月 12 日，巴塞尔委员会向外界公布了最新版本的银行业监管协议，即《巴塞尔协议Ⅲ》。该协议对银行资本、杠杆比率、流动性、沟通重要性银行、逆周期资本缓冲、动态拨备等方面提出了新的监管标准，特别是在资本质量与资本充足率方面提出了具体的量化要求，进一步明确了杠杆率以及流动率监管的实施时间表。通过提高银行资本充足率的标准，协议将普通股占银行风险加权资产的百分比提高到 4.5%，新设 2.5% 的资本留存超额资本，一级资本最低要求提高到 6%，普通股、一级资本和总资本的最低资本要求与资本留存超额资本合计分别需达到 7%、8.5% 和 10.5%。协议另新增比率不高于 2.5% 的反周期超额资本。在国内，2013 年 1 月 1 日正式实施的《商业银行资本管理办法（试行）》要求核心一级资本充足率不得低于 5%，一级资本充足率不得低于 6%，资本充足率不得低于 8%，同时设立储备资本、逆周期资本、系统重要性银行附加资本和第二支柱资本等，对商业银行的资本约束更趋严格。

如果沿袭历史的传统做法，中国商业银行能够通过财政注资剥离不良资产，并通过在资本市场融资来解决资本短缺问题，以满足监管标准的要求。但是这两种手段具有历史的特殊性，均不能够持续，只是权宜之计。从不良资产剥离的角度来看，1999年、2004年和2005年三次大规模的国有银行不良资产剥离累计化解了3.5万亿元的不良资产，一定程度上减轻了商业银行的历史负担，但是，在政治和经济方面，这种举措都要付出高昂代价。从资本市场融资的角度来看，由于银行板块在A股市场的地位举足轻重，商业银行在资本市场持续的大规模融资，其直接后果就是对资本市场的稳定发展产生严重影响。在金融监管不断强化的历史背景下，可以预计，商业银行筹资难度将会持续增加，资本损耗性的规模扩张是不可持续的。

无论从国际还是国内来看，监管部门对银行的监管日益严格，资本要求不断提高，大幅增加了银行的经营成本，不利于银行信贷资金的大量投放，银行的盈利能力受到影响。更加严格的监督管理，有利于商业银行增强自我约束和提升风险偿付能力，从而在根本上提高银行的风险管理能力，但与此同时，也必将对银行的传统发展方式带来一定程度的挑战。因此，如何在满足监管部门要求的情况下增加银行收入、扩大银行业务和发展空间，成为商业银行面临的一个非常紧迫的任务。

7. 地方保护主义突出

当前，商业银行在大城市的发展基本上达到极限，中国城市化进程的主要载体转变为二线城市，甚至三线、四线城市，这些地区金融业发展的生态环境，如经济发展水平、经济发展潜力、企业规模、技术水平、诚实守信文化等相对比较薄弱，这将对商业银行的风险管理能力提出很大的挑战。部分小城镇金融执法环境宽松，权大于法的现象时有发生，存在起诉难、判决难、执行难，往往"赢了官司不赢钱"，不但贷款本息收不回，还要垫付大量的诉讼费用。此外，地方政府出于保护局部利益的动机，进行行政干预，包庇、纵容企业逃废银行债务的现象在小城镇尤其是乡镇级政府中较为突出。

第四章 新型城镇化背景下商业银行转型面临的风险与制约

党的十八届三中全会《关于全面深化改革若干重大问题的决定》提出完善城镇化健康发展体制机制,根据这一战略部署,2014年3月,《国家新型城镇化规划(2014~2020年)》出台,明确了未来一段时期中国城镇化建设的新理念、新思路、新方向、新举措。2014年底,国家发改委等11部委联合印发《国家新型城镇化综合试点方案》,明确了"62+2"共64个试点地区。商业银行应抓住新机遇,积极主动对接国家新型城镇化战略,围绕新型城镇化谋划战略转型,在新型城镇化进程中有所作为,同时也要防范各类风险,破解关键制约因素,激发发展活力,赢得新的发展空间。

一、新型城镇化背景下商业银行转型面临的风险分析

当前,中国正处在城镇化率30%~70%的快速发展区间,一方面基础设施建设尚不健全;另一方面公共服务体系存在巨大差距,硬件与软件建设需要协调推进,走以人为本、四化同步、优化布局、生态文明、文化传承的中国特色新型城镇化道路,是未来一段时期的必然选择。人文城市、生态城市、智慧城市等新理念将会同时注入城镇化建设,投资主体将更加多元化,城镇化资金保障机制也将会有大的创新与突破,商业银行围绕新型城镇化这个主题转型发展可能会面临一些风险,主要表现在六个方面。

(一) 城镇快速扩张建设带来的市场风险

虽然新型城镇化规划体现了"存量优先"的基本原则，不再片面追求外延性城镇化率的提高，而将重点放在提高城镇化的内在质量上，促进已经进城的人口市民化，以存量带增量。但是，由于各地城镇化差异性较大，中西部城市、二三线城市、中小城镇等依然可能会延续"造城"的思路，加之中国庞大的人口基数，大多数地方政府对于城市空心化风险估计不足，仍然把房地产市场的希望寄托在城镇化上，认为会有足够的人口入驻建好的城区，导致城市盲目扩张，而缺乏足够的资源、产业与人口支撑，这类低水平扩张的"造城运动"式的城镇化项目必然会产生资金风险，进而转嫁到商业银行身上。

"人的城镇化"更加强调农民市民化和公共服务均等化，商业银行转型将会针对医疗、教育、保障房、健康养老、环保、社区服务、水电气基础设施网络等进行网点布局，创新金融产品，提供金融服务，这一切均建立在人口集聚的基础上，没有了入驻人口的支撑，项目发展将缺乏可持续性，必然会增加商业银行的市场风险。

观察各国人口周期和房地产周期的历史轨迹可以发现，人口周期拐点出现后往往会伴随着房地产市场的快速衰退，欧元区、日本、美国等国家和地区均在人口拐点后出现了房地产市场的剧烈调整（陈洪波、蔡喜洋，2014）。以日本为例（见图4-1），1970~1990年，35~49岁人口占比基本稳定，但1990年后持续下降，导致房地产市场转入持续性疲软。

根据蔡昉（2014）的研究，中国人口数量和结构正在发生拐点性变化，按照2010年全国第六次人口普查数据（见图4-2），2010年15~59岁劳动年龄人口的总量到达峰值，此后将处于持续下降状态。国家统计局公布的数据显示，2011年中国劳动年龄人口比重为74.4%，下降了0.1个百分点，未来中国劳动力人口下滑形势可能更严峻。《社会蓝皮书：2015年中国社会形势分析与预测》认为，在2020年之前，中国劳动年龄人口将年均减少155万人，2020~2030年将年均减少790万人，2030~2050年将年均减少835万人，预计到2050年，中国的劳动年龄人口将减少2.5亿人。艾经纬（2014）

第四章 新型城镇化背景下商业银行转型面临的风险与制约

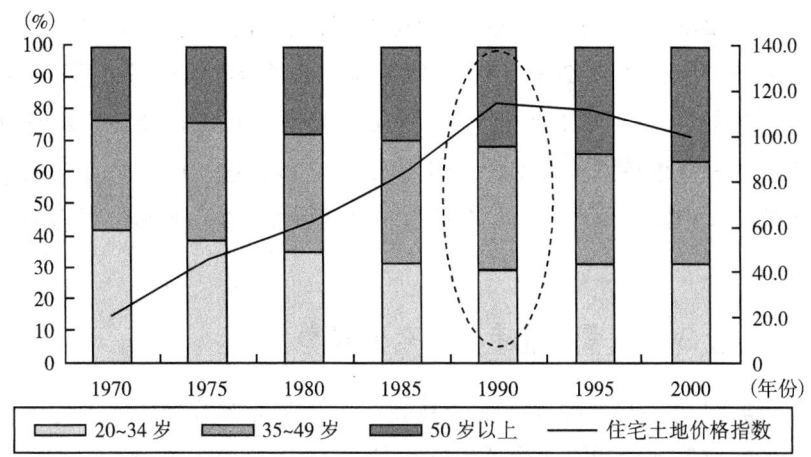

图 4-1　1970~2000 年日本人口结构及住宅土地价格指数
资料来源：Wind 资讯，长江证券研究部。

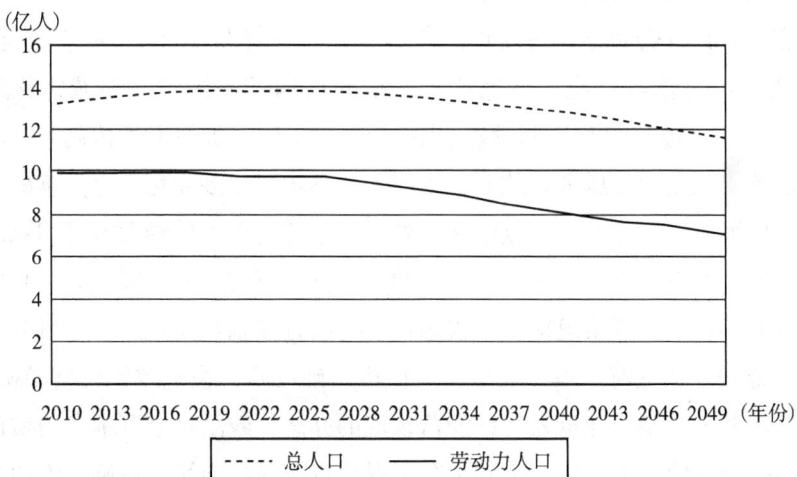

图 4-2　2010~2049 年中国总人口与劳动力人口趋势
资料来源：全国第六次人口普查数据。

认为，2015 年开始，中国购房适龄人口数量开始下降。

伴随着人口结构的根本性变化，房地产供需由紧平衡向松格局逆转，推动住房市场加速去除金融属性并向商品属性回归，房地产市场拐点隐现。2015 年 9 月 13 日国家统计局公布的数据显示，2015 年前 8 个月房地产开发企业土地购置面积 14116 万平方米，同比下降 32.1%；土地成交价款 4294

亿元，下降24.6%。2015年开始中国房地产市场首次面临已出让、未开工的项目缩减情况，2003~2014年，每年新增土地对应建筑面积都远远超过当期新开工的规模，但2015年上半年，情况发生了方向性的逆转，2003年之后施工面积一直维持两位数增长，但2015年7月，这一增速只有3.4%。可以预见的是，中国房地产行业正在进入一个健康稳定但时间较长的存货去化周期。

（二）投资主体多元化带来的信用风险

新型城镇化涉及基础设施、公共服务、产业支撑等领域，加之生态城市、智慧城市等理念的快速渗透，PPP模式（Public-Private-Partnership）加快推开，投资主体更加多元化。党的十八届三中全会提出："建立透明规范的城市建设投融资机制，允许地方政府通过发债等多种方式拓宽城市建设融资渠道，允许社会资本通过特许经营等方式参与城市基础设施投资和运营，研究建立城市基础设施、住宅政策性金融机构。"《国家新型城镇化规划（2014~2020年）》提出，创新城镇化资金保障机制，加快财税体制和投融资机制改革，创新金融服务，放开市场准入，逐步建立多元化、可持续的城镇化资金保障机制。主要有五点创新之处：一是完善地方债券发行管理制度和评级制度，允许地方政府发行市政债券，拓宽城市建设融资渠道。二是创新金融服务和产品，多渠道推动股权融资，提高直接融资比重。三是研究制定政策性金融专项支持政策，谋划建立城市基础设施、住宅政策性金融机构。四是制定非公有制企业进入特许经营领域的办法，鼓励社会资本参与城市公用设施投资运营。五是鼓励公共基金、保险资金等参与城市基础设施项目建设和运营。这些创新将更加丰富城镇化投融资主体，进一步发挥财政资金的杠杆乘数效应，撬动更多的社会资本和民间投资，激发金融市场的活力，以更加市场化的融资方式支持新型城镇化建设。

在这些新思路和新措施的带动下，PPP模式成为重点。2014年底以来，一系列PPP法规文件出台，PPP法治框架初步成型。2014年9月23日，财政部发布《关于推广运用政府和社会资本合作模式有关问题的通知》，随后又出台了《PPP项目合同指南（试行）》。2015年5月，发改委发布1043个

PPP（政府和社会资本合作）推介项目，总投资 1.97 万亿元，项目范围涵盖水利设施、市政设施、交通设施、公共服务、资源环境等多个领域。各地也开始积极探索城镇化投融资新模式，目前已经有多个省份推出了 PPP 项目（见表 4-1）。根据国家政策指引，当前地方 PPP 项目主要集中在轨道交通、医疗养老、供水、供暖、供气、市政建设、生态环境治理、网管改造等产业上。2015 年，重庆两江新区将择优选择部分适应发展需求、符合新区实际、利于推广复制的 PPP 项目吸引和引导社会资本进入，力争探索出一条具有两江新区特点的基础设施建设投融资新路。2014 年底，浙江省政府发布《关于切实做好鼓励社会资本参与建设运营示范项目工作的通知》，决定此后每年公开推出一批面向民间投资招商推介、支持鼓励社会资本特别是民间资本参与建设运营的示范项目，主要涵盖城镇市政设施、交通基础设施、水利设施、新能源发电、油气管网及储气设施以及社会发展等领域，推动有条件的市县试点开展 PPP 公私合作模式。为加快推广运用政府和社会资本合作（PPP）模式，2015 年 6 月河南省公布《河南省 PPP 开发性基金设立方案》，批准设立河南省 PPP 开发性基金，规模拟定为 50 亿元，将撬动更大规模的社会资本参与河南省基础设施和公共服务设施领域项目建设。

表 4-1 地方 PPP 相关项目内容与涉及产业

地区	相关项目内容	项目（个）	主要涉及产业
广西	广西已甄选首批 15 个拟采用 PPP 模式的存量债务项目，承担债务总额 217 亿元	15	城市供暖、供气、环保、地下管廊、轨道交通、医疗和养老设施等
山东	PPP 试点项目主要包括：设市城市、县城、省政府公布的 200 个"百镇建设"示范镇以及国家级重点镇建设工程	—	主次干路、快速路、大型桥梁、公共停车场、污水处理厂、供水、供热、燃气、地下管网改造等工程
福建	福建省首批 122 个试点项目，项目投资额共计 2247 亿元	122	生态环保、水利工程、健康养老、交通工程、保障性安居工程、城乡建设、文化产业、旅游产业等
重庆	包括 2 个备忘录，8 个项目（集中签约项目涉及交通设施、市政基础设施、土地整治等）共 10 个项目，资产总额达 1018 亿元	2 个备忘录，8 个项目	交通设施、市政基础设施、土地整治
云南	首批 80 个项目，涉及总投资 1005 亿元	80	综合交通、市政设施、文化旅游、社会事业、产业园区建设

续表

地区	相关项目内容	项目（个）	主要涉及产业
青海	青海首批 80 个项目，总投资 1025 亿元	80	
湖南	推出了 30 个 PPP 示范项目，总投资额 583 亿元	30	交通、生态环保、社会事业、农业水利、文化旅游等
黑龙江	面向社会资本公开推出了 41 个项目，分三批对城市集中供热新增热源项目公开招标，23 个投资主体中标，总投资 220 亿元	41	铁路、城市基础设施、养老
天津	拓宽社会融资渠道，推广新型融资工具，探索政府和社会资本合作（PPP）等投融资模式	27	涉及供水、供暖、污水处理、垃圾处理、环境综合整治、交通、新能源汽车
江西	2015 年将投资 1100 亿元以上	24	轨道交通、菜篮子工程、重大基础产业、公共服务
河南	河南省公布了 87 个 PPP 项目，涉及资金达 1410 亿元	87	交通、环境治理、公共服务
湖北	加快 436 个（类）重大项目建设进度，突出抓好 20 个省级重大专项	20	高端制造、高新技术产业、现代农业、现代服务业、环保、基础设施、城市地下管网改造
北京	新机场线投资总额约 410 亿元，新机场建设工程总投资 799.8 亿元	2	地铁、机场
安徽	安徽省推出了 42 个项目，总投资 710 亿元	42	城际轨道、市内轨道交通、城际铁路、垃圾污水处理、城镇供水、生态环境
江苏	向社会推出 15 个 PPP 试点项目，总投资额约 875 亿元	15	交通、供水安全、污水处理、生活垃圾无害化处理、公共服务设施配套

资料来源：徐有俊：《各省份 PPP 项目都涉及哪些行业？》，《新浪网·新浪专栏·意见领袖》2015 年 2 月 4 日。

但是，由于各类投资主体的参与，城镇化建设中大力推广 PPP 模式也存在着诸多不确定性。华泰证券的一份研究报告指出（俞平康，2015），主要存在以下几个方面的问题：一是引入的可能不是增量资金，由于基建投资的资金来源构成中，58.3%是自筹资金，这些自筹资金绝大多数是新进入的民营资本。二是缺乏长期稳定的激励机制，由于很多项目具有收益率低、周期长的特点，需要政府出台财政补贴、税收优惠、融资便利等一揽子的激励计划，但目前除了发改委和国开行出台了有关融资优惠条件的措施外，总体上缺乏一个系统性的激励机制，这也是当前 PPP 模式整体签约率较低的主要原因之一。三是缺乏大规模 PPP 融资的成功先例，国际上没有从整个国家层面大力推广PPP模式的成功案例,这种探索必然充满诸多不确定性。四是PPP模式属于新生事物,地方政府对PPP模式的整体运作缺少系统了解,PPP模式从项目遴选、收费方式确定、政府补贴力度到项目收益率确定等方面都需要专业知识和专业人才,而各省份都在推广PPP模式会加剧专业人才的缺乏,成为最大的制约因素之一。

由于多元化投资模式面临以上多种制约,加上各类主体之间的背景、利益诉求、经验等差异性较大,以及对各类主体的社会信用体系建设明显滞后,将给城镇化建设项目带来不可预料的风险,导致收益率降低或者项目失败,从而给参与其中的商业银行带来信用风险。

(三) 地方融资平台带来的债务风险

当前,地方政府是城镇化进程的主要推动者,在以银行为主导的金融体制下,由于地方政府合法融资渠道不畅,只能转而加强对国有金融体系的控制或采取其他"创新"方式,尝试用金融手段替代本应由财政手段发挥的功能,主要包括贷款等间接融资、准市政债券、项目融资、平台公司、影子银行等模式。很多基础设施项目贷款名义上多以企业形式进行,但这些企业大多数隶属各级政府的财政局、建设局等机构,即地方融资平台。中国的地方融资平台从出现那天起就存在制度缺陷,资金的使用、贷款的偿还等一般由政府统筹安排,项目实际上的法人主体不明,还款主要靠的是政府的偿债能力。由于监管缺位和制度缺陷等问题,地方融资平台贷款风险较难评估。地方政府融资平台的资金长期游离于公共监管体系之外,财务信息缺乏透明度。

商业银行实际上很难全面掌握平台公司的实际负债情况,而其政府背景又提高了银行信任度,导致商业银行无法对贷款风险做出正确估计,潜藏着较大的债务风险。国际金融危机爆发以来,国家4万亿经济刺激方案落地。李经纬(2012)的研究表明,2009年、2010年两年之内各级地方政府通过地方融资平台累积债务超过9万亿元,之后两年多时间又增加了约20万亿元的债务,相关指标远远超过了国际警戒线,从而形成了巨大的地方债务风险。国务院发展研究中心宏观经济研究部研究员魏加宁分析认为,2009年的贷款有40%流向了地方政府的融资平台,如城投债、地方债、信托、银行理财等,转来转去钱其实还是给了地方政府(蔡如鹏,2015)。

近年来,中国地方政府性债务增长较快,审计署发布的《2013年第32号公告:全国政府性债务审计结果》显示,截至2013年6月底,中国政府性债务余额约为30.3万亿元,其中地方政府性债务总计17.9万亿元,未来几年将进入偿债高峰期。从公布的数据来看,政府兜底的债务规模从2013年6月底的10.89万亿元上升到15.4万亿元,增长41.4%,而政府不直接兜底的负有担保责任和可能承担一定救助责任的债务从2013年半年末的7.01万亿元增长到8.6万亿元,增长22.7%,与2013年债务审计报告相比,地方政府负有偿还责任的债务上升(见图4-3)。

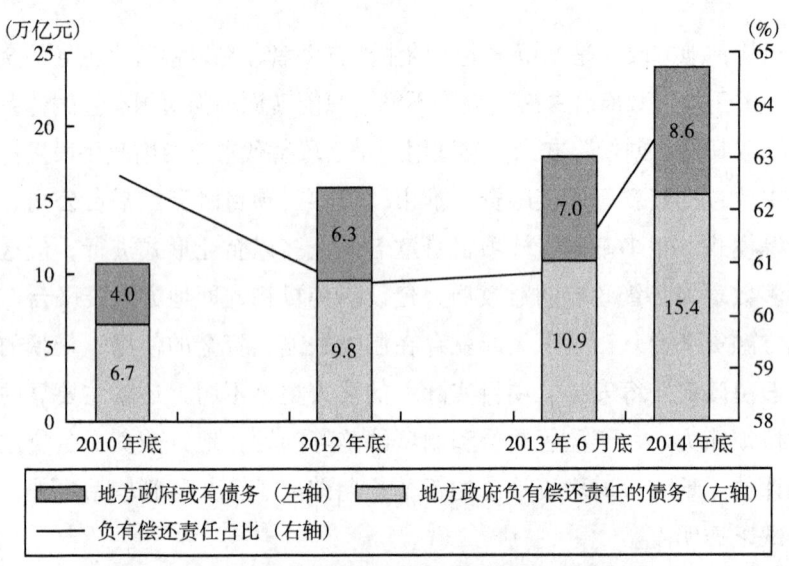

图4-3　2010~2014年地方政府负有偿还责任的债务趋势
资料来源:国家审计署、中金公司研究部。

随着新型城镇化进程加快,城镇建设重点向二三线城市转移,市县两级政府逐步成为负债主体,债务增速高企,由于市县政府并没有摆脱对土地财政的依赖,地方政府债务偿还风险持续上升。国家层面已经关注到这一问题,2014年10月2日,国务院发布《关于加强地方政府性债务管理的意见》(国务院43号文),初步勾勒出地方债务治理路线图,国内上万家融资平台面临转型。安国俊（2015）认为，目前主要有三种方式处理地方融资平台投资项目：一是对难以吸引社会资本参与的公益类项目，由政府发行债券进行融资。二是对供水供气、垃圾处理等能够吸引社会资本参与的公益类项目，推广 PPP 模式，由项目公司按照市场化原则进行举借和偿还。三是对商业房地产等经营性项目，尽快与政府脱钩，使其债务等同于一般竞争性企业债务。

从目前的情况看，PPP 模式正在成为地方融资平台转型的主要方向，可能会异化为地方政府融资的新平台，地方政府出于争取财政资金和银行贷款倾斜支持的考虑，从融资角度进行 PPP 模式方案设计，对项目周期全过程的风险控制也不会很苛刻，反而可能会放大地方融资平台风险，进而为参与其中的商业银行带来债务风险。

（四）地方政府失信行为带来的行政风险

新常态下城镇化面临的内外部环境均发生了明显变化，从"地的城镇化"、"物的城镇化"到"人的城镇化"，新型城镇化的内涵与外延更加丰富。新型城镇化建设尚处于探索阶段，顶层设计虽然已经基本成型，但相关的政策、法律等环境尚不完善，地方政府在推进新型城镇化过程中可能会出现一些失信行为。随着法制建设全面深入推进和社会监督力度持续加大，近些年政府诚信建设有了很大进展，但地方政府部门不诚信事件仍时有发生，给城镇化项目推进带来行政风险。

第一，土地违法现象突出。新型城镇化往往涉及土地问题，在实际操作中，部分地方政府出于利益考虑，存在土地未报即用、边报边用、少批多占等大量违法问题，尤其是一些重点建设项目以及地方政府主导项目更为严重，还有以生态、创新、创业、文化等名义违规审批商业用地的问题。虽然国家明令禁止此类现象，但各地仍然屡禁不止，给项目后期推进带来潜在风险。

2015 年 6 月 28 日，审计署发布《国务院关于 2014 年度中央预算执行和其他财政收支的审计工作报告》，首次对过去六年的地方土地出让收支与耕地保护等情况做了全面审计。在建设用地方面，审计发现的主要问题是违规超计划或超规划审批、越权或拆分审批、少批多征或未批先征等批地征地 38.77 万公顷，违规协议出让、虚假"招拍挂"或"毛地"出让等供地 14.43

万公顷，违规以租代征、改变规划条件等用地 21.86 万公顷。审计署抽查的 236 个城市新区中，有 88 个突破土地或城市规划，152 个占用的 12.21 万公顷土地长期未用，1742 个地方开发区中违规审批设立的有 1135 个（建成面积 69.1 万公顷），还有 553 个违规扩区 379.15 万公顷。①随着法制环境优化，这些项目未来发展可能会存在一定的风险。

国家对土地违法违规突出问题越来越动真碰硬、重典问责，2015 年 5 月，国土资源部发布 2015 年第 2 号国家土地督察公告，对 2014 年土地违法违规问题突出的 9 个城市政府公开约谈后的整改情况进行公告。各相关城市共拆除地上违法建（构）筑物 230.72 万平方米，没收地上违法建（构）筑物 1268.47 万平方米，收缴罚款 6.71 亿元，党纪政纪处分 1359 人，涉嫌违法的责任人员被移送司法机关。

第二，随意修改城镇规划。由于地方政府换届频繁以及不正确的政绩观，城镇化建设规划往往异化为地方政府获取"土地财政"和招商引资的重要工具，规划的法律严肃性不足，随意修改城镇规划在各地时有发生，换一届领导换一套思路，上一届领导重点向西发展，下一届领导重点向东扩展。由于随意修改规划，各地大量出现一些短命工程，如杭州萧山区，2010 年 7 月才交付使用的鸿达新路，由于被认为影响杭州整体形象，同年 8 月就被彻底重新"改造"。2014 年，住建部为此专门开展了《城乡规划违法违纪行为处分办法》贯彻落实情况专项检查，共分四组赴八省展开调查，督促地方健全城乡规划领域廉政风险防控机制，严肃查处城乡规划违法违纪行为。

第三，优惠政策兑现不了。由于存在着区域发展竞争，地方政府在项目建设、招商引资等过程中往往会给出优惠政策，没有充分地考虑国家法律法规和政策的可行性，这些优惠政策部分游离在法律框架之外，当投资者要求地方政府履行时却因为法律法规和政策限制而无法落实，也有一些地方政府经常会以违反法律法规为由不予兑现。在新型城镇化推进中，大量生态环保基础设施、环境治理工程、教育、医院、养老、公共服务等项目投资期长、回报率低，吸引社会资本进入的优惠政策如果难以兑现，势必影响到项目的

---

①资料来源于《国务院关于 2014 年度中央预算执行和其他财政收支的审计工作报告》。

进度和资金链，产生风险。

第四，地方政府拖欠债务。由于经济高速增长时地方政府依靠"土地财政"投入了大量建设项目，在经济下行压力下，地方政府拖欠各类工程款的现象更加突出，尤其是近几年，许多地方的市政基建项目，地方政府往往不能按合同拨付进度款，完工验收后依然拖欠工程款。2014年，山东省在清理拖欠农民工工资中发现，由于政府拖欠市政工程、新城镇建设资金，造成的工资拖欠问题呈现上升趋势。

（五）金融法律尚不完善带来的法律风险

商业银行的法律风险指的是商业银行经营过程中由于法律因素导致损失的可能性，也是法律、金融与风险之间互动的结果。由于新型城镇化进程中参与主体更加多元化、融资模式不断创新，当建设项目出现问题时，如发生烂尾或者投资方倒闭等情况，商业银行往往会处于不利地位。

中国金融法律体系尚不完善。直至20世纪90年代初，由于金融业发展刚刚起步，中国金融法制建设基本还是空白，金融监管主要依靠中央银行的行政体系来完成。1995年《中国人民银行法》、《商业银行法》和《保险法》颁布实施，此后又相继制定了一系列金融法律，初步形成了中国的金融法律框架。但是，与日益扩大的金融需求相比，中国的金融法制尚不健全，一般性规定多，可操作性不强，对执法机构授权过多，具有明显的部门化倾向，管制色彩浓重，民间借贷、互联网金融等很多金融业务尚未纳入法律范畴。

另外，金融案件起诉难、判决难、执行难的现象时有发生，首先是审理金融案件所需金融知识专业程度高，且随着金融深化和创新的演进呈动态增长之势，难以确保裁判质量。尤其是城镇化项目都是基础设施、公共服务等类型，一旦出现纠纷，当事人往往采用"上访"甚至极端手段挽回损失，使金融纠纷转变为影响社会稳定的因素，导致行政介入金融案件，商业银行出现"赢了官司不赢钱"的问题。

（六）各地城镇化阶段差异带来的区域性风险

中国是一个区域异质性强的大国经济体，各地城镇化处在不同发展阶段。《国家新型城镇化规划（2014~2020年）》公布的数据显示，目前，东部地区常住人口城镇化率达到62.2%，而中部、西部地区分别只有48.5%、44.8%，中西部城市发育明显不足，各省、自治区和直辖市的城镇化率差异更大（见图4-4）。处在不同城镇化发展阶段的板块的发展重点、项目类型等存在较大差异，发达地区与落后地区的城镇化项目具有不同风险，落后地区地方政府更有加快推进城镇化的动力，容易谋划与发展阶段不契合的规划和项目，导致可持续性不足，给投资方带来较大的区域性风险。商业银行要关注由于发展阶段不同可能出现的区域性风险。

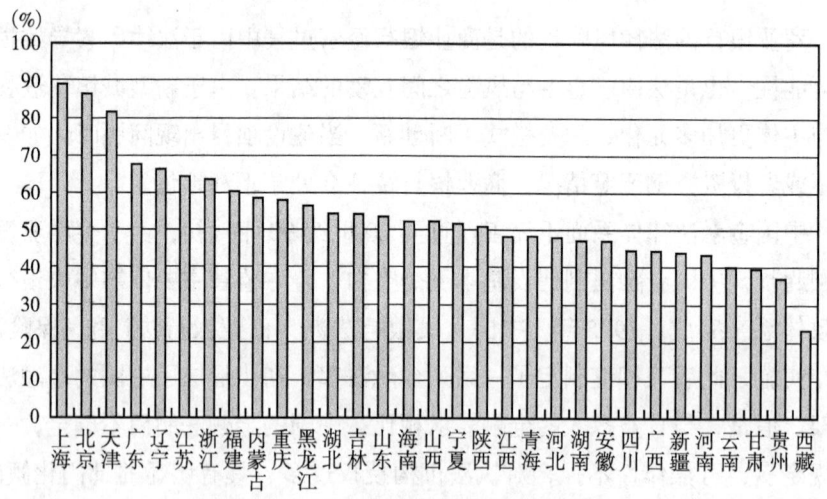

图4-4　2013年中国各区域城镇化率

资料来源：《中国统计年鉴》(2014)。

首先，中西部地区城镇化快速扩容的风险。2013年，国家发改委城市和小城镇改革发展中心课题组调查了12个省区的156个地级市和161个县级市，发现90%以上的地级市正在规划建设新城新区，12个省会城市合计规划建设了55个新城新区，甚至有一个省会城市要新建13个新城区，全国新城新区规划人口达34亿人。2014年，中国《投资时报》发布了"中国大陆城市'鬼城'指数排行榜（2014）"，未来中国将出现50座"鬼城"，其中，"鬼城"指数位居前列的城市是二连浩特、钦州、拉萨、嘉峪关、井冈山、威海、锡林浩特、嘉兴、石嘴山等，大多数位于中西部地区。很多中西部地区的城市脱离实际地提出了建设国际化大城市、国家级区域性中心城市等目标,大手笔的城市建设快速提高了服务业发展成本,实际上抑制了人的集聚集中,导致城市空心化,缺乏产业支撑,其中蕴含的风险不言而喻。

其次,东部地区增量扩张限制导致的风险。从各区域城镇化发展趋势看,东部城市未来重点在于存量更新,2015年5月《上海市城市更新实施办法》正式实施,标志着在上海建设规划用地规模"负增长"的要求下,上海已经进入以存量开发为主的"城市更新"时代,不同于以前城市建设中的"城市扩张"、"大拆大建"。"城市更新"指的是对已建成区的空间形态和功能进行改善提升,部分规划政策和土地政策将相应做出重大调整。未来这一模式将成为东部城市建设的主流,势必对依赖增量扩张的传统城镇化项目造成冲击与影响,而商业银行更加注重增量扩张项目的传统业务模式也会面临风险。戴志敏和朱莉妍(2015)研究了中国商业银行贷款地理分布对银行利润效率的影响,根据中国银监会每年公布的中国商业银行不良贷款的地区分布情况,2007年以前经济发达地区的不良贷款率明显低于经济欠发达地区,但是,近几年来,全国商业银行不良贷款率逐步下降,而中西部地区下降速度明显高于东部地区。截至2013年,东部地区不良贷款率为1.12%,高于中部地区的0.99%和西部地区的0.67%。表4-2提供了各省的不良贷款率排名,近七年间有了翻天覆地的变化,表明东部地区的贷款风险同样不容忽视。

表4-2 中国商业银行不良贷款的地理分布情况

年份	不良贷款率前五名	不良贷款率后五名
2007	四川、吉林、黑龙江、山西、青海	浙江、上海、江苏、福建、北京
2008	四川、西藏、山西、青海、吉林	浙江、宁夏、重庆、上海、福建
2009	黑龙江、海南、吉林、河南、西藏	宁夏、重庆、北京、福建、江苏
2010	西藏、青海、四川、山西、甘肃	宁夏、福建、上海、内蒙古、北京
2011	西藏、青海、山西、辽宁、四川	内蒙古、上海、重庆、福建、北京
2012	浙江、青海、辽宁、江西、新疆	重庆、海南、北京、广西、内蒙古
2013	浙江、江西、江苏、福建、辽宁	重庆、西藏、海南、北京、甘肃

资料来源:戴志敏、朱莉妍:《中国商业银行贷款地理分布对银行利润效率的影响》,《地理学报》2015年第6期。

最后，大规模建设城市群带来的潜在风险。《国家新型城镇化规划（2014~2020年）》提出了"优化提升东部地区城市群，培育发展中西部地区城市群"的战略思路。但是，大规模推进城市集群建设也存在巨大风险，全球许多国家在推进大型城市集群过程中容易出现债务危机，尤其是中国重点谋划的城市群多数处在中西部地区（见图4-5），对于商业银行来说隐藏着较大的潜在风险。

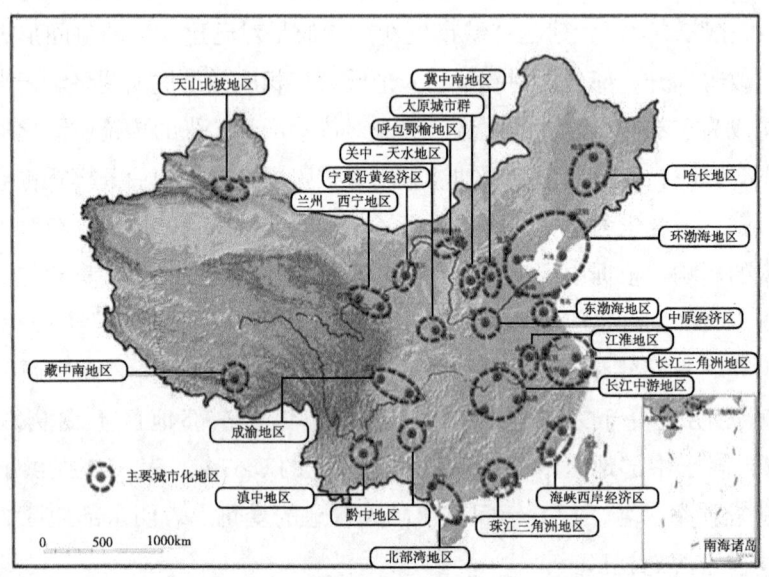

图4-5 中国"两纵三横"城市群布局

资料来源：《国务院关于印发全国主体功能区规划的通知》（国发〔2010〕46号）。

二、新型城镇化背景下商业银行转型面临的关键制约

纵观世界经济发展史，城镇化发展是一个世界性的难题，作为一个农村人口众多、资源相对缺乏、环境比较脆弱、区域差异较大的发展中大国经济体，探索一条适合国情的新型城镇化道路，更不是一件容易的事，全球范围

内也没有先例可循。诺贝尔经济学奖获得者、前世界银行副行长斯蒂格利茨曾经说过："中国的城市化与美国的高科技发展将是影响21世纪人类社会发展进程的两件大事。"确实，顺利推进并完成城镇化，对于中国跨越中等收入陷阱、迈入高等收入国家行列，具有重要意义，需要与全球经验不一样的理论和实践创新。商业银行积极融入新型城镇化，在大变革时代也面临着诸多制约因素。

（一）新型城镇化专业人才相对缺乏

从商业银行发展看，在专业人才的引进、培养和使用上，基本上以金融、财税、经济、管理、信息技术、市场营销等专业为主，基本不涉及工程、生态、城乡规划、城市管理等与新型城镇化相关的专业。从2015年各商业银行校园招聘公告可以看出（见表4-3），专业要求基本上是财经、管理、营销等专业，理工类专业主要是数学、统计、计算机等，客观地显示出银行基本忽略了新型城镇化方面的人才储备，商业银行围绕新型城镇化设计金融产品、管控风险等均会面临人才匮乏的严重制约，将会对商业银行转型发展带来不利影响。

表4-3 2015年、2016年部分商业银行校园招聘专业要求

银行	专业要求
交通银行2015年校园招聘公告	总行员工储备生岗位和分行普通岗位要求财经类、管理类、理工类等相关专业；IT类岗位所需专业主要为计算机应用、计算机软件、通信工程、信息管理、数学等相关专业；具体以各岗位要求为准
招商银行2016年校园招聘公告	1. 信息技术类岗位 从事软件开发、数据分析、网络及IT专业系统运行维护等岗位工作，成长为银行业的IT专业人才 2. 职能类岗位 从事客户管理、风险管理、数据管理等岗位工作，成长为熟悉银行业务的专业人才 3. 运营支持类岗位 从事国际结算、零售信贷审批、会计审核、远程集中授权等运营岗位工作，成长为精通银行运营的业务能手 4. 市场营销类岗位 从事各类银行业务营销，包括产品营销、市场拓展、客户关系维护等岗位工作，成为精通银行业务的销售精英

续表

银行	专业要求
中国银行2015年夏季招聘公告	全日制大学本科学历，经济金融、财务会计、管理、外语、法律及理工类等专业
广发银行2016年校园招聘公告	主要招收金融学、经济学、法学、管理学（工商管理、会计学、财务管理、行政管理、档案管理、人力资源管理）、文学（中文、外语、新闻传播学）、工学（计算机科学与技术、软件工程）、理学（数学、统计）等专业门类的毕业生

资料来源：各银行官方网站。

（二）项目回报率低导致金融产品创新动力不足

一般来说，城镇化是一项复杂的系统工程，建设项目一般具有公益性、社会性、超前性，建设周期长、沉没成本高，与金融机构追求盈利率的目标相悖，并且风险分散机制不完善，相关激励政策不足。在"以人为本"城镇化理念的引领下，生态、公共服务、医疗卫生、环保等项目虽然社会效益高，但这类公益性、社会基础性项目与企业类融资相比投资回报率偏低。2014年，发大证券通过对超过一千家地方政府融资平台的财务数据进行分析，出现目前基础设施投资的平均回报率不足3%，这一回报率甚至不及融资平台公司发债和获取贷款成本的一半。[①]

因此，商业银行缺乏围绕新型城镇化创新金融产品的动力。目前，商业银行在新型城镇化建设的金融产品、服务模式以及流程设计方面缺乏灵活性，存在着产品单一、期限较短、流程复杂等问题，产品和业务同质性普遍，与新型城镇化建设资金的需求特点不匹配。当前，新型城镇化带来新兴产业的蓬勃发展，其在产业形态上与传统工业项目存在巨大差异，信息服务、移动服务、环境服务等现代服务业，以及研发环节、综合服务环节等，大多属于轻资产项目，缺乏可供抵押的土地、机器设备等，难以从金融机构获得贷款，银行也相对缺乏可供此类项目使用的金融产品，对于生态、环保、公共服务等公益性项目，银行更是缺乏具有"长期、微利"特点的金融产品和服务，从而在与其他金融机构的竞争中处于不利位置。

---

① 徐高：《计算投资回报率的三个视角》，光大证券官网2014年11月21日。

(三) 商业银行网点竞争力不强

伴随着新型城镇化进程，城市逐渐扩张，农民市民化需要提供就近的银行服务，所以网点仍然是商业银行的基础经营单元。虽然随着信息技术与互联网的快速发展，新兴渠道已经成为银行关注的重点，但是，德勤的一份调研报告发现，[①] 物理网点在促进销售、满足客户个性化与差异化需求、提升客户体验以及增加客户接触面等方面仍扮演着不可替代的角色，特别是在复杂业务、咨询服务等需要深度互动沟通的业务领域。

但是，当前中国商业银行网点布局及其优化速度明显滞后于城乡经济社会发展。一是网点布局不合理，对于新型城镇化快速扩张带来的发展机遇缺乏及时反应，网点布局滞后，缺乏集团式、集群式客户群对业务发展的强力支撑。二是城区网点与县域网点发展严重不平衡，尤其是县以下网点设置非常少，对农业化龙头企业、现代农业项目等关注较少。三是分区不明确，岗位设置、考核评价、人员配置等标准不完善，不同网点运营管理差异性较大，网点绩效考核体系不健全。四是网点市场拓展开发动力明显不足，部分网点缺乏竞争意识、服务意识，存在被动等客上门的"坐商"现象。

(四) 政策性银行带来的竞争压力

政策性银行指的是由政府发起、出资成立，为贯彻和配合政府特定经济政策而进行融资和信用活动的金融机构。政策性银行一般不以营利为目的，而是在特定的业务领域内，直接或间接地从事政策性融资活动，充当政府发展经济、促进社会进步、进行宏观管理的金融工具。1994年中国政府设立了国家开发银行、中国进出口银行和中国农业发展银行三大政策性银行，均直属国务院领导。与商业银行以存款作为主要资金来源不同，政策性银行的资金往往是由政府提供，一般不接受存款。政策性银行的融资对象一般是那些社会发展需要而商业性金融机构不愿意提供资金的银行或项目，因此可以

[①] 德勤会计师事务所（Deloitte & Touche）：《银行网点转型3.0：构建区域性银行零售业务的核心竞争力》，2014年。

补充商业性融资的缺陷。

  从新型城镇化项目的长周期和低回报来看，地方政府显然更加偏好政策性银行，实际上政策性银行确实与地方政府联系更加紧密。例如，2013年12月27日，河南省委省政府与国家开发银行在京举行高层联席会议，并签署《全面推进新型城镇化建设合作备忘录》，探索运用国家开发性金融支持河南省新型城镇化的重点领域、方向和合作模式，国开行河南分行随后研究提出了融资支持河南省科学推进新型城镇化建设的实施意见。实际上自国际金融危机爆发以来，河南省政府先后与国开行举行了7次高层联席会议，陆续签订了12个金融合作备忘录、协议以及合作纪要，在电力、铁路、公路、煤炭、保障性住房、城镇基础设施、民生、社会等领域逐年加大融资支持力度。因此，商业银行需要与之展开差异化竞争。

第五章 城镇化视角下商业银行转型发展的国际经验借鉴

在城镇化进程中,尽管世界范围内各个国家在银行体系方面存在很大程度的差别,但是不同国家之间在商业银行的转型发展方面却遵循一定的规律,表现出许多极为相似的特征。本章将对美国、德国和日本等世界发达国家商业银行的转型发展进行比较研究,并简要介绍其他发展中国家在商业银行转型发展方面经历的过程,进而揭示世界各国城镇化进程与商业银行转型发展路径之间存在的密切关系。商业银行转型通常会经历两个发展阶段,即先从"同质化"阶段演进到"初步差异化"阶段,再从"初步差异化"阶段演进到"高度差异化"阶段。世界范围内发达国家和其他发展中国家商业银行转型发展的实践与探索,为城镇化视角下推进中国商业银行转型发展提供了有益的借鉴与启示。

一、发达国家城镇化进程中商业银行转型的主要做法

历史经验表明,在城镇化和工业化进程中,商业银行转型发展的模式和国民经济的发展水平之间存在着密切关系。美国、德国和日本等发达国家的商业银行发展普遍经历过多次转型,以适应不断提升的经济发展水平。发达国家商业银行转型发展大致经历了两个阶段:第一阶段起步于20世纪60年代,商业银行经营转型发展的重点集中体现在创新金融产品服务、调整优化业务结构和拓展经营领域范围等方面。第二阶段起步于20世纪90年代,经

济全球化浪潮波及范围日益宽广，新一代互联网技术影响程度日益深化，发达国家商业银行纷纷启动第二次转型，而此次转型的重点大体上集中于以下四个方面：一是扩展业务领域，打造全能银行；二是在金融活动中广泛普及运用新兴技术；三是稳步提高经营的国际化程度以及海外资产所占份额；四是银行业再造流程和重组机构，进而保障业务转型。

（一）美国的商业银行转型

1. 美国商业银行转型发展历程

实行双规银行体制（Dual Banking System）是美国银行体制的重要特征之一。所谓"双规银行体制"，是指银行既可以在联邦的相应金融管理部门登记注册，也可以在各州的金融管理部门登记注册，美国联邦政府和各州政府同时拥有对银行进行注册登记和实行监督管理的权力。在这种管理体制之下，美国的银行也相应分为两类：国民银行和州银行。其中，国民银行的执照由货币监理署（Office of the Comptroller of the Currency，OCC）颁发，而州银行的执照由州政府颁发。在商业银行体系发展历程中，美国颁布了一系列有关银行的法令，其中对银行经营发展产生重要影响的法令主要包括：1927年的《麦克法登法案》（McFadden Act）、1933年的《格拉斯—斯蒂格尔法案》（Glass-Steagall Act）、1994年的《跨州银行法》和1999年的《金融服务现代化法案》（Financial Services Modernization Act）等。其中，1933年的《格拉斯—斯蒂格尔法案》提出分业经营的概念，限制美国银行经营的业务范围，造成了美国银行后来的格局：数量众多，规模狭小，业务单一。总体上而言，20世纪30年代出台的一系列举措，目的是要严格管制银行业和规范股票市场，为美国市场主导型模式的最终形成奠定基础。之后，有组织的期权和期货市场创新活动的不断涌现、1971年场外市场纳斯达克（NASDAQ）的诞生、1975年佣金自由化改革、20世纪70年代后期资产证券化的兴起，以及20世纪90年代衍生品市场与债券市场的成长等，都不断强化了美国金融体系的市场导向，优化了金融结构，从而在很大程度上推动了金融市场的快速发展。

上述法令的颁布实施，在很大程度上反映出美国银行体系演变的历史轨迹。首先，美国商业银行经营地域从严格管制到逐步放松，并最终实现经营地域自由化的目标。其次，利率管制不断走向利率自由化。最后，商业银行经营范围从分业经营逐步转向混业经营。

随着银行体系的演变和经济社会的发展，美国中小银行经历了多次发展转型，归纳起来可以分为三个历史阶段（见图5-1）。在第三个阶段，有的中小银行纷纷实施专业化转型和特色化转型，其中，最为典型的是纽约梅隆银行；有的中小银行专注于发展零售银行，典型代表是美洲银行；有的中小银行逐步发展成为区域性银行，甚至成为全国性新兴"超级银行"，走上了混业经营的发展道路，其中花旗银行是典型案例。此外，也有一些银行，坚守社区银行的定位，聚焦关系型业务，在经营特色方面，十分强调在特定社区范围内，围绕核心客户，提供个性化金融服务。

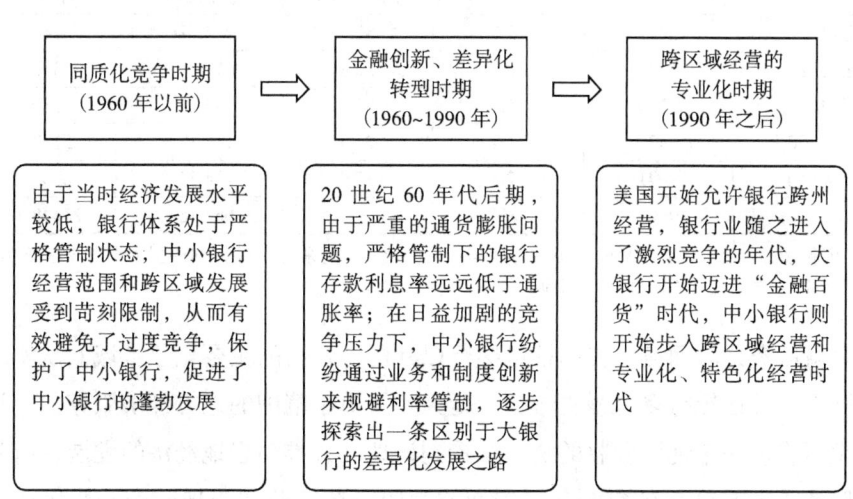

图5-1 美国中小商业银行转型发展的三个阶段

美国社区银行采取"求异型发展战略"，在目标客户的选择、主要业务区域的确定、主要业务品种的投放方面，都与大银行集团形成某种程度的互补，使社区银行的市场进入不会面临大银行的强烈阻碍，从而能够形成自身的特色和比较优势。从客户群体方面看，美国社区银行以中小企业、社区居民和农户为主要客户，凭借其深厚的信息积累和优良的服务，通过简便的手续和快速的资金周转，用少量的资金解决客户急需，深受美国下层社会和中小企业的欢迎。在美国，资产规模在5亿美元以下的银行对中小企业的贷款占其总资产的比重达到10%以上，占其贷款的比重达到50%~80%；而资产规模在100亿美元以上的大银行对中小企业的贷款占总资产的比重为2.3%，占其贷款的比重为15.6%（见表5-1）。统计结果表明，大银行的贷款多集中于规模较大的中型企业，对小企业和微型企业的贷款主要由社区银行来进行。据美国《银行家》2008年的调查，在全美的"特优银行"（有息存款的利率在3%以下，存贷款利差超过5%，总资产本期收益率超过0.5%）中，社区银行就有206家。

表5-1 美国不同规模银行对中小企业贷款情况

银行资产规模（美元）	家数	对中小企业贷款占总资产比率（%）	对中小企业贷款占贷款额比率（%）	对中小企业贷款金额（百万美元）	对中小企业贷款件数（件）
1亿以下	6456	12.3	82.7	5.67	184
1亿~5亿	2548	10.7	52.8	19.74	556
5亿~10亿	260	6.7	31.7	45.25	1230
10亿~100亿	326	4.4	22.3	118.17	5137
100亿以上	71	2.3	15.6	494.35	18341
合计	9661	—	—	683.18	25448

资料来源：北京联合信息网，2007年，转引自白钦先、马东海、刘刚：《中国中小商业银行发展模式研究》，中国金融出版社2010年版。

就服务区域而言，美国社区银行以社区为自己的主要竞争区域，从实际情况看，社区银行多为州立银行，是为州及更小范围的地方经济服务的。社区银行将从一个地区吸收的贷款又投到该地区，推动当地经济的发展，有效地防止了基层金融的空洞化，因而比大银行更能获得当地政府和居民的支持。而就提供产品而言，美国社区银行最为突出的特点在于针对客户提供个性化服务。鉴于自身资金规模，社区银行以向客户提供零售服务为主，包括中小企业贷款和农业贷款、较低收费的支票和一些投资产品、不同种类的楼宇按揭和消费者贷款产品、较低费用的信用卡和借记卡服务，以及自动提款机和电子银行服务等。

2. 典型案例分析：花旗银行

花旗银行（Citi Bank）的前身是成立于1812年的纽约城市银行，距今已经有200多年的历史,长期以来在业内享有盛誉。花旗银行是发展混业经营管理模式的先驱者之一,同时也是世界银行500强中排名靠前的银行。自20世纪90年代以来,为拓展个人金融业务,花旗银行先后与美国旅行者集团(Travelers Group)、智利排名第二位的消费金融公司以及日本排名第五位的消费金融公司合并;为拓展旗下投资银行业务,整合所罗门和施罗德公司,主营业务涵盖全球消费者金融、全球资产管理、公司与投行三大领域,成为全球范围内屈指可数的综合金融集团。花旗银行能够向客户提供银行、保险、证券、信用卡、资产管理等一应俱全的金融服务,是名副其实的"全球金融超市"。进入21世纪以来,花旗银行在海外进行了一系列扩张活动(见表5-2)。

表5-2　2002~2012年美国花旗银行主要海外扩张活动

年份	海外扩张行为	地理扩张区域	业务扩张
2000	3.82亿美元收购Diners Club of Japan 100%的股权	日本	信用卡、消费信贷
	2.8亿美元收购Siembra(Banco Bilbao Viacaya)50%的股权	阿根廷	保险业务
	6.11亿美元收购Bank Handlowy S.A.56%的股权	波兰	商业银行
	309.57亿美元收购第一联合资本100%的股权	美国	信贷机构
	7.5亿美元收购富邦证券	中国台湾	证券业务
2001	2.2亿美元收购Genear AFJP 100%的股权	阿根廷	保险业务
	16亿美元收购European American Bank 100%的股权	美国	商业银行
	125亿美元收购巴拿美克斯金融公司的100%的股权	墨西哥	消费金融
2002	58.83亿美元收购金州银行100%的股权	美国	按揭业务
2003	4.39亿美元收购裕宝联合银行4.8%的股权	德国	商业银行
2004	27.3亿美元收购韩美银行	韩国	商业银行
2006	1.31亿美元收购Credicard S.A.50%的股权	巴西	信贷机构
	6.5亿美元收购HDFC9.27%的股权	印度	其他
2007	30.95亿美元收购AK Bank TAS 20%的股权	土耳其	商业银行
	在中国台湾注册成立花旗(台湾)商业银行,并与中国台湾华侨商业银行合并	中国台湾	商业银行
	77亿美元收购日本第三大证券公司日兴柯迪61.1%的股权	日本	证券业务
	收购智利第二大银行Banco De Chile 0.44%的股权	智利	商业银行
2010	5.197亿美元增持Banco De Chile控股公司LQ Investiones Financieras S.A.至50%	智利	投资银行业务

资料来源:根据花旗银行历年年报整理,转引自陈建中、黄欣丽:《银行国际化路径影响因素分析:基于汇丰银行和花旗银行案例》,《国际贸易问题》2014年第9期。

但在 2008 年 9 月雷曼兄弟破产后，花旗集团巨额资产在资本市场"去杠杆化"过程中逐步萎缩，原本完美的资产负债表瞬间失去平衡，在连续亏损 15 个月之后，2008 年 11 月，花旗集团被迫依赖政府注资 200 亿美元和担保 2490 亿美元潜在损失，从而维持银行的正常运转。2009 年 1 月 13 日，花旗宣布将美邦零售经纪业务部门与摩根士丹利旗下部门合并成一家合资公司，花旗持有 49%的股份，并获得摩根士丹利 27 亿美元的现金补偿。2009 年 1 月 16 日，宣布将尽快把花旗集团拆分为专注银行业务的花旗公司和专注资产管理等业务的花旗控股。目前，花旗正在削减信用卡、资产管理等部门，并准备出售包括日本花旗在内的分布于世界各地的子公司。

面对雷曼兄弟破产造成的超预期危害，美国政府改变了对救助金融机构的态度。金融机构救助措施也从雷曼兄弟破产前常规授权下传统的救助办法，转变为积极寻求突破的灵活有效的救助措施。例如，从反对雷曼兄弟向银行控股转型到跳过法定的 5 天反垄断期迅速批准摩根士丹利和高盛的转型申请；从无权对雷曼兄弟注资到对花旗 200 亿美元的股份购买和 3060 亿美元的债务担保。雷曼兄弟破产带来了巨大的教训，但也为美国政府以后对金融机构采取有效的救助措施铺平了道路。

花旗银行作为混业经营机构的典范，其在金融危机爆发以前主要存在三个方面的风险：一是混业经营的规模经济和范围经济效应在花旗内部没有得到明显表现。与此相反，庞大的机构规模与复杂的业务和产品不断加大内部审计和风险评估的难度，并且各部门、各业务之间存在难以避免的利益冲突。二是从事大量风险交易活动，过深涉足资产证券化，2008 年 10~12 月，减记次贷相关资产损失 180 亿美元。三是激励机制鼓励交易人员注重短期收益而忽略长期风险。

资产证券化是商业银行转移和分散风险的重要手段之一，但是随着银行业务创新逐步覆盖到信贷发放、信用增级、证券投资、基金发起、杠杆授信等各个环节，原本希望通过资产证券化进行分散的风险从不同途径又回到了商业银行（见图 5-2）。2007 年爆发的美国次贷危机是大萧条以来最为严重的金融危机，此次危机之前，花旗银行是仅次于美林证券的第二大 CDO 承销商。除此之外，花旗银行又通过建立结构性投资实体（SIV）大量买入

CDO，深陷 CDO 业务的花旗银行在 2007 年第四季度遭遇 98 亿美元巨额亏损，资产减记高达 181 亿美元。

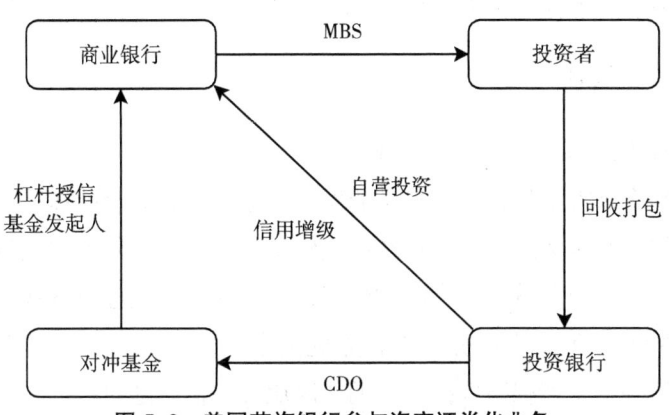

图 5-2 美国花旗银行参与资产证券化业务

花旗集团解体是否意味着所谓的"金融超市"模式行将破产仍然需要进一步观察与研究，但从战略转型的角度来看，一些教训值得中国商业银行警醒与反思。第一，风险偏好相对激进，过度追求高风险收益。在战略转型过程中，花旗集团在一定程度上有所偏离审慎经营的发展理念，过分看重高收益、高风险的客户和业务。例如，花旗银行的一个投资重点领域是按揭抵押债券市场，投资量占其证券投资总额的八成左右。众所周知，花旗银行设有专门的另类投资部门，2007 年末，其管理的资产为 592 亿美元，其中自营部分 105 亿美元，占管理资产总额的 18%，代客部分 487 亿美元，占管理资产总额的 82%。第二，在商业银行传统业务和投资银行业务之间的"防火墙"制度不够严格。一方面，花旗集团为其投资银行开展的资产证券化、次级债券承销、杠杆融资等业务提供信用增级或贷款担保等；另一方面，证券化分散的风险又通过商业银行证券投资、承销、担保、信贷额度等表内外业务，重新回到集团体系内。第三，过度运用金融创新手段，对金融衍生产品潜在风险的关注不够到位。花旗集团业务涵盖了以"次级抵押贷款"为基础开发的"贷款抵押支持证券"（Mortgage-Backed Security，MBS）、"有担保的债务证券"（Collateralized Debt Obligation，CDO）、"信贷违约掉期合约"（Credit Default Swap，CDS）等一系列的金融衍生产品。这些投资盲目追求高收益，忽视了对冲基金、特殊投资实体、证券公司等的杠杆风险，一旦利率上升，市场流动性趋紧，这些证券化资产的价值就会急剧下降，甚至造成流动性危机，从而给集团带来巨大风险。

（二）德国的商业银行转型

1. 德国商业银行转型发展历程

德国是实行混业经营最为典型的发达国家之一，其金融体系的显著特征是全能银行（又称为综合银行）在国民经济中占据举足轻重的主导地位，全能银行不受金融业务分工的束缚和限制，不仅能够全面经营商业银行、投资银行、保险等各种金融业务，为企业提供中长期贷款、有价证券的发行交易、资产管理、财产保险等全方位的金融服务，而且还可以经营不具备金融性质的实业投资。德国银行制度的综合化导致银行与加工制造业相互依赖，关系十分密切。银行通过公司透支长期贷款、发行股票债券、股份参与和人事渗透等各种形式，对工商企业具有压倒性优势和支配权。与美国相比，德国证券市场不够发达，在很长时间内都没有建立起统一的证券法体系，没有一个对证券市场进行监管的中央机构，市场运作、风险控制和投资者保护等方面的规范大部分属于自律管理的性质，不具有法律约束力。从德国商业银行体系演变历程来看，主要有以下几个特点：一是实行全能银行制度；二是走合作发展之路；三是较短时间内实现了利率市场化。

德国中小银行的发展也随着经济的发展和金融体系的演进经历了多次转型，大致分为三个阶段（见图5-3）。

在德国中小商业银行转型发展的第一阶段，根据占领军的反垄断原则，原有的三大商业银行——德意志银行、德累斯顿银行和商业银行被分解成30多家小银行，与私人商业银行以及抵押银行、复兴银行这类专业政策性银行并存。同时由于金融生态环境恶劣，商业银行对于未来的预期非常悲观，很难也不愿意为企业提供长期放款业务，基本上不从事大额度的资金支持，在经营方针和原则方面，更加注重资金的安全性和流动性。因此，商业银行没有能力推进金融体系演进进程，在其中扮演了政府经济政策的单一接受者的角色。

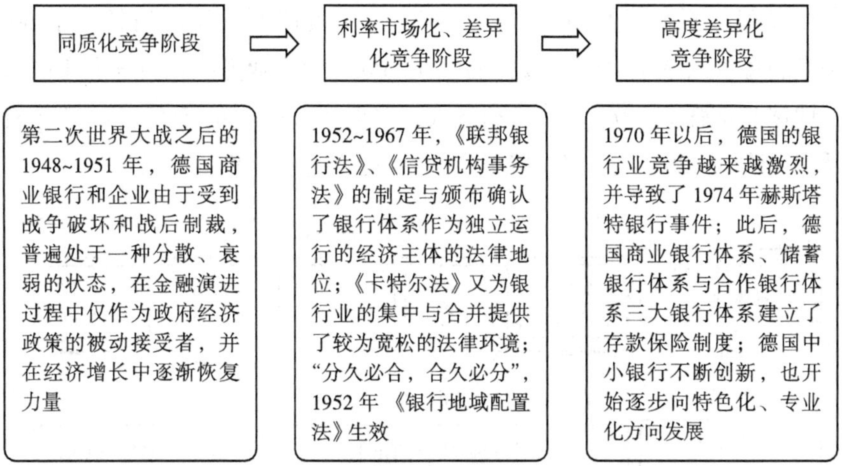

```
┌─────────────┐    ┌──────────────┐    ┌──────────────┐
│ 同质化竞争阶段 │ ⇒ │利率市场化、差异│ ⇒ │ 高度差异化    │
│             │    │化竞争阶段     │    │ 竞争阶段      │
└─────────────┘    └──────────────┘    └──────────────┘
```

| 第二次世界大战之后的1948~1951年，德国商业银行和企业由于受到战争破坏和战后制裁，普遍处于一种分散、衰弱的状态，在金融演进过程中仅作为政府经济政策的被动接受者，并在经济增长中逐渐恢复力量 | 1952~1967年，《联邦银行法》、《信贷机构事务法》的制定与颁布确认了银行体系作为独立运行的经济主体的法律地位；《卡特尔法》又为银行业的集中与合并提供了较为宽松的法律环境；"分久必合，合久必分"，1952年《银行地域配置法》生效 | 1970年以后，德国的银行业竞争越来越激烈，并导致了1974年赫斯塔特银行事件；此后，德国商业银行体系、储蓄银行体系与合作银行体系三大银行体系建立了存款保险制度；德国中小银行不断创新，也开始逐步向特色化、专业化方向发展 |

图5-3 德国中小商业银行转型发展的三个阶段

在德国中小商业银行转型发展的第二阶段，允许已被分解为30多家小银行的原三大商业银行进一步合并为9家银行，到1957年又进一步合并为三大商业银行，恢复了原有名称。这一举措极大地提高了银行业的集中程度，增加了单个银行的规模，使其原有传统优势得以发挥，为同一时期迅速发展的德国企业提供了较为充沛的金融支持。1962年，德国修改《信用制度法》，随后调整利率限制对象，在利率市场化进程中迈出坚实的第一步。随着利率管制的放开，金融创新更加活跃，同时银行业机构盈利减少，倒闭、合并和兼并现象有所增加。德国银行业的竞争逐渐趋于激烈，而中小银行则转向为中小企业和本地居民服务，与大银行实施错位竞争发展模式，逐步走向了差异化道路。

2. 典型案例分析：德意志银行

德意志银行成立于1870年。在德国全能银行体系中，德意志银行长期以来都是一家全能银行。在1997年以前，德意志银行的经营主要具有以下几个特点：一是经营范围十分广泛，涉及商业银行、证券及股权投资、保险等广泛的业务领域。二是业务布局具有较为明显的产品导向特点。整个业务体系围绕产品建立，主要架构由三个重要板块构成，即零售及私人客户业务、公司及机构业务和投资银行业务，各业务板块相对孤立，缺乏有效的协同机制。三是信贷资产所占比例较高，信贷业务是主体业务。1997年之前，就各个年度德意志银行资产结构而言，信贷资产所占比例均超过了60%。四是净利息收入依然是银行收益的主体部分，中间业务收入对净利息收入的替代性逐步增强。1994年，净利息收入占业务净收入的55%，1997年有所降低，下降到42%。五是投资决策过程十分严谨（见图5-4）。

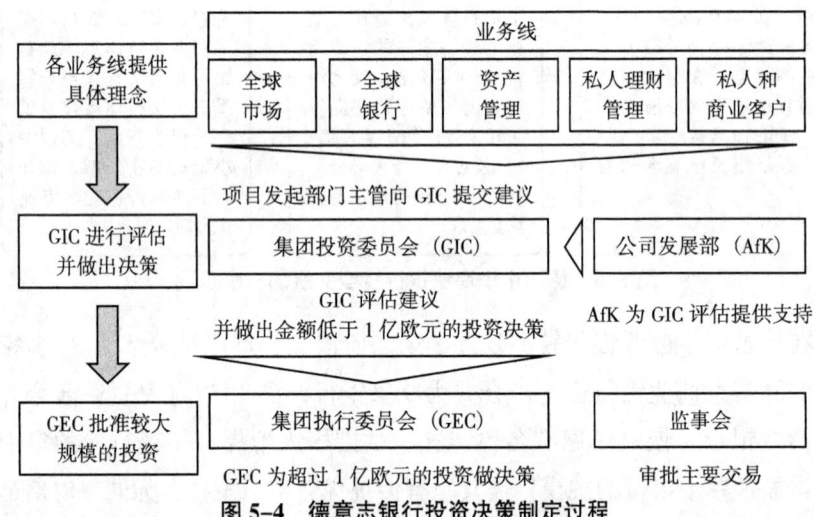

图5-4 德意志银行投资决策制定过程

资料来源：潘功胜等：《从德意志银行的兼并收购看其发展战略转型》，《国际金融研究》2007年第10期。

1997年亚洲金融危机爆发，德意志银行也受到一定程度的影响，部分贷款风险逐渐暴露，这也成为推动德意志银行实施战略转型的重要诱因。2000年下半年，世界经济发展速度减缓，给德意志银行的经营绩效带来了消极影响，信贷资产风险逐渐加剧。世界范围内的经济衰退，导致德意志银行在2001年、2002年连续两年股东回报水平出现大幅度下降，市场压力不断增加，也成为推动其实施战略转型的重要力量。1998年以来，德意志银行在战略转型方面主要采取了以下几项措施：一是不断调整转型目标，明确提出要聚焦当期效益、专注核心业务、提高资本和资产负债平衡管理水平，进而实现资产管理业务与私人银行业务二者的协同发展。二是在梳理和区分核心业务和一般业务的基础上，积极开展资本并购，努力打造在新兴核心业务领域，诸如投资银行、零售银行、资产管理等方面的优势地位。三是在区分和发展核心业务的原则下，不断调整优化组织架构，剥离非核心业务和资产，全力发展衍生品交易业务、股票交易和债券发行业务、现金管理和清算业务等。通过开展互补性并购活动，全面出售保险业务板块，强化资产管理业务。与此同时，通过积极开拓亚洲潜在市场，调整业务区域结构，精简机构，裁减冗员，大大压缩运营管理各项成本。

通过积极主动地调整优化资产、收益和风险结构，德意志银行经营业绩呈现出稳步增长的良好态势，发展成效明显。就业务结构出现的变化而言，德意志银行由原来的主要依赖信贷资产增长转变为收入来源分布更加多元、更加均衡。1996年，德意志银行总收入中，净利息收入占比为48%；2006年，净利息收入占比降低到24%，费用收入占比提高到47%，交易收入占比提高到29%。就区域结构而言，德意志银行由一家严重依赖利差收入的本土商业银行转变为一家服务全球化、业务多元化的金融服务机构。1989年，德意志银行大约80%的收入来源于德国本土。到2006年，德意志银行国际化经营取得了明显成效，国际业务收入占比达75%。

3. 典型案例分析：德国商业银行

德国商业银行（Commerzbank）与德意志银行一样成立于1870年，总部设在法兰克福，是德国原三大银行之一。2009年底资产总额约为8441.03亿欧元。就资产规模而言，该银行是全德国第二大银行，仅次于德意志银行。

德国商业银行在"CB21"规划中明确提出21世纪的发展思路，就是通过实施集中核心能力战略，调整和改造内部组织，优化业务结构和业务流程，不断巩固其作为欧洲重要金融银行集团的重要地位，形成一个具有较强竞争力的、成功的跨国性大银行。

德国商业银行转型的主要策略和措施包括：一是调整完善管理体制和机构体系。德国商业银行提出了调整组织结构和精简银行机构网点的做法，实行扁平式和矩阵化的集中管理，其目的是提高工作效率、降低运营成本。从横向来看，按照管理、业务和服务将内部组织划分为三个板块，也就是支柱部门板块、业务部门板块和服务部门板块。从纵向来看，德国商业银行将管理机构精简到三个层次，即处于最高层次的执行董事委员会、处于中间层次的公司部门管理层和处于最低层次的众多分支网络。其中，执行董事委员会由11个成员组成,每个成员负责相应的部门以及分支机构的相关业务。

二是整合优化业务架构和操作流程。德国商业银行通过重构业务框架、整合业务操作流程,形成销售与产品双重支撑的发展局面。具体而言,就是将银行业务部门按性质划分为两大部分:一部分主要是面向个人的,由零售银行和资产管理组成;另一部分主要是面向法人的,由公司金融和投资银行组成。与此相适应,德国商业银行对旗下所有分支网络的功能进行了界定,当前的20家主要分行经营与零售和公司客户有关的所有业务,132家地区分行经营与零售和公司客户有关的不完全业务,而629家分支网点只经营与零售客户有关的所有业务。

三是更加突出业务转型的重点路径。德国商业银行的战略构想是:不断整合和逐步健全投资银行业务,大力发展资产管理和私人理财业务,密切与其他金融机构的合作,分享彼此的客户资源。具体而言:第一是扩大欧洲范围内部的具有固定收入的投资银行业务以及重塑并购业务、咨询业务,作为一些优势业务如外汇交易、资产管理等的补充。第二是根据行业权威专家意见,有所选择地重点向客户推荐投资银行业务方面的产品,成为全德国资产管理方面的领先型银行。第三是加强与 Generali 集团展开业务合作,共同分享投保客户和银行客户,基于以上考虑,德国商业银行建立代理保险业务的银行中心,通过提供专家式服务来发展保险和家庭信贷储蓄业务,争取新客户。

(三)日本的商业银行转型

1. 日本商业银行转型发展历程

日本的商业银行也称为民间金融,主要包括城市银行和地方银行两种形式。日本的城市银行就是普通商业银行,其资产规模较大,一般情况下商业银行总行设在大城市,通常可以跨地区从事经营活动,在全国范围内及国外开展各种业务。当前,日本的城市银行有11家。而日本地方银行总部一般设在中等城市或者小城市,经营范围较小,主要集中在总行所处城市周围的一个县或者2~3个县。地方银行的数量较多,有64家(见表5-3)。日本银行体系的演变特点表现在四个方面:一是地方银行经营地域实行管制,不允许跨地域经营;二是从分业经营发展演变为综合经营;三是利率市场化逐渐实现;四是在商业银行发展过程中,逐步形成了以关系型融资为主要特征的主银行制度。

表5-3 2008年日本地方银行所在地区分布及数量

所在地区	地方银行数量(家)
北海道地区	1
东北地区	10
中部地区	15
关东地区	9
中国地区	5
四国地区	4
九州地区	10
近畿地区	8
冲绳地区	2
合计	64

资料来源:日本地方银行年报,2008年。转引自白钦先、马东海、刘刚:《中国中小商业银行发展模式研究》,中国金融出版社2010年版。

纵观日本地方银行的成立与发展历程,大致可以分为三个阶段(见图5-5),即严格管制、同质化发展阶段,金融自由化、差异化发展阶段,金融创新、高度差异化发展阶段。

严格管制、同质化发展阶段 ⇒ 金融自由化、差异化发展时期 ⇒ 金融创新、高度差异化发展阶段

1936年,日本全国地方银行协会成立,普通银行正式被划分为城市银行与地方银行两种类型;第二次世界大战之后,日本通过一系列立法,加大力度对银行进行限制性管制,这种状况一直维持到20世纪70年代中期

20世纪70年代末期,日本的金融形势经历了一场巨变,加之世界范围内的金融自由化浪潮推波助澜,日本从20世纪80年代开始加快取消商业银行经营地域范围限制,并加快推进金融自由化的步伐

利率市场化为日本经济带来了消极影响,集中表现为突出的资产泡沫和经济泡沫问题;1990年开始,以土地价格和股票价格为中心的资产价格暴跌,日本泡沫经济终于破灭,给实体经济和金融市场发展造成了重大冲击,一大批中小企业宣布破产

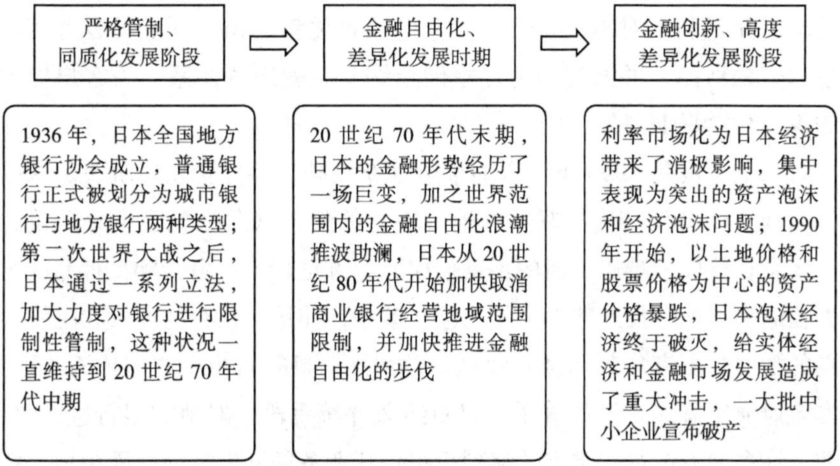

图5-5 日本地方银行转型发展历程

其中，第一个阶段是 1970 年以前的严格管制、同质化发展阶段。在这一段时间内，严格管制给地方银行创造了良好的外部发展环境，地方银行呈现稳定发展态势，与城市银行之间一贯保持着一定程度上的利益平衡关系。日本城市银行主要服务于大型企业，而日本地方银行凭借与企业、地方经济的紧密合作关系，通常依靠吸收社会闲散资金，满足地方企事业单位资金需求，其业务活动大大支持了本地区行业和生活性服务产业的生存和发展，推进日本的地方经济逐步迈向国际化，因而享有"故乡银行"的美誉。

第二个阶段是 1970~1990 年的金融自由化、差异化发展时期。这一阶段，日本银行业经历的经营环境巨变体现在以下几个方面：一是 20 世纪 80 年代中后期开始，日本的股票市场、债券市场以及海外市场融资发展势头强劲。二是逐步实行利率市场化。1977 年，日本放开了国债的发行利率。随后，对大面额可转让定期存单发行利率以及货币市场的利率也采取逐步放开的措施。到 1994 年，日本取消银行存款和贷款的利率，最终实现了完全的利率市场化。三是日本宏观经济发展进入中速增长阶段，国内生产总值的年均增长率维持在 4%左右。随着大型银行的业务向中小业务和零售业务转变，地方银行传统经营业务领域面对的竞争压力日益增加。地方银行出于生存与发展的需要，一方面，采取有效措施，削减运营成本，提高业务效率，进而提升银行收益率；另一方面，适应客户多层次、多方面、多元化的需求，充分利用对本地区情况熟悉的比较优势，积极开发具有鲜明地方特色的金融产品，并通过努力建立健全综合金融服务体系，为客户提供优质的综合化金融服务。

第三个阶段是 1990 年至今的金融创新、高度差异化发展阶段。这一时期，与地方经济保持密切联系的地方银行的经营状况受到了十分严重的影响，大量贷款成为难以收回的不良债权，地方银行自有资产和抵押品的价值也大幅缩水。此后长达数十余年的经济萧条，使地方银行的经营状况发生大范围的滑坡，不良贷款和经营亏损日益增加，银行自由资本占比逐步下降。日本政府痛定思痛，开始着手通过重组兼并等手段，对地方银行进行改革。目前，许多地方银行把重点转移到投资信托业务的开发方面，因为信托资金与存款相比存在明显差别，在银行破产时，信托资金不以银行剩余资产作为清偿的基础，居民更加容易接受。地方银行分别采取了以下几种具体的运作方式：一是若干家地方银行联合起来，设立服务区域内居民的投资基金；二是与地方政府和全国性基金展开合作，针对高新技术企业，设立开发投资基金；三是根据不同收入水平居民差异化的投资需求，设立不同形式的投资信托基金，面向当地富裕阶层开展投资信托业务。除了重点开发投资信托业务外，地方银行也在积极开发其他方面的业务，在法律允许的范围内，不仅开发新的金融产品，如销售证券、代办保险等，也开发遗产继承、土地活用等方面的咨询等非金融业务。日本地方银行加大力度，拓展新兴业务范围，向高度差异化方向演进。

日本地方银行在长期发展进程中积累了许多宝贵的经验教训，而独具特色的经营战略是其成功的动力和源泉。首先，实行合理调整、力求实效的经营战略。日本地方银行大多依赖于地方经济发展，因而与中小企业关系十分密切。而地方经济覆盖面大，既有大城市以外的众多中小城市，也包括广大的町、村，中小企业的分布更为广泛。为了抢滩地域广阔、数据零碎但数量众多的金融市场，日本地方银行并没有沿袭广设分支机构的传统做法，而是采取了合理布局、务求实效的发展战略。其次，实行合理经营、未雨绸缪的经营战略。通常情况下，中小银行最容易受到经济波动的影响，在经济高涨时，经常过热发展，而在经济萧条时期，又过度收缩，结果经常是大起大落，损失惨重，甚至大量地方银行破产倒闭。但是，与大银行相比，日本地方银行比较好地采取了合理经营、未雨绸缪的经营战略。如量入为出、审慎放贷，适度介入、全身而退，迷途知返、归于正道，等等。再次，实施独立运营、严防腐败的经营战略。日本地方银行在与政府保持着密切联系的基础上，仍然能够建立和实施相对独立的经营原则，严防腐败，实属不易。最后，实施与时俱进、高效管理的经营战略。由于地方银行的业务重心是其所处地区，因此，其业务成功的关键是赢得本地区客户的充分信赖。地方银行进行信用风险信息总服务管理，使每一家地方银行都能通过改进了的信用风险管理，更高效地履行金融中介功能。全国现金卡服务允许客户通过地方银行的自动取款机办理取款业务。地方银行除了在大中型城市设有总部外，还有广泛的分支机构网络。日本地方银行在发展过程中，还成立了地方银行协会，将其作为地方银行的管理机构。地方银行协会主要履行以下职责：一是为地方银行建立业务战略提供信息和服务；二是扮演实业的代理人和窗口；三是改进合作和发展机制；四是为地方银行提供信息交流的载体和平台；五是进行调查和科学研究；六是提供教育服务。

2. 典型案例分析：日本富士银行

日本富士银行是世界范围内的大商业银行之一，具有悠久的历史。20世纪30年代，世界性的金融危机爆发之前，日本对于银行业、保险业及证券业实施的管理政策是可以在某些运营方面展开交叉。1929年，世界范围的经济危机给日本金融界带来巨大冲击。日本开始通过立法方式，禁止金融机构开展混合经营业务，富士银行也不例外，在此之后很长一段时间内，一直从事单一的银行业务。第二次世界大战结束后，日本经济进入萧条期，一直处于比较低迷的状态，富士银行在日本经济发展中本分发挥着货币存储及流通的功能。直到20世纪80年代，日本经济发展进入了一个新的历史时期，金融领域的日益繁荣也为富士银行业务扩展提供了良好的外部条件。分业经营的模式亟须改革，因为分业经营已经不能够满足市场对银行业的需求，银行的混业经营势在必行。1981年，日本政府颁布了新修订的《银行法》，同时也对《证券交易法》进行了修订，通过法律的形式，明确认可银行业与证券业的混业经营模式，富士银行顺应时代发展潮流，积极开展各项证券业务，同时在摸索中不断前进，加快进行与混业经营模式相匹配的管理体制创新。1998年，日本政府通过了《金融体系改革一揽子方案》，标志着日本正式全面实施金融业混业经营战略，打破了以往商业银行分业经营和银行内部经营专业化的束缚和限制。富士银行顺应发展趋势，进行全面彻底的混业经营模式转型，这种经营模式成为其提升竞争力的有力武器。

日本富士银行的案例给我们以下启示：一是商业银行要转变经营模式不是一蹴而就的，经营模式的转变具有长期性、艰巨性、曲折性，但是，必须坚信随着金融市场的不断完善，商业银行由分业经营模式向混业经营模式的转变是必然的，只是转型的道路和过程曲折漫长，而转型后的结构必然有利于商业银行发展。二是宏观环境对商业银行的转型具有深远影响，尤其是政府层面的认可与鼓励是银行混业经营最强劲的推动力。政府的职责也非常明确，必须首先在法律层面对金融领域的经营方式进行规范，同时通过立法形式，颁布相关法律法规来规范金融市场秩序。在金融市场发展完善的同时，要鼓励创新，使商业银行根据客户需要，顺应经济发展规律，创造性地开发更多适应市场需求的产品和服务。三是商业银行自身要善于把握战略机遇，规避各种风险，但是也要把握好度，不能因噎废食，为了规避风险而放弃发展。要在发展中不断完善，不断提升，与止步于河边相比，摸着石头过河总要强得多。

二、发展中国家城镇化进程中商业银行转型的实践

发展中国家商业银行的战略转型是伴随着金融自由化和银行业管制放松而发生的。世界范围内金融自由化的进程普遍较快，发展中国家也不例外。

（一）发展中国家商业银行转型实践综述

拉美国家只用了短短的 1~2 年时间，就迅速经历了利率市场化转变。而在亚洲国家中，马来西亚、印度尼西亚等国家也只用了短短的 3 年时间。以俄罗斯为代表的转轨国家的做法更为激进，通过较为激烈的休克疗法，很多商业银行企图在很短的时间内实现转型一步到位，迅速演化成发达国家商业银行的业务发展模式。从工业化、城镇化进程产生的实际效果来看，部分银行经过改制和转型的阵痛后，确实取得了良好的发展，如波兰的 PKO 银行、匈牙利的 OTP 银行等。在利率市场化过程中，印度商业银行大力发展零售业务和以财富管理、私人银行等为代表的新兴中间业务。作为发展中国家，印度商业银行的传统业务与中国极为类似，主要面向大公司、大企业提供信贷产品。印度商业银行也拥有较高水平的不良贷款率。随着印度利率市场化改革和银行其他方面改革的推进，商业银行不断削减不良资产，开拓新的利润增长点。目前，印度排名第二的工业信贷投资银行（Industrial Credit and Investment Corporation of India, Ltd., ICICI）的零售银行利润已

占其总利润的 30%。

而在一部分发展中国家，一些商业银行急于求成的做法则产生了较为严重的问题，值得中国商业银行反思和警醒。一是转型涉足的新业务领域并不成熟。部分商业银行盲目进入从未涉足过的房地产、证券等非专业领域，而这些恰恰是经济改革和金融自由化过程中不成熟、不稳定、高风险的领域，远远不能与发达国家的成熟市场相媲美，加上缺乏相应的专业技能、风险意识和管理能力，经营转型带有更多的投机意味。二是转型力度过大，速度过快。一些发展中国家商业银行的新兴业务领域发展过快、投入过大，同时忽略了传统的商业银行业务，最终不仅短时间内很难在新的业务领域获得重大成功，而且丢掉了本来的核心业务，丧失了既有的竞争优势。这些问题不仅加大了银行自身经营风险，而且带来了资产价格泡沫，给金融体系和宏观经济造成重大隐患。发展中国家一般在金融自由化后 3~5 年的时间内，就会发生银行危机或产生较为严重的问题。如 1995 年俄罗斯爆发了银行同业拆借市场的危机，使银行间信贷市场一度关闭，很多银行破产清算；2004 年，又出现了挤兑风波，险些酿成严重的金融危机。这与商业银行经营转型的战略失误存在一定的关联性。

（二）典型案例分析：孟加拉乡村银行[①]

1976 年，穆罕默德·尤努斯（Muhammad Yunus）在孟加拉的 Jobra 村创立了孟加拉乡村银行（Grameen Bank，GB），该银行是当前世界范围内业务规模最大、运作经营最成功的农村小额贷款金融机构。GB 营业网点分布十分广泛，遍布于孟加拉国各地，业务主要包括经营性贷款、贫困人口住房贷款、助学贷款、乞丐贷款、小型企业贷款、贷款担保、人寿保险和存款等。

GB 发展历史可以分为两个阶段：第一阶段时间范围是 1976~2001 年，该阶段主要向客户提供标准化的金融产品，但是灵活性较差，在客户违约的情况下，缺乏切实可行的补救措施。例如，1998 年的洪涝灾害给 GB 带来了重大影响和冲击，尤努斯博士开始着手进行银行的优化和改革。第二阶段时

---

① 廖昊萌：《孟加拉乡村银行对我国村镇银行发展的启示》，《中国经贸》2014 年第 21 期。

间范围是从2001年到现在。转型的GB灵活度更高,风险掌控能力更强,业务发展也十分迅速,贷款余额由2001年底的1.94亿美元迅猛发展到2011年底的9.68亿美元。

GB发展的成功要素可以归纳为以下四个方面:一是将借款人变为股东。GB5%的股权归政府所有,借款人拥有其余95%的股权,这种股权结构对于保持其服务穷人的经营立场十分必要。二是信用自律组织发挥重要作用。GB贷款实行连带责任制度,借贷人需要参加5人构成的互助互保贷款小组,其中不能包含直系亲属。再由6~8个小组进一步组成一个中心,分别选出组长和中心主任。银行通过小组成员自控机制来开展各项业务,中心主任定期召集中心会议,组织还款、放贷等,这种方法有效地降低了银行了解和监督客户产生的交易成本,并在很大程度上减少了金融风险。三是组织网络深入服务对象。四是存款来源有充沛保障。

孟加拉乡村银行为全世界范围内农村需要信贷的低收入人群提供了可以复制的小额贷款模式,传递了"穷人也能获得贷款"这个普惠金融理念。印度、乌干达、坦桑尼亚等许多发展中国家纷纷效仿这一农村信贷模式,获得了一定成功。

(三)典型案例分析:印度银行业改革[1]

印度银行之所以要进行改革,主要是因为印度银行系统面临大量贷款得不到偿还的问题。20世纪90年代初期,在印度27家公营银行中,除2家外其他各银行的逾期未偿还贷款占放款总额的比例都在10%以上,有的银行这个比例甚至超过35%。造成银行坏账增多和盈利下降的主要原因在于政府对银行业务的过多干预、在印度法律体系中缺乏切实有效的企业破产法和司法工作效率不高等。

为了解决公营银行的坏账问题,提高盈利率,印度政府在经济改革进程中十分注意进行银行改革,减少政府对银行业务的干预,进一步落实企业破产法,提高经济司法工作的成效。在减少政府干预方面:一是放松对银行机

---

[1] 文富德:《印度银行的改革》,《南亚研究》2003年第1期。

构设立和扩张的限制；二是放松对银行放款数量的限制；三是放松对银行存贷款利率的限制。此外，还允许各银行利用外资补充资本金，主要通过世界银行将资金首先贷给印度政府，然后转发给参与银行，如印度辛迪加银行就是借此提高资本充足率的。在加强银行经营管理方面，印度政府注重改善对公营银行的领导，选派精通银行业务的人士出任公营银行的管理人员，从而加强对银行业务工作的管理。与此同时，政府也允许各银行根据实际需要设立分支机构。此外，加速电子技术在银行业务中的运用。在提高经济司法工作效率方面：一是进一步落实企业破产法；二是强化没收担保财产的规定；三是创建资产重组公司。

就印度银行改革成效具体表现为：一是银行存款增加。随着经济发展和银行改革的深入，印度表列商业银行吸收的存款不断增加。根据统计资料显示，印度所有表列商业银行吸收的存款从1981年的3923.3亿卢比增加到1991年的19964.3亿卢比，再增加到2001年的98326.8亿卢比，2001年的存款约是1981年的25倍。二是银行资产结构不断优化。在银行改革过程中，由于法定流动性比例和法定现金储备比例大幅度降低，各银行有更多的资金可以用于放款和投资。三是银行经营状况改善。由于在银行改革过程中大幅度降低了法定现金储备率和法定流动性比例，印度各表列大商业银行可用于放款的资金增加了，从而促进了印度主要银行放款和债券投资的增加，因此也增加了各银行盈利的机会，促进了其盈利率的提高。

三、经验与启示

通过对国外发达国家和发展中国家商业银行转型发展的案例分析，并结合中国的具体国情，我们可以梳理出以下几点经验和启示：

（一）适应外部环境发展变化，变被动为主动，是商业银行实现可持续发展的内在要求

1998年以来，为了应对经营挑战和市场变化，德意志银行采取了一系

列调整政策，毋庸置疑，这些举措为其创造自身长期投资价值奠定了坚实的基础。再联系到中国银行系统，特别是城镇化背景下商业银行的运行状况，可以发现，受众多因素的制约，如多元化经营目标、网络状业务管理模式、块状组织结构体系和现行考核评价机制等，各家商业银行不同层级之间、不同区域分支机构之间在发展理念与政策策略上参差不齐，存在较大差距，经营短视化、可持续发展能力偏低等问题比较普遍和突出。通过认真梳理和精心培育核心业务，可以推动经营理念、战略眼光、业务结构的调整转型，打造商业银行核心竞争力，增强持续发展的能力和动力，具有重要的实践意义。

（二）商业银行转型应支持新兴产业创新发展，有效激发市场活力

经济的发展最终要靠创新。发达国家商业银行成功转型的案例表明，强大的创新能力有利于充分激发市场经济发展的活力和动力。要积极完善金融市场、资本市场和科技创新的制度安排，引导商业银行、风险投资、创业投资机构加大对创新型企业的投资和支持力度，在全社会形成一种尊重创新、鼓励创业的良好社会氛围，动员更多的人力、物力和财力投入到创新与创业活动中去，这是实现金融经济和实体经济良性互动发展的根本途径。在城镇化背景下，各国都非常重视新兴产业的培育和发展，而真正的新兴产业往往孕育在中小微企业之中。在推进中国商业银行转型发展和资本市场改革的进程中，需要掌握一定的平衡。既要充分认识到中国金融服务业尤其是直接融资仍然欠发达，跟不上实体经济需求的现实性，又要觉察到资本市场在融资、并购、交易活动中普遍存在过度投机、核心利益冲突、欺诈等违法违规现象；既要增强在传统产业领域的国际竞争力，又要在新兴产业领域争取市场空间，着力加强自主创新能力建设，推动战略新兴产业发展，提升中国产业的国际竞争力。

(三) 商业银行战略转型必须紧密结合本国的经济结构及金融环境

战略转型应该是经济改革和金融发展的内在要求，转型的路径应符合本国经济结构及金融环境的实际状况。究竟该往什么方向转型，开展哪些新的业务模式，商业银行必须充分考虑本国经济结构和市场环境。如果脱离一个国家或者地区的外部经营环境，不但可能导致全盘皆输，转型最终以失败告终，而且严重的还会影响和危及整个金融体系和宏观经济的稳定。例如，在盈利模式转型的目标设定方面，应符合市场经济发展规律，要在深入挖掘市场和客户需求的基础上，确定盈利模式转型目标。借鉴美国花旗集团的经验教训，当前中国商业银行尤其应当着力加强对经济发展波动承受能力较强的零售业务和除金融衍生品以外的无风险中间业务的发展。当然，商业银行实施战略转型应遵循"顶天立地"的原则，既要立足于现有的发展基础，又要把握未来金融市场发展的战略方向。也就是说，战略转型应选择从现实出发改变现实，从现实走向理想境地的路线。既不能一味地贪大求洋，跨越目前发展阶段，脱离目前发展现实，也不能抱残守缺，不思进取，落后于不断变化的经济金融环境。同时，需要特别强调的是，战略转型并非一朝一夕能够完成的事情，转型的快慢要受到具体国情、各行各业具体发展情况的影响和制约。一些发展中国家和转轨国家商业银行急于求成的沉痛教训说明，商业银行战略转型必须有经济发展的不断促进和金融发展的深厚积淀，经过较长一段时期的发展演化，才能真正彻底完成战略转型。

(四) 实施转型应高度重视战略研究，选好战略转型模式和转型时机

战略转型肯定是要付出一定代价的，但不同的时机、不同的方案则需要付出不同的成本、不同的代价，面临不同的风险。选择哪种方案取决于商业银行发展的战略定位、战略目标以及自身承受各种成本和风险的实际能力。日本富士银行、德国商业银行、美国花旗银行等世界知名商业银行的成功经验说明，商业银行应该审时度势，把握合适的发展机会，根据环境变化，不

失时机地推进战略转型。具体来说，把握时机，改变以往主要依靠信贷资产、高度依赖信贷利息收入的传统经营模式，打造多元化、协调化的收益增长格局，是实施战略转型的重要方法和路径。从中国商业银行发展运营的现状来看，信贷资产占主体、高度依赖信贷利息收入的资产和收益格局仍未发生根本改变。过度单一的资产和收益结构灵活性差、调整弹性较小，市场环境起伏变动和偶发因素会迅速增加银行经营业绩的不确定性，不利于树立稳健经营的市场形象。例如，德意志银行抓住有利时机，及时调整经营结构，以交易资产和投资资产替代原有的信贷资产，构建多元化收益结构，即以净利息收入、佣金、手续费净收入以及交易净收入为主体的收益结构，为中国商业银行的经营转型提供了一个可资借鉴的范例。

合理并购是实施战略转型的有效途径。从各国银行发展历程来看，银行业务一方面要依靠内部挖潜和独立开发；另一方面需要通过稳健、合理的资本并购，吸纳部分技术领先、管理卓越的专业机构充实自身业务。从中国银行业发展态势来看，从传统的资产经营阶段向资产经营与资本运营并重的新阶段跃升，依托有效的资本并购优化业务布局、提升核心业务竞争优势，将是未来发展的重要特点。

（五）混业经营不应是中国商业银行战略转型必然追求的目标

全球金融市场一体化和金融自由化已经成为一种潮流和趋势，传统的行业分工和界限越来越模糊，从世界范围看，混业经营和统一监管是大势所趋。目前，国内主要商业银行纷纷开始混业经营的实践，如中信银行、光大银行、平安银行等都是采取类似花旗集团的银行、证券、保险控股公司模式，股份制改革后的中国银行、中国工商银行、中国建设银行、交通银行等也在加速向这种模式靠拢。而从这次金融危机来看，分业或者混业，在事实上并不存在好坏之分，而且混业经营也并不意味着商业银行都应具有无限的规模和范围。具体选择实施分业经营还是混业经营，每个商业银行都应根据自身不同业务的风险资产盈利能力、风险资本的杠杆率以及业务组合的抗周期性风险能力来进行一定程度的取舍，而不应将混业经营作为战略转型必然要实现的目标。对于处在发展水平整体较低阶段的中国商业银行来讲，当务之急是更加专注于自身所擅长的核心业务,通过更加专业化的分工来提高传统业务的经营水平。而已经尝试综合经营的机构,则一定要在关联部门之间建立严格的"防火墙",而且需要更加审慎的监管,以避免重蹈国外一些金融机构的覆辙。

日益激烈的市场竞争,使商业银行十分关注市场份额,对市场份额高度敏感。许多大银行凭借雄厚的资本在规模扩张方面进行努力,却忽略了核心能力的挖掘和培育,导致应对多变环境的运营能力下降,运营效率持续降低,盈利状况出现下滑,风险不断累积。在商业银行外部环境的动态性、复杂性、非连续性和不确定性不断累积的背景下,可持续性发展已经成为商业银行必须正视的最重要的课题。应坚持可持续发展观,更加注重整体优化,更加讲求系统管理的整体性、复杂性,更多依靠核心竞争力来不断提升市场竞争优势。在实施战略转型时,我们必须消除一味想"做大做强"的传统思维模式,根据市场发展变化和市场细分需求,努力采取差异化市场策略,稳步提升中国商业银行业的整体竞争力。各家商业银行必须依据自身资源和技术水平,合理确定目标市场与业务定位,切实发挥自身优势,实施能体现核心优势的差异化战略。

(六)适度把握金融创新的广度和深度,确保金融创新与客户需求密切联系

20世纪70年代以来,始于发达市场经济国家中的金融创新,在一定程度上确实推动了金融自由化、金融全球化和技术进步进程的加快发展,成为商业银行战略转型的重要内容和重要推动力量。但也应该看到,金融创新在一定程度上是一把"双刃剑",它在推动金融业快速发展的同时,也日益成为激发金融"脆弱性"显现的重要外部力量。例如,金融创新的核心是金融衍生产品创新,也被称作"过去20年里最重要的金融创新",但从此次次贷危机来看,金融衍生产品对金融系统的脆弱性存在着激化的过程。毋庸置疑,中国商业银行在实施战略转型的进程中,必须大力开展金融创新,着力开发金融衍生产品,积极发挥虚拟资本的正效力。但同时也要注意,金融创新的步伐应与中国经济金融市场化的进程同步,应优先发展适合中国国情、

适合客户需求、有发展潜力的金融衍生产品，并逐步建立金融创新的风险回报识别、评估和应对流程，减轻金融创新对金融系统脆弱性的影响，有效防范和化解金融领域存在的各种风险。

（七）实现差异化发展，培育和强化核心竞争力

国际范围内银行业发展战略转型的生动实践深刻揭示出培育和强化核心竞争力的紧迫性和重要性。尽管在世界范围内，众多商业银行都存在不同程度的全球扩张冲动，并且在经营战略方面都有所体现，但任何一家商业银行决定是否参与全球竞争的关键，都最终取决于自身的国际竞争力，归根结底，就是依靠银行的核心竞争力。商业银行应聚焦于自身核心业务和核心能力的培育与发展，将银行核心竞争力的发挥与培育放在更加突出的位置。一方面，要尽最大努力，拓展银行业务的内涵与外延，使商业银行的业务结构能更好地满足各种客户的需求，以客户为导向，不断增强交叉营销潜力。另一方面，商业银行以核心能力为基础扩展业务范围，确定银行能够实现的最大边界，使银行在总体规模和综合化运营方面取得更大进展，同时又能保证在经济周期波动等不利因素作用下维持收益的基本稳定。通过持续不断实施创新驱动战略，突出自身核心能力的挖掘、培育与发挥，是国际主要商业银行进行结构调整和业务拓展所遵循的基本理念，也是值得中国商业银行借鉴的重要内容。

第六章 新型城镇化背景下商业银行转型的战略目标与基本思路

当前,世界经济加速分化,经济新常态背景下,中国银行业面临着利率市场化提速、金融脱媒深化以及互联网金融冲击等多重压力。过去维系商业银行业高增长、高盈利、低不良率的外部因素一去不复返。外部环境的一系列巨大变化,迫使商业银行重新梳理经营转型的思路和方向。商业银行只有在综合经营、差异发展、科技金融、民生金融、普惠金融等领域以及机制治理方面求新求变、加快转型,才能探索出一条适合中国特色的商业银行转型发展之路。

一、商业银行转型应坚持的方针与原则

当前,随着金融机构资产规模不断增大,金融创新也层出不穷,各类金融业务边界日趋模糊,系统性金融风险不断积累。为了防范和化解金融系统性风险,避免金融领域的风险传递到实体经济,商业银行转型必须坚持安全性、流动性与效益性综合平衡的原则,在此基础上,追求业务创新与合规经营并重、线上金融与线下金融兼顾、综合化与专业化结合等原则,推进商业银行全面转型。

1. 安全性、流动性与效益性综合平衡

商业银行经营"三性"原则,最早出现在 1995 年我国颁布的《商业银行法》中。该法规定,商业银行经营活动应当遵循"效益性、流动性、安全性"的原则。2003 年,新修订的《商业银行法》将"安全性"置于首位,将

这一原则调整为"安全性、流动性、效益性",成为商业银行经营的首要原则。当前,全球经济分化加剧,中国经济增速放缓,中国金融领域正在发生着剧烈的变化:资本约束的压力加大,利率市场化持续提速,金融脱媒日益深化,互联网金融的冲击前所未有,中国商业银行业进入了一个转型变革的关键时期。在此背景下,商业银行迫切需要对自身的发展定位进行重新审视、重新梳理,找出商业银行未来经营转型升级的方向和思路。在未来一段时期,商业银行要积极适应新常态,适应国内外环境的变化,尽快回归到商业银行"三性"原则,回到传统、稳健、规范的格局下。要克服逐利冲动下的短视和功利笼罩下的浮躁,尽快扭转一味追求利润而忽视企业社会责任的经营方式,通过组织结构、发展战略、业务流程再造和创新,以及健全风险管理体系、构建资产负债组合等,达到收益和风险相平衡,促进商业银行可持续发展。

2. 业务创新与合规经营并重

在银行业加速转型的大趋势下,创新是商业银行提高核心竞争力的关键环节。然而,创新也是一把"双刃剑",既能给商业银行带来巨大的经济效益,又会使其面临前所未见的风险。面对这一问题,商业银行实施合规经营,就显得十分必要。从巴塞尔银行业监管委员会关于合规的定义来看,商业银行的合规经营特指其遵守法律、法规以及银行业监管规则或标准。商业银行要达到平稳健康发展的目标,就必须处理好合规与创新发展的关系。事实上,创新发展与合规经营是伴随银行业持续成长壮大的两个关键要素,如"车之两轮"、"鸟之两翼",缺一不可。商业银行发展壮大需要加快业务创新,但业务创新不能产生普遍性违法违规,也不能出现系统性风险。在经济新常态背景下,商业银行要转变合规经营理念,从合规谈创新,以合规促创新,探索有效的创新发展方式,保证创新风险可测、可控、可承受,不外溢,不形成社会性、系统性风险,在稳健经营的基础上不断扩大发展空间,促进商业银行可持续发展,打造商业银行"百年老店"品牌。

3. 线上金融与线下金融兼顾

随着信息技术和互联网的快速发展,互联网金融正在改变着传统银行业的产业生态。互联网金融一方面给传统的商业银行业务带来了巨大的冲击,另一方面为商业银行业带来了前所未有的发展机遇。近年来,国内部分商业银行敏锐地觉察到了互联网金融的巨大商机,将金融资源和创新重点放在线上,传统线下金融服务面临着萎缩和转型的巨大压力。事实上,线上银行借助于全电子化的渠道开展业务,具有足不出户提供金融服务的技术优势,而线下银行则具有人与人之间交往、亲身体验优质服务的优势,两者各有长短,相互补充。国外一些商业银行走纯线上的模式,如 ING Direct 银行,全部通过互联网办理金融业务,实现无实体化运作;而更多的传统银行走的是纯线下的模式,对线上银行、线上业务的认识不足、开发不够。事实上,线上与线下是两种通道和载体形态,从线上到线下,从线下到线上,追求线上线下的结合是一种新的趋势。在经济新常态下,商业银行要不断探索线上线下相结合的模式,充分发挥两者的优势,促进传统业务上线上网。在这种模式下,客服人员可以借助于互联网,与客户进行面对面的交流与互动,加强客户的体验和感受,介绍线上的销售产品,引导客户实时下载 APP,上传身份验证,并指导客户熟练操作网上银行,让客户既能感受到金融服务,又能享受到电子银行所带来的快捷与便利,从而增加忠诚度。

4. 综合化与专业化结合

长期以来,中国金融业实行分业经营,银行、证券、保险相互分离,各自发展。近年来,随着高科技在金融领域的运用,银行与非银行金融机构之间的竞争、银行与银行之间的竞争日益激烈,专业化经营使商业银行在市场竞争中处于不利地位,在此背景下,银行综合化经营的呼声越来越高。事实上,商业银行经营综合化与专业化各有优势:专业化经营可以提供专业化、集约化的服务,能够独立展开财务核算以及进行风险隔离,同时也可以调动员工的积极性;综合化经营具有提高服务效率、降低经营成本、分散经营风险、增加银行盈利等优势。综合化与专业化互相结合、各取所长,应该是未来中国商业银行发展的趋势和方向。在经济新常态下,我们既要积极探索商业银行综合化、多元化经营之路,又要发挥专业化经营的优势,促进中国商业银行健康发展。在实践中,中国商业银行总体上向金融控股公司发展,同时推动信用卡、理财等业务独立运营,探索具有中国特色的综合化与专业化结合之路。

二、商业银行转型的战略目标

中国商业银行转型的战略目标是构建内涵式发展、集约化经营、具有国际竞争力的现代综合金融控股公司。具体而言,商业银行经营转型必须把握时代的发展要求,积极适应外部环境的变化,提供高效便捷、全方位、多领域的金融服务,促进财富集聚集中,推动中国商业金融业持续发展,促进中国宏观经济持续、稳定、健康发展。就现阶段中国商业银行来说,必须洞悉客户与市场需求的变化,以此为基础调整经营战略和经营方针,进行业务流程再造和组织架构重建,完善资本配置,优化经营结构,谋求规模、质量与效益三者协调平衡发展,实现股东、客户与银行价值互相增进,促进商业银行的经济效益和社会效益的稳定增长和持续提升。

具体来说,商业银行要通过转型成为以下新型银行:

实体银行:金融业本质上是服务业,其核心功能是服务实体经济。一旦脱离实体经济,金融就会成为无源之水、无本之木。以美国为例,2007年次贷危机爆发时,美国GDP为14万亿美元,金融资产市值为GDP的34倍。虚拟经济和金融衍生品的泛滥,导致了银行倒闭潮和金融危机。近年中国金融发展也出现了资本脱离实体经济的倾向,部分银行和小额贷款公司、典当行、民间借贷等高度关联,以钱炒钱,不仅加剧了实体经济的"融资难"、"融资贵"问题,而且潜藏着巨大的系统性金融风险。基于此,商业银行在转型发展中应牢牢把握市场导向和服务实体经济需求这一根本,坚持以提高金融市场有效性、促进金融服务能力建设、推动金融与实体经济共生共荣为标准,合理把握转型的方向和路径。在推动商业银行向实体金融转型的过程中,应当把握以下三点:合理制定经营目标,保持信贷稳定增长和有效投放;主动优化信贷结构,致力于推动经济发展方式转变和经济结构调整;不断提高服务能力,加大对经济社会薄弱环节的金融支持。

创新银行:党的十八届三中全会提出,"创新驱动增强新动力"。未来一段时期,创新将成为国家经济发展的动力源,也是企业发展的新引擎。就金融领域来说，未来中国金融发展模式将发生重大转变，将由"供给领先型"变为"需求跟随型"，谁能够持续推进业务创新，谁就能率先响应和满足客户的个性化需求，进而抢占市场，赢得先机。目前，中国商业银行发展水平低，最大的原因还是金融创新不足，突出表现为：信用创新型多，风险转移创新型少；引进嫁接的创新多，自主研发的创新少；金融产品创新多，管理和服务创新少。这些问题的根源在于中国商业银行同质化的发展模式，各银行提供几乎无差异的产品和服务，这一现象成为中国商业银行进一步发展的障碍。未来一段时期，商业银行业要把金融业务创新放在更加突出的位置，从经济社会中客户的需求出发，加快推进产品和服务创新、制度和机制创新，不断提高服务效率、服务水平和服务质量，抢占金融市场竞争的战略制高点，实现由跟随模仿者向创新引领者的角色转变，培育银行特色品牌与核心竞争优势。

民营银行：当前，中国正在深化金融体制改革，民营银行是未来金融业发展的一个重要方向。一方面，鼓励引导民间资本进入银行业。中国长期实行金融管制，商业银行国有股"一股独大"，产权结构失衡，对公司治理机制和市场竞争造成不利的影响。为此，2014年中国银监会出台了《关于鼓励和引导民间资本进入银行业的实施意见》。按照这一指导意见，商业银行可以积极主动地加强与民间资本的对接与合作，充分发挥民营资本在优化股权结构、转变经营方式、完善公司治理等方面的积极作用。另一方面，加大对民营企业的资金支持。民营经济占中国国民生产总值的比重超过70%，纳税占全国的比重超过60%，是国民经济中一支重要的生力军。但与此不相称的是，中国商业银行对民营企业的惜贷现象突出，民营企业普遍面临着"融资难、融资贵"的问题。全国工商联2003年的一项调查显示，中国民营企业资金来源中银行贷款只占10%~20%，而且贷款利率基本上浮三成以上，民营企业面临着严重的金融抑制。未来一段时期，中国商业银行转型应积极响应民间投资的趋势和特点，为民营经济提供多层次的金融服务，进一步支持民营企业发展壮大，努力实现由体制内金融主导向兼顾体制外金融的转变，激发经济金融内生活力。

普惠银行：普惠银行是指立足于机会平等的要求和商业可持续的原则，

通过加强金融体系建设、加大政策引导扶持、健全金融基础设施等，为有金融服务需求的企业、团体、个人等提供适当的、有效的金融服务，并确定以小微企业、城镇低收入人群、农民、残疾人等特殊群体为服务对象。长期以来，中国商业银行热衷于大城市、大企业，对社会弱势群体和薄弱环节支持不足，以致受到公众"嫌贫爱富"的指责。以"三农"为例，目前，中国商业银行"三农"的信贷支持不足，中西部地区县域存贷比一般都只有30%左右，大量信贷资金外流，形成"马太效应"。再以小微企业为例，银行业基于"二八定理"，歧视小客户和小微企业，小微企业"贷款难"、"贷款贵"等问题突出。未来一段时期，商业银行转型发展要立足国情，不断转变发展理念，通过金融产品和服务的创新，着力加强金融普惠性、包容性建设，不断加强和改进对"三农"、小微企业、城镇低收入人群、特殊困难群体等薄弱环节的金融服务，加大对农民、城镇低收入人群、残疾人、老年人等弱势群体的金融帮扶力度，赢得最广泛、最持久的发展空间。

民生银行：企业社会责任理论认为，企业的发展壮大离不开各利益相关者的投入和参与，企业的经营目标应是利益相关者的整体利益最大化。对商业银行来说，如果能做到关注社会、善待民生、勇于承担社会责任，可以提升自己的美誉度，进而培育差异化的竞争优势，有利于企业做大做强和可持续发展。随着党的十八大提出的居民收入倍增计划的逐步实施，中国民生领域的金融需求将呈现爆发式增长，并且出现个性化、多元化、综合化的趋势，为商业银行发展提供重要机遇。当前，中国商业银行业对民生金融的关注度还远远不够，对基础设施建设、公共服务设施建设等民生领域提供的金融支持不足，距离广大人民群众对银行的要求还有较大距离。未来一段时期，中国商业银行转型发展应坚持民生金融理念，将更多的信贷资源向民生领域倾斜，加大对交通、水利、能源、电力、通信、供热、供气等基础设施的支持，积极提供就业、教育、医疗、社会保障、文化、生态等公共服务领域的金融服务，支持和扩大针对低收入群体的保障房建设，在保障和改善民生中实现经济效益和社会效益的统一。

科技银行：科技银行是促进科技开发、成果转化和高新技术产业发展的一系列金融政策、金融制度、金融工具与金融服务的系统性安排，是由向技术创新与研发活动提供资金支持的政府、企业、社会中介机构、市场等各种主体共同组成的一个系统，是国家科技创新体系和金融体系的重要组成部分。目前，中国科技与金融结合还不紧密，金融支持科技创新还存在不少问题，特别是科技型企业与生俱来的高风险、高投入等特征，决定了商业银行向科技型企业提供资金缺乏动力。同时，在中国分业监管体制下，商业银行不能投资于非金融企业的股权，也客观上造成风险与收益不对称下的商业银行激励不足。事实上，支持科技企业和人才发展，不仅是提高自主创新能力的客观要求，也是商业银行自身拓展业务领域、推动综合化经营的客观需要。未来一段时期，中国商业银行转型发展需要加快对科技企业、科技成果转化、科技人才培养的信贷支持，努力实现由低附加值的制造导向向高附加值的创造导向的转变，提高业务综合化和多元化水平。

绿色银行：绿色银行是指金融部门把环境保护、生态建设作为一项基本政策，在投融资决策中考虑项目潜在的环境影响，把与环境相关的未来回报、潜在风险和成本都融入日常业务中，在金融经营活动中注重对生态环境的保护以及环境污染的治理，通过对社会经济资源的引导，促进社会的可持续发展。近年来，中国资源环境约束持续加剧，单位 GDP 能耗是世界平均水平的 2.2 倍，单位水耗的 GDP 产出仅为世界平均水平的 1/3，石油和铁矿石对外依存度分别达到 54.9%和 63%，转变经济发展方式已经刻不容缓。但从银行业信贷结构来看，"两高一剩"企业贷款仍然占据较大比重，绿色信贷的理念还没有落实，相关的制度建设严重滞后。当前，中国对生态建设和环境保护日益重视，中共中央、国务院 2015 年 9 月发布的《生态文明体制改革总体方案》，首次明确了中国构建绿色金融体系的顶层设计。可以预计，未来几年内将迎来中国绿色金融发展的黄金时代。商业银行要把握这一机遇，从战略高度推进绿色信贷，加大对绿色低碳、循环经济的支持，努力实现由"两高一剩"的传统业务向节能环保的现代业务的转变，在支持生态文明建设中转变银行业发展方式。

平安银行：按照经济学的理论，金融风险具有很强的敏感性、外部性、传染性，牵一发而动全身。当一家金融机构因经营不善而出现危机时，有可能对整个金融体系的稳健运行构成威胁，甚至会导致全社会经济秩序的混乱。当前，随着中国经济增速持续放缓，信贷风险逐渐暴露，金融体系潜在的风险增加。这在钢铁、船舶、光伏、电解铝等行业已经有所显现，加上金融脱媒导致的流动性风险、内控不健全引发的操作风险等，中国商业银行面临的风险形势十分严峻。基于此，中国商业银行在转型发展中必须始终把防范金融风险作为第一任务，积极培育良好的风险理念和文化，构建稳健的风险监控机制和管理体系，不断提高风险管理的前瞻性、针对性、有效性。从整个行业来看，还要努力防范和化解单体机构、单体业务风险，建立健全风险隔离机制，守住不发生系统性、区域性风险的底线，努力实现由被动应付风险向主动控制风险的转变，促进金融体系安全稳健运行。

三、商业银行转型的方向与路径

当前中国银行业的变革已不局限于银行业本身，而是呈现出了跨界的特征，这不仅有金融各业态之间的跨界，也有金融业与其他行业的跨界，如互联网金融、手机银行等。很显然，中国的银行业已无法在传统的分业监管模式下有效应对各种挑战，必须沿着综合化、零售化、智能化和国际化的路径探索未来的发展方向。

综合化：综合化是国际先进银行发展的主流模式，从欧美等发达国家的实践看，无论是以英、德银行为代表的全能银行制，还是以美、日银行为代表的金融控股公司模式，世界上绝大部分国家的银行业都开展综合化经营，这是一些大型欧美金融机构在国际金融市场大部分业务领域长期占据领先优势的重要支撑。随着经济结构调整加快、利率市场化加速和金融脱媒加剧，中国银行业规模增长放缓和利差收窄，单纯依靠利差收入的盈利模式将终结，商业银行必须实施综合化经营策略，拓展多元化的营收渠道。同时，应该注意，商业银行综合化不是不加选择、盲目扩张的综合化，而是有选择的、适度的综合化。商业银行的综合化经营要以更好地满足客户的金融需求为目的，既要考虑与自身业务的协同性和互补性，如金融租赁、股票经纪、保险经纪和资产管理等，又要考虑自身的资源约束，如人力、资本以及技术等条件。综合化经营与自身的传统银行业务要能够实现资源的共享和优势互补，取得协同效应。

零售化：近年来，商业银行开始重视零售业务的发展。从长期来看，由于零售业务受经济周期波动产生的落差较小，总体来说基本保持在一个相对平稳的基准线上，这就为商业银行的未来发展提供了一个"旱涝保收"的潜在市场。零售业务的发展，将成为商业银行转型升级、获得下一轮市场竞争优势的核心途径。所谓零售化运营，就是用零售业态的做法，把银行的零售产品融入具体的生活、商圈业态，用更多下沉式的、顾客需求激发式的方法来进行产品的匹配和市场的开发。银行业要进行零售化运营，需要对自身的零售业务流程进行改造，拉近与终端零售渠道和客户的距离，用零售业态的经营思路来发展客户、维系客户。当前，中国商业银行零售化运营还处在萌芽阶段，大多采用的仍是公司业务的运作方式，通过走批量，拉大客户，并依附于大项目优势来进行零售业务的交叉开发。这种运作方式造成的结果就是在短期内客户数量会有较大的增长幅度，但是缺乏长期的、可持续的稳定增长，客户的黏性并不高。未来一段时期，中国商业银行将依托零售化的渠道建设，推动商业银行业务转型，打造最佳客户体验的零售银行。

智能化：商业银行经营智能化指商业银行的业务处理与经营管理日益广泛地使用电子计算机技术和信息技术，建立并完善银行业务处理自动化和管理信息系统。近年来，智能化经营已经成为商业银行竞争的新"蓝海"。随着大数据、互联网和IT技术的发展，商业银行开始利用IT技术和互联网实现"智能化服务"，精准识别用户和需求，准确提供"定制化"金融产品。近年来，中国商业银行借助科技手段，通过移动金融与配套服务，为用户提供超前的"未来银行智能化服务"，商业银行的信息化水平和市场竞争力大大提升。未来一段时期，中国商业银行要适应智能化运营的趋势，加快银行业务流程改造，通过"互联网+商业银行"这一载体和平台，加快服务智能化、营销智能化、管理智能化建设，打造智能型商业银行。

国际化：伴随着企业"走出去"与人民币国际化进程的推进，中国商业银行在最近十年加快了国际化步伐。不仅是国有大型银行已经实行了国际化战略，而且一些中小机构根据自身的特点也开始了国际化探索。截至2013

年底，18家中资银行业金融机构共在海外51个国家和地区设立了1127家分支机构，总资产已超过1.2万亿美元。近年来，中国企业筹资全球化和投资全球化的需求、中国居民投资多元化的需求也在大量增加，全球经济和政治不平衡所带来的风险，正为中国银行业提供了扩展业务需求的机会。同时，中国"一带一路"战略、亚投行建立、中非合作、中拉合作等一系列有重点、全方位国家外交战略的实施，为中国银行业"走出去"提供了良好的政治环境。未来一段时期，中国商业银行要加快国际化步伐，在世界舞台上开展经营，为"走出去"的企业提供本地化、多元化的全方位金融服务。

四、商业银行转型的战略举措

随着中国经济进入新常态，经济增长由高速逐渐过渡到中高速，其对商业银行发展的支撑作用将逐渐减弱，传统商业银行高信贷投放、高资本消耗、高运营成本的粗放型发展模式将难以为继。在此背景下，商业银行只有主动适应宏观经济环境的变化，及时调整经营思路，积极推进战略转型，才能够在日趋激烈的竞争环境中谋求生存和发展。结合当前的形势，商业银行转型应主要推行五大战略。

差异化战略：竞争战略之父迈克尔·波特认为，企业的竞争优势主要来源于总成本领先、差异化和目标聚集三个方面，其中，差异化是打造企业特色品牌、形成企业竞争优势的重要手段。差异化的目标是通过锁定特定的目标客户群，推行专业化经营，形成具有自身竞争优势的市场。在这方面，美国的花旗银行做得很成功，该行一直将私人银行作为特色品牌来培育，目前，其在全球拥有5万个高端个人账户，在国际银行业中一直保持着良好的业绩。长期以来，中国商业银行客户结构同质化、利润来源单一化和经营行为扭曲化，市场竞争主要靠价格战而非特色的产品和服务，核心竞争力和经营活力缺失。面对新常态下竞争日趋激烈的市场环境，商业银行要根据自身的资源禀赋和经营管理能力确定差异化的发展战略，避免粗放式经营、同质化竞争，实行差异化定位、差异化服务、差异化竞争、差异化发展，做到

"人无我有、人有我优、人优我特"。只有这样，商业银行才可保持竞争力，才有稳定、可持续的市场发展空间。近年来，国内一些商业银行实施差异化、特色化战略已经迈出了实质性步伐，如招商银行致力于打造"中国最佳零售银行"，兴业银行专注于打造"中国首家赤道银行"，民生银行提出打造"民营企业的银行、小微企业的银行、零售高端客户的银行"。这些银行的成功实践，为国内商业银行实施差异化战略提供了良好的榜样和示范。

精细化战略：精细化管理是一种管理理念，源于日本20世纪50年代的企业管理，是一种以最大限度地减少管理所占用的资源和降低管理成本为主要目标的管理方式。精细化管理的本质是对战略和目标进行分解、细化和落实的过程，是让企业的战略规划贯彻到每个环节的过程，是提升企业整体执行能力的一个重要途径。近年来，随着利率市场化后存贷款利差的持续收窄以及金融脱媒的持续发酵，商业银行的经营环境日益恶劣，竞争压力越来越大，客观上要求提高经营效率、降低经营成本、节约资本消耗，走精细化管理、集约化经营之路。未来一段时期，商业银行要更加重视成本收益的核算，更加注重经营成本的节约。在收入端压力加大的情况下，商业银行要以专业化战略为指导，通过精细化管理促进资源的优化配置，提高资源的利用效率，以有限的投入实现最大化的收益，真正实现由外延式增长向内涵式增长的转变。近年来，国内一些商业银行开始了精细化管理的探索，如中国工商银行、中国农业银行、中信银行等。以中国工商银行为例，该行2012年开始推行精细化管理，实行了数据信息通过报表中心"一口进、一口出"的工作模式，共废止及合并各类报表近3万张，报表数量较之前减少了60%，有效提高了全行经营效率，降低了经营成本，增强了市场竞争力。

社区化战略：商业银行社区化战略，来源于多元化、零售化、网络化经营，其表现形式就是社区金融。社区金融有效整合了银行、开发商及社区业主的供给及需求，能够提供全方位的金融服务，如提供企业授信、结算、外汇业务及面向业主的储蓄存款、消费信贷、居家理财、代收代付等各项业务。以美国为例，其拥有8300多家社区银行，扎根城市和农村，为社区企业和居民提供社区金融服务，获得了巨大收益，可与全能商业银行一决高下。可见，社区金融市场大有可为，谁在这个崭新的市场中赢得成功，谁就将在银行业新一轮竞争中赢得主动。中国社区金融发展刚刚起步，还没有真正意义上的社区银行。未来一段时期，社区化将是银行业发展的趋势之一，商业银行尤其是中小银行要走社区银行之路，通过对自身多渠道的协同整合，搭建自己的"金融社区"。一方面，网上银行、手机银行等虚拟社区要提供个性化的服务界面、定制化的产品和服务内容，强化与客户的沟通和互动；另一方面，实体网点要向社区化转型，弥补虚拟渠道难以满足的客户安全性偏好，提供虚拟渠道难以提供的复杂的、高附加值的产品。

线上化战略：在信息技术和互联网冲击下，金融媒介日益多元化，互联网正日益成为商业银行开展业务的重要平台。商业银行借助于互联网，把传统柜台办理的一些业务，如存款、贷款、转账、开户等，转移到线上经营，业务办理的便捷性、时效性大大提高，客户的体验也显著改善。近年来，中国银行业非常重视发展互联网银行，相继成立了深圳前海微众银行、浙江网商银行等互联网银行。区别于传统银行，这些互联网银行不设实体网点，不经营现金业务，而是通过网络数据对个人信用进行分析并运行业务，成为真正意义上的线上银行。当然，更多的商业银行则是借助于互联网，把部分柜台业务转移到线上经营，同时不放弃线下业务，实现线上线下相结合。商业银行的线上化运营，一方面可以采取合作策略，和大电商、社交平台进行渠道合作，获得客户的流量和入口，并匹配场景化的金融服务进行引流，通过渠道上的零售化来实现金融业务的拓展；另一方面可以在条件合适的情况下，进行自我平台的建设，但思路应有所改变，应该是差异化的细分市场开发，而非大而全的平台建设，以便能突出银行的资源优势。

合规化战略：世界经济论坛 2013 年的一项调查表明，企业声誉是衡量其成功与否的主要指标之一，其重要性甚至超过了股票市值、投资回报率以及利润率等指标。对于商业银行来说，良好的声誉是生存之本，是发展之基，是巩固客户资源、维系客户关系、增强竞争优势的重要基础和现实途径。近年来，中国银行业监管相对不足，国内商业银行各种不规范经营甚至违规经营问题日益突出，尤其是一些银行借客户求贷之机，附加不合理贷款条件、增加不合理服务收费等问题，成为影响银行与客户关系的重要障碍。不规范经营不仅损害了银行的市场声誉，扰乱了金融市场秩序，更重要的是增加了实体经济的融资负担,扭曲了信贷资源的配置效率,削弱了商业银行可持续发展的动能和基础。未来一段时期,中国商业银行业在经营过程中要更加重视合规经营机制的构建,按照银监会"七不准"、"四公开"的要求,自觉加大对不规范经营的整治和打击力度,积极维护和保障消费者的合法权益,主动让利于民、让利于企业、让利于实体经济,树立优质服务、善待客户、报效社会的良好形象,夯实商业银行可持续发展的坚实基础。

第七章 新型城镇化背景下商业银行转型的战略重点

新型城镇化建设与商业银行密切相关,相互促进,共同发展。新型城镇化中的城市基础设施建设、农业转移人口市民化、城市产业结构优化、城乡一体化等,都需要商业银行提供金融支持,商业银行也需要通过支持新型城镇化发展来扩大业务,占领市场,壮大自身实力。在新型城镇化背景下,商业银行要深入研究新型城镇化进程中各项建设的资金需求,找准满足城镇化资金需求的切入点和突破口,加快推进业务转型和产品创新,力争实现与新型城镇化共成长。

一、商业银行转型与城市基础设施建设

城市基础设施建设具有较强的公益性,基本属于公共物品或准公共物品的范畴,通常是由政府提供。然而,基础设施建设具有建设周期长、资金占用额度大、成本回收周期长等特点,单纯依靠政府的财政资金并不足以支撑整个建设项目。在新型城镇化背景下,城市基础设施建设力度很大,资金需求量很大,迫切需要商业银行提供融资支持。

(一)城镇基础设施建设资金需求分析

从投资总额上看,近年来中国城镇化进程的加快使城市基础设施投资总额快速上升。2003年中国基础设施投资总额为9035亿元,2012年基础设施投资总额为44903.1亿元,10年间增长了近4倍,年均增长率为39.7%。分行业看(见表7-1),交通运输、仓储和邮政业总投资由2003年的3531.4亿

元增长到 2012 年的 15033.9 亿元，年均增长率为 32.6%；电力、热力、燃气及水生产与供应业总投资，由 2003 年的 2228.4 亿元，增长到 2012 年的 10495.4 亿元，年均增长率为 37.1%；水利、环境和公共设施管理业总投资，由 2003 年的 2222.2 亿元，增长到 2012 年的 17571.8 亿元，年均增长率为 69.1%。这表明，21 世纪以来，中国以交通、电力、通信、水利为代表的城镇基础设施建设快速发展，城市基础设施建设投资也快速增长。

表 7-1 2003~2012 年中国城镇基础设施投资

单位：亿元

年份	电力、热力、燃气及水生产与供应业	交通运输、仓储和邮政业	信息传输、软件和信息技术服务业	水利、环境和公共设施管理业	基础设施投资总额
2003	2228.4	3531.4	1053.0	2222.2	9035.0
2004	3110.0	4237.8	1153.3	2406.5	10907.6
2005	3429.3	5235.8	958.2	3068.2	12691.5
2006	4683.6	5751.0	1082.4	3707.0	15224.0
2007	6151.5	6527.9	1077.7	4390.7	18147.8
2008	6042.5	7802.9	1197.8	6122.1	21165.3
2009	7001.9	9593.1	1567.3	9361.2	27523.5
2010	8435.2	12387.4	1514.7	11959.6	34296.9
2011	8940.8	13074.9	1337.2	15238.4	38531.3
2012	10495.4	15033.9	1838.0	17571.8	44903.1

资料来源：《中国统计年鉴》(2013)。

从城市基础设施投资总额占同期 GDP 的比重看（见图 7-1），城市基础设施投资总额占同期 GDP 的比重也快速增长。"七五"期间城市基础设施投资占 GDP 比重为 1%以下，"八五"期间城市基础设施投资占 GDP 比重为 1.3%，"九五"期间城市基础设施投资占 GDP 比重也只占 2%多一点。21 世纪以来，随着中国城市化进程的加快，城市基础设施投资总额占同期 GDP 的比重迅速增长。到 2003 年，中国城市基础设施投资占同期 GDP 的比重已达到 6.7%。2009 年以后，由于战危机、保增长的需要，国家实施 4 万亿元投资计划，城市基础设施投资占同期 GDP 的比重进一步增长到 8%以上。这表明，这一时期中国城镇基础设施投资快速增长。

第七章 新型城镇化背景下商业银行转型的战略重点

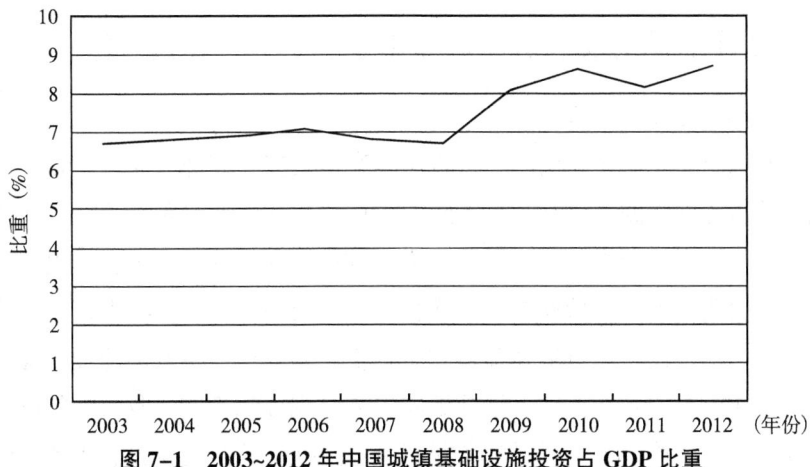

图7-1 2003~2012年中国城镇基础设施投资占GDP比重
资料来源：《中国统计年鉴》(2013)。

根据《国家新型城镇化规划（2014~2020年）》，到2020年，中国的城镇化水平将由目前的54%上升到60%。从国际经验看，城镇化水平每提高1个百分点，城镇人口将新增1000多万人。以此计算，"十三五"期间，中国将新增6000万城镇人口，由此必将对城市各项基础设施建设形成巨大的需求。按照发达国家大发展时期城市基础设施投资占同期GDP的5%~8%的标准计算，未来五年，中国城镇基础设施投资需求将达到40万亿元（见图7-2）。

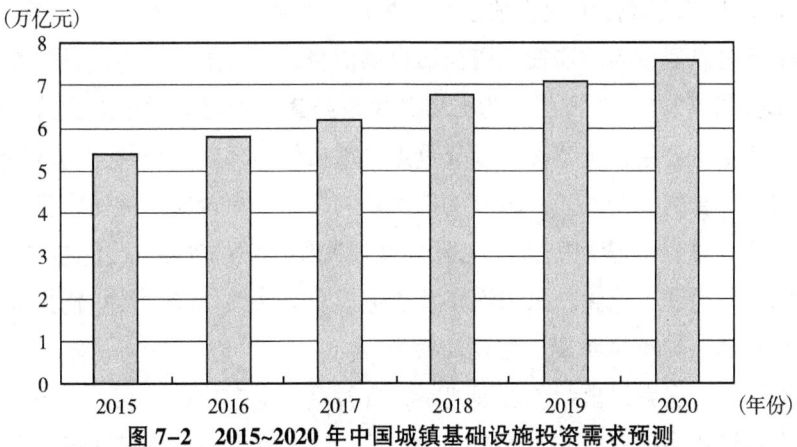

图7-2 2015~2020年中国城镇基础设施投资需求预测

（二）商业银行支持城镇基础设施建设的方向与重点

1. 道路交通设施投资

随着国家新型城镇化的快速推进，以高速公路、高速铁路、地铁、机场为代表的道路网络的升级，催生了新一轮的投资热潮。特别是目前经济下行的背景下，政府为稳增长、惠民生，大力推进交通基础设施项目建设。在此背景下，商业银行在坚持安全性、效益性、流动性原则的基础上，主要为路网建设、场站建设和城市道路建设项目提供金融支持。在路网建设方面，重点支持高速公路、高速铁路、城际铁路等未来现金流稳定、收益性较好的道路建设项目，支持由政府投融资公司提供偿还保证的一般道路、水路、农村公路建设。在场站建设方面，重点支持由政府投融资公司提供偿还保证的机场、车站、码头等交通枢纽建设。在城市道路建设方面，通过政府投融资公司平台，重点支持地铁、轨道交通、快速通道、生态廊道建设，支持城市新区、产业集聚区、开发区城市道路建设。

2. 城市公用事业投资

随着新型城镇化的快速推进，城市新区、开发区加快发展，棚户区改造持续推进，向供水、供热、供气、供电、公共交通等城市公用设施投资提出了要求。同时，政府为了引导民间资本进入城市公用设施建设领域，放开了社会资本投资城市公用设施的限制，提出了公私合营（PPP）的经营模式。商业银行可以通过为政府投融资公司提供信贷、购买地方政府建设债券、参与公私合营（PPP）等方式，为城市公用设施建设项目提供金融支持。商业银行支持城市公用设施建设的投资重点是城市管网建设、公共交通网络建设等。在城市管网投资方面，重点支持由政府投融资平台支持的城市供水、供热、供气、供电等管网完善。在公共交通网络建设方面，重点支持公共汽车、电车、地铁、轮渡、出租汽车及索道缆车等路线、场站及车辆投资。

3. 水利、环境保护及生态建设投资

近年来，国家提出绿色发展战略，日益重视生态建设，水利、环境保护及生态建设成为投资热点。2014年11月，国务院发布《关于创新重点领域投融资机制鼓励社会投资的指导意见》，提出了鼓励社会投资生态环保重大工程包的政策。这一工程包主要是加快实施国土生态整治、大气污染防治、清洁水工程，推动生态环境持续改善，促进污染物排放量显著减少，有效缓解重点地区大气污染，促进水环境质量有效改善，提升水安全水平等。这些项目带来的更多是社会效益，经济效益不明显，因此，商业银行进入这些领域要特别谨慎。商业银行支持水利、环境保护及生态建设投资的重点是重大水利项目建设、生态林建设、环保设备生产等，支持的方式则主要是购买政府生态建设债券、参与公私合营（PPP）等。

（三）商业银行支持城镇基础设施建设的策略

1. 实施资产证券化

资产证券化是近十几年来国际金融领域最大和发展最迅速的金融工具和融资手段。基础设施项目贷款有着良好的社会效应，但是银行在介入基础设施项目贷款时，面临着一些风险，如基础设施项目投资回收期过长带来的流动性风险、债券虚化带来的操作风险等。商业银行通过积极的金融创新，对基础设施项目贷款实施资产证券化，能分散和化解银行经营风险，扩大对基础设施的金融支持力度，增加基础设施建设资金来源。在资产证券化的实际操作过程中，首先要选择收费公路、收费桥梁、电力、通信等未来现金流稳定、可靠，风险性较小的经营性项目作为基础资产。其次，作为发起人的商业银行将证券化资产出售给一家特殊目的机构（Special Purpose Vehicle，SPV）。再次，SPV将这些资产汇集成资产池（Assets Pool），并以该资产池所产生的现金流为支撑在金融市场上发行有价证券融资。最后，SPV用资产池产生的现金流来清偿所发行的有价证券。通过资产证券化，商业银行将城镇基础设施项目贷款面临的风险转移出去，提高了资金的流动性和安全性，为商业银行进入城镇基础设施建设领域扫清了障碍。

2. 借助政府投融资平台

对于非经营性的基础设施项目，如非收费公路、公园绿地、排污设施、环保设施等，由于无法提供可预期的现金流，通常由政府投资。在政府财政资金不足的情况下，政府通常通过建立投融资平台，为城镇基础设施建设筹集资金。政府通过注入土地储备、国有资本金等形式，充实了投融资平台的注册资金，使得投融资公司具备了贷款承载能力。在此基础上，商业银行可以通过向投融资公司提供信贷，支持城镇非经营性的基础设施建设项目。同时，也应该注意到，地方融资平台主要以政府所拥有的土地作质押进行融资，是靠综合收费能力而非项目自身的收费能力偿还债务，由此可能造成地方融资平台还款能力欠缺、银行产生不良资产等问题。因此，商业银行借助政府融资平台支持城镇非经营性的基础设施建设项目，要合理评估和有效防范地方融资平台的信用风险。

3. 购买地方政府债券

2014年11月26日，国务院发布《关于创新重点领域投融资机制鼓励社会投资的指导意见》，明确提出"建立规范的地方政府举债融资机制，支持地方政府依法依规发行债券，用于重点领域建设"。这一政策为地方政府发行债券支持城镇基础设施建设打开了大门。在此基础上，商业银行可以通过代理发行、承销、购买地方基础设施建设债券的方式，进入城镇基础设施建设领域。同时，商业银行购买地方政府债券要密切关注两大风险：一是地方政府债券潜在的信用风险。警惕和防止地方政府将一些劣质资产打包发行置换债券，并通过售卖置换债券，将风险转移给商业银行。二是让商业银行承担政策性救助职能。商业银行购买利率较低的政府债务置换券，可能损害商业银行的利益，与银行商业化经营方向相悖。这就要求商业银行在购买政府债券时，要坚持"三性"原则，增强风险识别能力，甄别债券质量，有效防范和化解地方政府债券的信用风险。

4. 参与公私合营（PPP）

公私合营模式是指政府及其公共部门与企业之间结成伙伴关系，并以合同形式明确彼此的权利与义务，共同承担公共服务或公共基础设施的建设与营运，英文缩写为PPP（Public-Private-Partnership）。公私合营模式的一般流程为：政府通过招投标方式或其他公平方式选择合作伙伴，并签署特殊合作协议，组建项目公司，再由项目公司承担投融资、建设与经营等活动。在这一过程中，商业银行可以通过向项目公司提供融资参与基础设施公私合营（PPP）。在这方面，中国建设银行走在前面。该行2014年在业内率先研发推出PPP模式系列贷款产品，对于PPP模式的六种运作方式，有针对性地创新"BOT、BOO贷款"等产品，分别用于满足PPP项目建设、运营及存量基础设施和公共服务再融资需求。此外，建行整合旗下基金、人寿、信托、租赁、保险、投行等子公司的经营资源，根据客户需求变化提供融资与融智相结合的金融服务。2015年5月26日，建行上海分行联合上海建工、绿地集团等客户，以及下属子公司建信信托、建信人寿等成立"中国城市轨道交通PPP产业基金"，全面推动中国城市轨道交通建设。

二、商业银行转型与人口市民化

在新型城镇化背景下，大量农业转移人口进入城市就业、生活。这些人口从农民向市民转换的过程中，存在大量的资金需求，如基本养老、劳动就业、基本医疗卫生、保障房和义务教育等均需要大量资金，迫切需要商业银行提供融资支持。同时，商业银行也可以从支持农业转移人口市民化的过程中获得机遇，不断扩大业务规模和市场份额。

(一) 农业转移人口市民化对投资和消费的拉动分析

1. 农业转移人口市民化对投资的需求

按照农业转移人口市民化涉及的具体领域，人口市民化对投资的需求主要包括三个部分：一是参加法定社会保险，由企业和个人缴纳的费用；二是由基本公共服务覆盖范围扩大引起的投入增加，主要成本包括基本养老、劳动就业、基本医疗卫生、保障房和义务教育；三是人口增加而引起的市政基础设施建设投入增加。按照各项成本上升和居民收入增长趋势可以分别计算出一定时期内保障房、市政基础设施、义务教育和社会保险以及其他公共成本的投资需求。

下面以河南省洛阳市为例，测算该市2014~2017年农业转移人口市民化对投资的需求规模。一是农业转移人口市民化对职工社会保险投入的需求。按照该市城镇化规划目标，到2017年，洛阳市城镇人口增加数量约为55万人，农业转移人口累计将达到90万人左右。按照到2017年农业转移人口职工社会保障综合参保率提高15个百分点来计算,则农业转移人口参加职工社会保险年均新增人数为4.5万人,总成本约为38.26亿元。二是由市民化引起的养老、就业与医疗卫生的公共成本增加约为2.5亿元。三是农业转移人口随迁子女义务教育投入的需求。洛阳市农业转移人口有小孩的比例为67%,其中义务教育阶段的学龄儿童占48%,携带子女的农业转移人口中每1.5个成年人携带1个子女,在实现市民化和举家迁移的情况下,洛阳市新增义务教育阶段农业转移人口学龄儿童合计约为20万人,年均6.7万人,总成本约为23.7亿元。四是农业转移人口对保障性住房的需求。洛阳市居住年限超过三年的农业转移人口比例为33%,其中拥有自购房的比例为8.5%,按照居住年限满三年可申请公租房的要求,加上符合条件的新增农业转移人口,可推算出试点期内符合条件的最高限人口总规模为25万人。按照公租房三年平均供给进行计算,合计总成本为101.6亿元,公租房维护成本约为2.33亿元。五是对市政基础设施的需求。市政基础设施按照新增城镇人口核算,试点期三年内分别新增城镇人口13.7万人、13.83万人和13.97万人,总成本约为73.66亿元。综合以上测算,预计2014~2017年洛阳市农业转移人口市民化合计需要投入资金242.05亿元,每年平均需要投入80.68亿元。

  洛阳是全国的缩影,从洛阳可以大致测算出全国未来五年农业转移人口市民化的总投入需求。按照《国家新型城镇化规划(2014~2020年)》,到2020年常住人口城镇化率达到60%左右,户籍人口城镇化率达到45%左右,户籍人口城镇化率与常住人口城镇化率的差距缩小2个百分点左右,努力实现1亿左右农业转移人口和其他常住人口在城镇落户。洛阳市2014~2017年转移农业人口55万人,所需的投入是242.05亿元,以此折算,转移农业人口1万人一年平均需要投入1.47亿元。以此为参考,到2020年中国新增城市人口1亿人,其市民化所需的投入预计为7.4万亿元。

  2. 农业转移人口市民化对消费的拉动

  农业转移人口市民化具有促进消费的积极效应,主要通过以下渠道实现:一方面,城镇化的加速会显著提高城乡居民的收入。近年来,随着城镇化的快速推进,越来越多的农村人口、资金、信息、技术等要素汇聚城市,在城市产生巨大的聚集效益和规模效益。农业转移人口进入工业和服务业，收入水平显著提高；同时，随着大量剩余农村劳动力向城镇的转移，为农产品提供了更大的消费市场，部分农民通过向城市提供农产品，也显著提高了收入水平。另一方面，城镇化的推进能够促进居民消费结构的升级。随着城镇化的不断推进，居民收入水平不断提高，消费环境也不断改善，进而消费领域不断拓展，消费结构发生重大变化。此外，伴随城市人口的不断增加和收入水平的提高，城市对农产品的需求不断扩张，而日益增多的城市人口对农产品需求扩大，必然使农村居民收入增加和消费扩大，促进城市工业及服务业进一步发展，从而吸收更多的农村人口向城市转移，由此形成消费需求的良性扩张和循环累积效应。

研究表明，城镇化率每提高1个百分点，城镇居民人均年消费支出将增加2.0083%。2014年中国城镇化率为54.77%，按照《国家新型城镇化规划（2014~2020年）》中到2020年常住人口城镇化率达到60%的目标，六年大致需要增长5.23%。2014年中国城镇居民人均现金消费支出为26864元，那么，到2020年，城镇居民人均年消费支出增长合计为3237元。按照到2020年中国人口将达到14亿人计算，城镇化率为60%，将会有8.4亿人居住在城市，农业转移人口市民化所导致的需求增长合计为2.72万亿元。如果居民有50%的需求是通过消费信贷实现的，那么将会给商业银行带来巨大的消费信贷需求。

（二）商业银行在农业人口市民化中的市场拓展

1. 公共服务设施建设信贷

在推进新型城镇化过程中，大量农业转移人口进入城市，对城市基础设施和公共服务设施的承载力提出了挑战。《国家新型城镇化规划（2014~2020年）》提出，要推进农业转移人口享有城镇基本公共服务，保障随迁子女平等享有受教育权利，完善公共就业创业服务体系，改善基本医疗卫生条件等。这就为扩大城市公共服务设施建设提出了新的要求，也形成了新型城镇化对商业银行支持城市公共服务设施的信贷需求。在此背景下，城市新建中小学校、医院、文化娱乐等公共设施等，成为商业银行信贷资金的重要市场。通常来说，建设学校、医院所需贷款由政府融资平台运作，风险较小，收益相对稳定，但回收期较长，适合政策性银行提供，但在风险控制较好的条件下，商业银行也可以适当介入。近年来，中国建设银行比较重视城市基础设施和公共服务设施建设贷款业务，也取得了较好的成绩，成为商业银行参与城市公共服务设施建设贷款的典范。

2. 农业转移人口消费信贷需求

在新型城镇化进程中，农业转移人口进入城市，进入工业和服务业，收入水平显著提高，消费能力也大大提升，从而为消费金融带来新的增长点。随着进城农民工收入的增长，以及通过"户籍改革"逐步得到购房资格，他们的住房需求将大幅增长。在户籍制度改革不断推进的过程中，将会有越来越多的农民工子女得到就近入学的资格，这部分人群的教育需求将会不断增长，同样助学贷款的需求也将不断增长。同时，农民进城以后，观念也跟着改变，农民工衣、食、住、行方面的消费升级不可避免。随着汽车进入千家万户，一些富裕起来的农民工开始购买汽车，也带来汽车贷款需求的增长。另外，随着农业转移人口在城市安家落户，新市民对空调、照相机和家用电脑等高端耐用消费品的需求也快速增长，在收入有限的条件下，农民工开始求助于银行消费贷款。总之，随着农民工大量进城，其生活消费需求也大大增加，由此带来的消费信贷已成为各家商业银行竞相追逐的"大蛋糕"。

3. 农业转移人口汇兑结算需求

农业转移人口进入城市就业，可能老家仍有父母和兄弟姐妹，还有承包地需要农忙时节回家收种，因此，需要时不时往返于城市和家乡，同时也带来了资金的汇兑、结算需求。正是这种流动性，农业转移人口需要便捷且廉价的支付结算体系。然而，这种便捷廉价的支付体系是当前的一些农村金融机构（农村信用社、村镇银行、小额贷款公司、资金互助组织等）无法提供的，只有大型的商业银行利用其庞大的网络才能实现。中国目前外出务工的农民工超过2亿，如果通过便捷的支付体系把握住这2亿多农民工的流动资金，就能够增加银行资金的流动性和银行中间业务的规模与收入。

4. 农业转移人口金融理财需求

农业转移人口进入城市，进入工业和服务业，收入也显著提高。随着收入的提高，一部分富裕起来的群体积累了一定的财富，开始产生了个人理财的需求。然而，由于农民工所受教育水平普遍偏低，他们目前所拥有的理财知识赶不上日新月异的金融产品的创新，许多农民工不知道怎样理财，而是把赚的钱拿回老家盖房子。基于此，培养农民工的理财观念和知识，有利于他们更多地了解金融产品，参与到金融服务中来。农业转移人口对金融知识和理财的需求，形成商业银行未来市场竞争的新"蓝海"。

5. 农业转移人口创业需求

农业转移人口进入城市，可能面临着工作难找、失业下岗的问题。一部分农民工选择在城市创业，经营小餐馆、小商店、小理发店等生意，存在创业资金的小额信贷需求。还有一部分人由于在城市中接受了先进的理念，加上政府的鼓励、扶持和自身外出务工的资金积累，选择回乡创业，由此产生了对创业资金的需求。

（三）商业银行支持农业转移人口市民化的策略

1. 创新公共服务设施建设融资模式

城市公共服务设施具有公益性的特征，社会效益好，经济效益差，应由政府部门负责，实施政府保障型的投融资体制。在风险得到较好保证的情况下，商业银行也可以参与公共服务设施建设融资。在具体操作上，商业银行可以将公共服务设施分为三类，分别采取不同的融资策略。一是纯公益性的公共服务设施。如城镇敞开式道路、城镇绿化、城镇照明、公共教育、公共卫生、公共安全、公共文化、公共体育等设施建设，商业银行可以通过购买政府市政债券的方式进行支持。二是准公益性的公共服务设施。如城市公共事业以及高等教育、医疗服务等，商业银行可以通过政府融资平台、购买市政债券以及公私合营（PPP）的方式进行支持。三是经营性的公共服务设施，如供水、污水处理、燃气制储、热力生产、文化、体育、医疗等经营性设施，商业银行可以针对项目法人公司作为承贷主体、贷款项目资本金足额合法、贷款项目预期效益好、项目收益与还款来源有保障的经营性项目，扩大中长期开发性贷款。

2. 创新消费信贷产品

针对农业转移人口进城后的融资需求，积极创新消费信贷产品，提供适合农业转移人口的消费信贷产品。在这方面，商业银行可以采取四种模式：一是住房信贷。农业转移人口购买商品房的，可以发放个人住房抵押住房贷款，在放贷的条件上，要在风险可控的前提下，适当对农民工予以放宽和优惠。二是耐用消费品信贷。农业转移人口为购买高档耐用消费品而贷款的，可以采取第三人担保的方式，发放信用贷款，也可以和商家合作，让农民工进行分期付款。三是随迁子女教育贷款。对于在校贫困生，商业银行可以参与教育部门的助学贷款计划，也可以实施培优计划，通过家长担保的方式，向优秀的中小学生提供信用助学贷款。四是发放信用卡。适当放宽向农业转移人口发放信用卡的条件，向条件较好的居民发放一定额度的信用卡，解决农业转移人口不定期的消费信用贷款需求。

3. 开发适合农业转移人口的理财产品

农业转移人口的理财服务需求具有数额小、频次多等特点，商业银行要根据这些特点开发适合农业转移人口的理财产品。在实际操作上，商业银行应主要向农业转移人口提供以下理财服务：一是存款服务。针对农业转移人口，商业银行可以开发零存整取、定活两便、通存通兑的存款业务和产品。二是汇兑服务。商业银行可以通过银行网点、网上银行、手机银行等途径向农业转移人口提供方便快捷的汇兑服务。三是理财产品。降低理财产品购买门槛，坚持"一元"可买的理念，灵活设计理财产品。同时，在赎回的时间上，可以通过网上银行、手机银行随时赎回，随时兑现。四是保险产品。商业银行可以通过代理销售保险的方式，向农业转移人口提供分红型的保险产品。

4. 创新农业转移人口创业贷款产品

在当前国家推动"大众创业、万众创新"的背景下，商业银行可以通过发放创业贷款、设立创业基金等方式，向农业转移人口提供创业贷款。在实务操作上，商业银行主要提供两类贷款：一是小额担保创业贷款。针对农业转移人口经营餐馆、理发店、小百货、蔬菜店、擦鞋店等的需求，商业银行可以提供小额担保创业贷款，实行随借随还。二是农民工生产经营性贷款。

对于农民工在城创业、回乡创业等的贷款需求，商业银行要根据农民工的特点，有针对性地设计抵押品创新机制，进行信用贷款类型创新和手机银行等电子化产品创新，为农民工创业提供资金支持。

三、商业银行转型与城市产业结构调整

城镇经济以第二、第三产业为主，推进新型城镇化，加快农民从第一产业向第二、第三产业转移，能够推动产业结构调整升级。在新型城镇化背景下，需要不断改造提升传统产业，淘汰落后产能，壮大先进制造业和节能环保、新一代信息技术、生物、新能源、新材料、新能源汽车等战略性新兴产业，加快发展现代服务业，增强城市产业对农业转移人口的吸纳容量。在此过程中，各个产业的发展、企业的经营，迫切需要商业银行提供资金支持。同时，商业银行在支持城市产业结构优化的过程中，也能够找到新的利润增长点，推动信贷业务做大做强。

（一）城市产业结构调整的资金需求分析

1. 优化城市产业结构对资金的需求分析

产业是城市之基，没有产业的发展和支撑，城市就难以做大做强。推进新型城镇化，最根本的是优化城市产业结构，形成容纳更多农业转移人口就业的产业体系。按照《国家新型城镇化规划（2014~2020年）》的要求，各地区要根据城市资源环境承载能力、要素禀赋和比较优势，培育发展各具特色的城市产业体系。根据这一要求，未来一段时期，我们要改造提升传统产业，淘汰落后产能，壮大先进制造业和节能环保、新一代信息技术、生物、新能源、新材料、新能源汽车等战略性新兴产业。

同时，适应制造业转型升级的要求，推动生产性服务业加快发展，引导生产性服务业在中心城区、重点镇和产业集聚区集聚；适应居民消费需求多样化的要求，提升生活性服务业水平，扩大服务供给，推动大中城市形成以服务业为主的产业结构。另外，新型城镇化规划要求增强中小城市产业承接

能力，推进城市污染企业治理改造和环保搬迁，支持资源枯竭城市发展接续替代产业等。在新型城镇化进程中，无论是传统产业的升级还是新兴产业的培育，无论是制造业的发展还是服务业的提升，企业都需要大量的信贷资金支持。由于这类资金需求的主体是分散的企业，而且企业的借贷行为不受政府控制，因此，这类资金需求尽管规模非常大，但是数量上难以准确估算。

2. 增强城市创新能力对资金的需求分析

城市产业的优化升级，主要靠科技创新。推进科技创新，需要集聚创新资源，增加科技研发投入。按照《国家新型城镇化规划（2014~2020年）》的要求，各地要顺应科技进步和产业变革新趋势，发挥城市创新载体作用，依托科技、教育和人才资源优势，推动城市走创新驱动发展道路。同时，规划还要求，建立产学研协同创新机制，强化企业在技术创新中的主体地位，发挥大型企业创新骨干作用，激发中小企业创新活力；建设创新基地，集聚创新人才，培育创新集群，完善创新服务体系，发展创新公共平台和风险投资机构，推进创新成果资本化、产业化；加强知识产权运用和保护，健全技术创新激励机制。营造创新的制度环境、政策环境和文化氛围，激发全社会创新活力，推动技术创新、商业模式创新和管理创新。另外，规划还提出，要推动高校提高创新人才培养能力，加快现代职业教育体系建设，构建从中职、高职、本科层次职业教育到专业学位研究生教育的技术技能人才培养通道；引导部分地方本科高等学校转型发展为应用技术类型高校；试行普通高校、高职院校、成人高校之间的学分转换，为学生多样化成才提供选择等。根据这些要求，未来一段时期，国家将加大科技研发、科研设施、科技人才等的投入。按照国家中长期科技发展规划，到2020年中国科研开发投入经费占GDP的2.5%，总金额将达到1万亿元。这些资金完全依靠财政支撑是不可能的，需要金融机构加大对科技创新的支持力度。

3. 营造良好就业创业环境对资金的需求

城市产业的优化升级，最终要由各类企业来承担，由劳动者来承担。为此，要不断营造就业创业的环境，形成大众创业、万众创新的氛围，这也需要巨大的资金投入。按照《国家新型城镇化规划（2014~2020年）》的要求，各地要发挥城市创业平台作用，充分利用城市规模经济产生的专业化分工效应，放宽政府管制，降低交易成本，激发创业活力。同时，规划还提出，要完善扶持创业的优惠政策，形成政府激励创业、社会支持创业、劳动者勇于创业的新机制。规划进一步提出，要运用财政支持、税费减免、创业投资引导、政策性金融服务、小额贷款担保等手段，为中小企业特别是创业型企业发展提供良好的经营环境，促进以创业带动就业。此外，规划还提到，促进以高校毕业生为重点的青年就业和农村转移劳动力、城镇困难人员、退役军人就业，激励高校毕业生自主创业，实施离校未就业高校毕业生就业促进计划等。根据这些要求，未来一段时期，国家将出台一系列支持就业创业的政策，建设广大群众就业创业的平台，这也需要大量的资金投入。

（二）商业银行支持产业结构调整的方向与重点

1. 传统产业改造升级

传统产业是吸纳农业转移人口的主力军，运用先进适用技术和高新技术改造提升传统产业，提高传统产业的活力，能够形成人口城镇化的重要支撑。商业银行要重点支持企业围绕产品质量、节能降耗、安全生产、"两化"融合、军民结合等重点领域，创新研发设计，改造工艺流程，改善产品检验检测手段，开发新产品，提高产品质量，创建知名品牌，提高传统产业先进产能比重。支持企业改造提升研发设计、试验验证、检验检测等基础设施及条件，支持工业园区公共服务平台升级改造。同时，结合产业对劳动力的吸纳能力，重点支持纺织、食品、建材、轻工业等传统产业改造升级，提升传统产业活力，形成稳定城市劳动人口发展的产业基础。

2. 战略性新兴产业培育

战略性新兴产业是未来中国工业发展的方向，是城市未来发展壮大的战略支撑。商业银行要发挥资金供给主力军的作用，重点支持电子信息、装备制造、生物医药、新能源、新材料、节能环保和新能源汽车等战略性新兴产业发展。结合电子信息产品发展新趋势，支持企业突破关键电子元器件、材料和设备的核心技术和工艺，提高产品质量和档次，提高企业核心竞争力。支持培育发展智能制造、新能源汽车、海洋工程装备、轨道交通装备、民用航空航天等高端装备制造业，促进装备制造业"走出去"。结合城镇化后群众的健康需要，重点支持基因工程药物、抗体药物、新型疫苗关键技术和重大新产品研制及产业对资金的需求。

3. 现代服务业发展

服务业也是吸纳农业转移人口的主要载体。按照《国家新型城镇化规划（2014~2020年）》，未来大中城市将形成以服务业为主的产业结构。按照这一要求，商业银行要重点支持现代物流、金融保险、信息服务、文化旅游等高成长性服务业的资金需求；支持健康养老、休闲娱乐、服务外包等新兴服务业发展壮大的资金需求；支持商贸、餐饮、住宿等传统服务业改造提升的资金需求。在此基础上，重点支持一批服务业龙头企业、龙头项目的资金需求，推动服务业做大做强。

4. 资源型城市转型

当前，全国纳入《国家资源型城市可持续发展规划》的资源型城市有262个。目前，这些城市面临较大困难，内外部因素叠加，新旧矛盾交织，转型发展内生动力不强，成为新型城镇化发展的短板。应当看到，加快资源型城市转型，是促进农业人口转移、提高城镇化水平的突破口。未来一段时期，商业银行要重点支持资源型城市转型升级，优先满足其发展现代制造业、高技术产业、现代服务业等接续产业的资金需求，增强其对人才、资金等要素的集聚能力。

5. 自主创新能力提升

提升自主创新能力是优化城市产业结构的重要手段，在新型城镇化进程中，商业银行要强化担当，勇挑重担，积极支持企业提高自主创新能力。按照国务院《工业转型升级规划（2011~2015年）》的要求，商业银行要通过政府融资平台、购买政府债券等方式，重点支持国家科技重大专项、重大科技成果转化、重点行业技术创新平台建设、发展产业联盟等重大工程的资金需求。

（三）商业银行支持产业结构调整的策略

1. 择优扶持重点行业

在新型城镇化背景下，为了吸纳更多的农业人口在城市就业，需要对城市产业结构进行调整优化,主要发展就业容量大、业态先进、污染小、符合国家产业政策和城市发展定位的产业,主要包括先进制造业、现代服务业等。商业银行以此为原则,优先满足以下三类企业的信贷需求:一是纺织服装、食品加工、电子组装等劳动密集型企业。这些企业就业容量大,能够吸引更多的劳动力在城市就业,成为在新型城镇化背景下商业银行支持城市产业转型的首选。二是现代物流、信息服务、文化旅游等现代服务业。这些产业业态先进,成长性好,就业容量大,符合城市产业发展方向,也是商业银行优先支持的对象。三是餐饮娱乐、健康休闲等生活服务业。这些服务业就业容量大,适合新市民个体户经营。商业银行要重点支持新市民在这些行业的创业资金需求,让农业转移人口在城市站稳脚跟,留得下,生活好。

2. 贯彻"三性"原则

商业银行支持城市产业结构调整的信贷供给,更多的是面向企业的一种经营行为。为此,在发放贷款的过程中,商业银行要坚持安全性、流动性、效益性原则,实施稳健保守经营。一方面,商业银行要在有利可图的情况下,积极发放贷款,支持新型城镇化,支持城市产业结构调整优化,积极承担社会责任,特别是要积极支持吸纳农民工较多的企业的贷款需求,支持农民工创业。另一方面,商业银行要时刻牢记自己不是政府,不是自己的活不干,不该自己承担的功能不承担。商业银行要牢记利润最大化这一理念,在安全性、流动性、效益性原则的基础上开展业务,注意和防范信用风险。此外,对于城市高科技项目、扶危济困项目信贷,商业银行要更多地借助于政府投融资平台、政府债券等形式,尽可能寻求地方政府、商业担保机构的担保和保障,以确保信贷资金的安全。

3. 加快融资方式创新

城镇化建设需要大量资金,仅靠财政资金无法满足需求,必须大力发展资本市场,扩大证券化融资在融资总量中的比重,从而缓解当前城镇化建设过程中资金不足的状况。在这一背景下,商业银行可以尝试参与科技重大专项资产证券化,在减轻财政支出压力的同时,在短期内收回项目投资,加快资金周转。此外,商业银行还要积极谋划发行、承销、包销、购买地方政府市政债券,向地方政府提供城市建设资金支持。此外,商业银行要适时选择，因地制宜，大胆尝试多样化的融资方式，充分发挥诸如出口信贷、银团贷款、境外项目融资、票据贴现、保理业务等新型融资方式的优势，探索更多适合地方经济发展的具有特色的创新型城镇建设融资手段，促进城镇化经济健康快速发展。

4. 强化金融产品创新

与城镇化建设相伴随的，将是土地制度、户籍制度、金融体制等方面的改革和创新。相应地，商业银行也应加大适应性创新力度，满足新型城镇化建设的各类金融服务需求。一是经营模式创新。金融产品需要顶层设计的统一规范，更需要因地制宜的个性化模式，因此，商业银行必须改变目前以集中为主的创新模式，赋予基层分支行更大的信贷自主权，充分发挥基层网点的主观能动性，更好地服务城镇化建设。二是信贷制度创新。商业银行现有的信贷制度在贷款主体、行业准入、贷款期限及担保要求等方面有很多地方与新型城镇化金融需求不相适应，这些问题必须通过创新尽快予以解决。三是服务渠道创新。要根据城市布局和人口流动方向对银行网点布局进行调整，同时，广泛布放 ATM 机等现代支付机具，推行电话银行、手机银行、网上银行等现代银行服务，拓展银行卡的服务功能，提供足不出户、方便快捷的金融服务。

四、商业银行转型与社会主义新农村建设

与以往的城镇化不同，新型城镇化是城乡一体的城镇化，是包括农村现代化的城镇化。推动农村经济发展，建设社会主义新农村，是新型城镇化的应有之义。近年来，国家在推动新型城镇化的过程中，加快新农村建设，并因此产生了对商业银行的信贷需求。商业银行要不断研究新农村建设资金需求的规律，加大资金支持力度，为新农村建设做贡献。同时，商业银行在支持新农村建设的过程中，也要不断加快业务转型和金融创新，实现跨越式、可持续发展。

(一) 新农村建设的资金需求分析

据国家统计局 2013 年的测算,到 2020 年,中国新农村建设新增资金需求总量为 5 万亿元。按照长期以来中国农村投入资金中财政资金、信贷资金和社会资金的经验比例,即使考虑到公共财政加大对新农村建设投入的情况,未来新农村建设资金需求中的大部分仍将由商业银行直接或者间接提供。

1. 农业现代化发展对金融资金的需求

从 1989 年到 2012 年,第一产业产值从 4228 亿元增长到 52373.6 亿元,而且结构不断优化,农业的比重从 62.8% 下降到 52.4%,牧业的比重则从 27.6% 增加到 30.4%。预计到 2020 年,畜牧业产值占农业总产值的比重将达到 40%,全国 100 个重点县市建成一批生产(养殖)基地,建成标准化养殖小区建设试点 50 个,养殖水域滩涂规划示范县 30 个。农业部也从 2006 年开始启动"九大行动",如新农村建设示范行动、粮食综合生产能力增强行动、优势农产品产业带促进行动等。在此过程中,农业发展对金融的有效需求很大,如中国 402 个 30 万亩以上的大型灌区中,114 个尚未启动灌溉设施建设项目,需投资 400 亿元,此外还有 5000 多个 1 万亩以上的中型灌区,中央和省两级小型农田水利建设补助专项资金虽已建立,但仍难以满足实际需要,客观上需要商业银行给予资金支持。

2. 农村基础设施建设对金融资金的需求

新农村建设需要加大农村基础设施建设力度。粗略估计,每公里公路投资 30 万元,则全国 120 万公里公路建设需要投入资金 3600 亿元;每个行政村通电话投资 20 万元,则全国 2 万个行政村通电话需投资 40 亿元;解决每人用电问题投资 600 元,则全国 1000 万农村人口需资金 60 亿元;解决每人饮水问题需投资 350 元,则全国 1 亿人需投资 350 亿元;改造 1 所乡镇卫生院投资 50 万元,则全国 3 万所乡镇卫生院需投资 150 亿元。仅仅这几项基础设施建设就需要资金 4000 多亿元。

3. 农村城镇化建设对金融资金的需求

加快推动小城镇建设是新农村建设的重要内容。2012 年,小城镇有

19881 个，农村小城镇人口比重为 19.5%。"十一五"期间国家要求乡镇企业向有条件的小城镇和县城集中，河南省计划将 20 多万个自然村逐步优化为 5 万个左右的农民居住点，未来 2.5 亿农村转移人口中将有 1/3 要靠小城镇发展来容纳。目前，农村小城镇建设主要靠财政和民营资本投入，银行贷款占比不到 10%。随着国家支持力度的加大，预计银行贷款占比将明显上升。国家发展和改革委员会、国务院发展研究中心对农村城镇化建设的资金需求估计为 15300 亿~44100 亿元，贷款需求为 4000 亿~11000 亿元。

4. 农村居民对金融的有效需求

新农村建设将会使农民收入明显提高，生活水平也相应提升，如 2012 年末中国农村人均住房面积为 37.09 平方米，较上年增长 2.3%，住房有卫生、空调设施和安全饮用水的户数比重均有明显提高，而且新一轮建房热即将拉开序幕，以家电为主的耐用消费品市场需求潜力巨大。此外，在城镇务工农民有 1.4 亿人，每年收入在 11200 亿元左右，汇入农村的收入在 4000 亿元左右。随着农民收入的增长，对不同金融产品的需求也将发生变化，除了存款、汇兑、结算、银行卡等传统银行服务外，消费信贷、理财、电子银行等新兴金融服务也逐渐走入寻常农民家庭，如农民建房和购房需要商品房按揭贷款，农民购置大件耐用消费品需要个人消费贷款，征地收入需要银行理财服务等。

5. 其他金融服务需求

新农村建设将吸引各类金融机构的广泛参与，如政策性银行、商业银行、农村信用社、农业保险公司、农产品期货公司、小额信贷公司、邮政储蓄、小型租赁公司等。在此过程中，商业银行也面临着更多的金融服务需求，如参与大型设施项目贷款银团，农险业务代理，与大宗农产品期货市场的银期合作，财政转移支付和各种补贴资金拨付产生的代理服务，代理专项贷款和信贷扶贫，农村社保体系建设中的资金归集和支付服务，小额信贷公司、邮政储蓄、小型租赁公司等多种农村小型金融公司的资金拆借、结算、托管等服务，农村城镇化建设引发的政府和企业财务顾问、债券包销代理、理财等业务。

(二) 商业银行支持新农村建设的方向与重点

在新农村建设过程中，商业银行要突出自身特点，以中高层次农村经济主体为重点，以国家、银行和农民共赢为目标，以集约化和精细化管理为保障，充分发挥县域商业金融主渠道作用，推动农村经济发展和农民增收，加快新农村建设的进程。具体来看，商业银行介入新农村建设的重点领域有以下几个：

1. 服务于农业产业化龙头企业

农业产业化符合中国现代农业发展的方向，农业产业化龙头企业未来将成为农村信贷资金需求的主力。从 2014 年对河南省 1000 家销售收入超亿元的农业产业化龙头企业摸底调查的情况来看，这些企业的平均资产负债率不足 50%，贷款投放的空间仍然较大。此外，商业银行还应积极介入农业产业化龙头企业、特色农业、各类农业产业化基地、具备整体经营链条功能的高效农业、创汇农业、高科技农业企业和重大农业科技项目等层次较高的企业和项目，通过不同途径向它们提供信贷支持。

2. 服务于农村小城镇建设

按照《国家新型城镇化规划 (2014~2020 年)》，小城镇建设是新型城镇化的一项重要内容。加快小城镇建设，推进城镇基础设施和公共服务设施建设，需要大量的资金。这些资金，除了主要由政府提供外，还需要商业银行发挥融资功能。相对而言，农村小城镇建设中的基础设施和公共服务设施有很大的发展空间，商业银行应通过不同形式积极介入。按每个百强县固定资产投资 20 亿元、每个千强镇固定资产投资 2 亿元，其中 40% 投入城镇化建设计算，则未来五年全国百强县和千强镇建设所需资金达到 8000 亿元，如果商业银行提供 15% 的资金支持，那么商业银行的信贷市场可达到 1200 亿元。

3. 服务于农村农业经济开发信贷需求

随着新农村建设的快速推进，农村经济也处在蓄势待发的阶段。当前农村经济发展需要大规模的建设资金：一是农业产业化资金需求。农业产业化龙头企业、新型农村经济组织以及农户都存在着发展生产、扩大经营的资金压力，需要商业银行提供生产经营性贷款。二是农村商品流通体系建设资金需求。"十三五"期间国家大力发展农业批发市场、农业生产资料公司以及新兴农资连锁超市等,特别是商务部继续推进"万村千乡市场工程"建设,农业部推进"双百市场工程"建设,这些领域的发展客观上需要商业银行提供资金支持。同时,随着科学技术的进步及农村经济的发展,农民希望提高劳动生产效率,减轻劳动强度,因而购买农机具的需求也很强烈。商业银行可以积极介入农村、农业经济开发,向农村经济主体提供信贷资金。

4. 服务于农村消费信贷

当前,随着农村生活条件的改善和农村基础设施的逐步完善,农民的生活水平逐步提升。农民消费升级快速推进,蕴含着巨大的消费信贷需求:一是住房消费信贷需求。长期以来,农民一直把住房建设作为家庭的重大消费项目,很多富裕起来的农民为改善生活环境而翻建住房,但普遍存在资金不足的问题,希望得到住房消费信贷资金支持。二是耐用消费品需求。目前,随着农民收入水平的提高,电视机、空调、冰箱、电脑、摩托车甚至小汽车等耐用消费品开始进入农民家庭,一些资金不足的农民期望通过贷款实现自己消费升级的愿望,这就为商业银行进军农村消费信贷市场提供了机遇。

(三) 商业银行支持新农村建设的策略

1. 农村基础设施建设贷款

新型城镇化的核心理念是城乡一体化,是包括农村的城镇化,为此,要不断完善农村基础设施,美化农村环境,建设美丽乡村。在这一过程中,商业银行可以发挥自己的作用,并从农村基础设施建设中取得一定的利润。在业务实践中,商业银行主要通过以下途径参与农村基础设施建设:一是通过政府融资平台,向农村提供开发贷款,主要用于农村基础设施和公共服务设施建设。二是通过购买政府发行的美丽乡村建设债券,以及农村道路、农村水利建设债券等,间接向新农村建设提供资金。三是在农村基础设施公私合营(PPP)建设中,通过向参与合营的私营企业提供信贷,向农村基础设施建设提供资金。

2. 农业产业化贷款

当前,国家鼓励发展现代农业,鼓励创新农村新型经营组织,鼓励发展家庭农场。商业银行可以借助这一机遇，进入农村市场，向农业产业化企业、农村新型经济组织以及农民个人发放农业产业化贷款。在实务操作中，商业银行可以开发以下三种贷款：一是对农业产业化企业发放贷款。主要是针对从事农业开发的企业发放经营贷款和流动性贷款。二是对新型经济组织发放经营贷款。主要针对近年来成立的农业合作社、互助社等新型经济组织，用于规模化种植、饲养、发展经济作物等。三是向农民个人发放小额经营性贷款。主要针对农村农田大户、饲养大户、家庭农场，用于购置化肥、农药、饲料、种子、运输车辆、农机等。

3. 农民小额消费贷款

当前，全国农村正在进行宅基地和承包地确权颁证工作，预计未来五年可以完成农村宅基地和承包地确权颁证。农民有了宅基地和承包地使用权证，理论上就可以抵押贷款。基于此，商业银行要创新贷款方式，探索用宅基地、承包地、林地使用权证进行抵押贷款的办法。未来商业银行可以开发以下几种针对农民的贷款：一是农村住房消费信贷。以宅基地、承包地、林地使用权证为抵押，主要针对农民建房和大修房屋的贷款需求。二是农机消费贷款。主要针对农业大户发放大型农机购置贷款。三是耐用消费品信贷。商业银行可以以信用贷款或抵押贷款的方式，向农民发放耐用消费品购置贷款，用于购置冰箱、摩托车、汽车等耐用消费品，满足农民现阶段生活的需要。

第八章 新型城镇化背景下中信银行转型发展的实证研究

中信银行是中国改革开放后最早成立的新兴商业银行之一,也是中国在对外开放方面做得最好的商业银行之一。中信银行在中国经济发展的浪潮中快速成长,已经成为具有强大综合竞争力的全国性商业银行。在近30年的发展过程中,中信银行坚持推进经营理念转变、业务水平提升,在转型发展方面走在中国商业银行的前列。在中国经济进入新常态的发展背景下,金融市场改革稳步推进,金融创新速度不断加快、程度不断加深。面对日益变化的发展环境,中信银行对未来的发展转型进行了战略性的谋划。

一、中信银行的基本情况

中信银行原称中信实业银行,创立于1987年,2005年底改名为中信银行(China International Trust and Investment Corporation Bank,CITIC Bank),总部位于北京,是中国的全国性商业银行之一。中信银行是中国改革开放后最早成立的新兴商业银行之一,是中国最早参与国内外金融市场融资的商业银行,并以屡创中国现代金融史上多个第一而蜚声海内外,为中国经济建设做出了积极的贡献。

如图8-1所示,中信银行的标识由一个圆形和中间的"CITIC"字母组成,设计源自中国印。印的第一含义喻示诚信,中国印在古时称为玺,是权力和尊贵的象征,是中华数千年文化的结晶,体现了中国人的智慧和积极向上的追求。印的主色调为红色,代表上涨、增长、发展。同时,标识看起来

图 8-1 中信银行的标识

像是对开的两扇门,象征着中信集团一直是中国对外开放的先行者。

1984年底,随着经济发展的需要,中国国际信托投资公司(简称中信公司)董事长荣毅仁先生向中央专函要求在中信公司系统下成立一个银行,全面经营外汇银行业务。经国务院和中国人民银行同意,先成立银行部,扩大经营外汇银行业务,为成立银行做好准备。1985年4月,中信公司在原来财务部的基础上成立了银行部,进一步扩展了对外融资、外汇交易、发放贷款、国际结算、融资租赁和吸收存款等全面银行业务。银行部建立的两年时间里,得到了中国人民银行与国家外汇管理局的大力支持和帮助,业务进展较快,通过办理人民币及外汇存款、贷款、进出口开证、国际租赁、有价证券及外汇买卖、外币兑换等业务,积累了一定经验,已初步具备了成立银行的条件。1986年5月底,中信公司向中国人民银行申请将中信公司银行部改组成中信实业银行。1987年初,经国务院和中国人民银行批准,中信实业银行正式成立,总行设在北京。1987年4月,中国人民银行批准中信银行为中信公司所属的国营综合性银行,是中信公司的子公司。中信银行为独立法人,注册资本8亿元人民币,实行自主经营、独立核算、自负盈亏,在国内外可设立分支机构,经营已批准的银行业务。前国家副主席荣毅仁先生任中信银行名誉董事长。

中信银行向企业和机构客户提供公司银行业务、国际业务、金融市场业务、机构业务、投资银行业务、保理业务等综合金融解决方案;向个人客户提供一般零售银行、信用卡、消费金融、财富管理、私人银行、出国金融等多元化金融产品及服务;全方位为企业与个人客户提供理财、网上银行、小微企业金融、托管业务等金融服务。截至2014年末,中信银行的许可经营项目包括:吸收公众存款;发放短期、中期和长期贷款;办理国内外结算;

办理票据承兑与贴现；发行金融债券；代理发行、代理兑付、承销政府债券；买卖政府债券、金融债券；从事同业拆借；买卖、代理买卖外汇；从事银行卡业务；提供信用证服务及担保；代理收付款项；提供保管箱服务；办理结汇、售汇业务；代理开放式基金业务；办理黄金业务；开展证券投资基金、企业年金基金、保险资金、合格境外机构投资者托管业务；经国务院银行业监督管理机构批准的其他业务；保险兼业代理业务。

2007年，中信银行实现A+H股同步上市，跻身于国际公众持股银行之列。2009年，中信银行成功收购中信国际金融控股有限公司，控股中信银行（国际）有限公司，建立了国际化经营平台。2011年，中信银行圆满完成A+H股配股再融资，奠定了发展的坚实基础。2015年4月14日，中信银行英国伦敦代表处开业，标志着中信银行新一轮国际化战略正式启动。截至2014年末，中信银行控股股东为中国中信股份有限公司，持股比例为67.13%。中信银行在全国126个大中城市设有1231家营业网点，主要分布在东部沿海地区和中西部经济发达城市，拥有员工5万余名。中信银行在中国内地设有浙江临安中信村镇银行股份有限公司、中信金融租赁有限公司，在中国香港设有中信银行（国际）有限公司和振华国际财务有限公司等四家附属公司。中信银行（国际）有限公司在中国香港、中国澳门、纽约、洛杉矶、新加坡和中国内地设有40多家营业网点，拥有员工1700余名。

中信银行作为国内资本实力最雄厚的商业银行之一，在中国经济发展的浪潮中快速成长，已经成为具有强大综合竞争力的全国性商业银行。截至2014年末，中信银行的集团总资产达到4.14万亿元，比2013年末增长13.67%；总负债达到3.87万亿元，比2013年末增长13.52%；客户存款总额达到2.85万亿元，比2013年末增长7.46%；全年实现归属于股东净利润407亿元，比2013年增长3.9%；平均总资产回报率为1.07%，加权平均净资产回报率为16.84%，经营效益保持平稳；不良贷款率为1.30%，拨备覆盖率为181.26%，资产质量基本稳定；年末资本充足率提高至12.33%。

2015年5月，在《福布斯》公布的"全球企业2000强"排名中，中信银行位居第94位。在英国《银行家》杂志2015年7月公布的最新"全球1000家银行排名"中，中信银行一级资本全球排名第33位，较2014年的第37

名上升了4位；总资产全球排名第46位，较2014年上升了2位。英国《银行家》杂志拥有超过4000家全球银行的数据库，每年根据不同国家和地区银行的核心资本、盈利能力以及同行竞争表现进行分析，其发布的"全球1000家银行排名"被视为衡量全球银行综合实力的重要标尺，极具权威性。在2015年的榜单中，共有117家中资银行入围，其中跻身前100名的中资银行有16家。中信银行从2001年起开始参与该项排名，到2015年，一级资本全球排名已从最初的第318位，上升至2015年的第33位，从中也可以看到中信银行十多年的快速发展。

中信银行发展大事记如下：

1987年2月28日，国务院办公厅批复同意成立中信实业银行。

1987年3月17日，中国人民银行批准成立中信实业银行。

1987年4月10日，中国人民银行颁发中信实业银行经营金融业务许可证。

1987年4月14日，中信公司董事长、中信实业银行名誉董事长荣毅仁召开新闻发布会，宣布：中信公司原银行部经国务院和中国人民银行批准，改为"中信实业银行"。中信实业银行于4月开始营业。

1987年4月21日，国家外汇管理局批复中信实业银行经营外汇业务范围。

1987年4月22日，国家外汇管理局颁发中信实业银行经营外汇业务许可证。

1987年4月29日，国家工商行政管理局颁发中信实业银行工商营业执照。

1988年8月14日，中信银行首次发行人民币金融债券3000万元。

1989年4月，中信银行在国内首家同时开通路透社和美联社信息系统，开展国际金融交易业务。

1991年10月30日，中信银行代表中信公司在日本东京第一次发行浮动利率日元债券。

1992年3月，中信银行在国内首家开展速汇即付业务。同年5月，中信银行在国内设立第一台外汇自动取款机。

1993年7月，中信银行代理中信公司与财政部签订了1993年第2期国库券（非实物）承购包销协议，承销金额1.5亿元人民币，并首批取得了财政部认定的中华人民共和国国债一级自营商资格。

1993年7月29日，中信银行代理中信公司在美国纽约发行了2.5亿美元的扬基债券。这是自1911年以来，中国企业首次进入美国市场发行的公募债券。

1994年3月9日，中信银行与美国运通公司合作开展速汇即付业务，成为国内首家开展此项业务的银行。截至1994年，中信银行是中国唯一承销国外债券的金融机构。当时，已参加承销国外债券23笔，承销量达3.86亿美元。

1994年12月，中信银行代理中信公司向日本金融机构发行商业票据，成功筹措5000万美元和50亿日元贷款，这是中国企业第一次以自己的信誉在国外发行商业票据。

1995年11月，中信银行与美国雷曼兄弟公司共同担任了承销美国福特汽车公司2亿美元小龙债的主干事，开创了中国金融机构参与承销外国公司债并担任主干事的先例。

1996年1月，中信银行作为首批会员参加全国统一同业拆借交易系统，第一个交易日即以迅速、准确的操作完成了具有特殊意义的第一笔交易。

1996年6月，中信银行在广州成功地推出了中国第一家全柜员制，实行面对面服务，并率先开办私人理财等商业银行新业务，专门为大额存款户提供全方位的金融服务。

1998年3月，中信银行与美国驻华大使馆签订了《中信银行代收美国非移民签证申请费备忘录》，根据备忘录，中信银行在北京、上海、广州、成都和沈阳地区的分支机构代理美国使馆收取签证申请费。此项业务的开展在国内外产生了积极的社会影响，中信银行是国内独家开展此种业务的银行。

1999年，中信银行正式推出中信借记卡，实现了全国通、全行通、银联通、一卡多户、一卡多能、一卡多用。"理财宝"以其复合式智能理财的优越性备受市场青睐，并被国家工商局正式批准为国家注册商标，成为金融服务领域的第一个注册商标。

2000年，中信银行推出中信贷记卡，这是融信用授信、取款、转账、消费于一体的多功能银行卡，可以先消费，后还款，赋予了持卡人真正的银行信用，实现了与国际标准的接轨。

2000年7月，中信银行作为国内首家通过中国金融认证中心认证的银行，正式开通网上银行服务。

2001年，中信银行协助中信公司在银行间债券市场成功发行了一笔总额为35亿元人民币的10年期债券，这是该行首次作为主承销商承销的第一笔债券。

2001年7月，中信银行在英国《银行家》按照第一资本进行的排名中位居全球最大的银行排名第318位。在著名国际咨询公司穆迪的"财务实力评级"中，中信银行荣获国内商业银行最高评级。

2001年7月和9月，在中信银行的积极倡议下，国内10家股份制商业银行就在业务、资金、信息、管理、人才等方面进行多元化、全方位的精诚合作和优势互补达成共识，共同签署了《长沙宣言》和《苏州协议》。

2002年11月28日，IBM总包中信控股公司、中信银行统一信息平台项目签约仪式在京举行。此项合作标志着中信银行成为中国首家整体引进国际先进核心业务系统、实现软硬兼备的完整数据大集中的银行，同时该项目也是IBM在中国最大的服务项目之一。

2003年11月25日，总行营业部国际业务贸易项下收付汇量突破100亿美元大关。

2005年3月25日，银监会批准中信实业银行增资至177.9亿元。11月25日，中信实业银行正式更名为中信银行。

2005年7月，英国《银行家》杂志按一级资本排序排出的全球最大的1000家银行中，中信银行名列第200位，进入了全球银行200强。同时，中信银行在中国商业银行排名中位居第7位。

2006年11月，中信银行成功引进战略投资者，与西班牙对外银行（BBVA）建立了优势互补的战略合作关系。

2007年1月，经中国政府批准，中信银行整体改制为中信银行股份有限公司。股份有限公司自成立之日起，将完整承继中信银行的资产、负债、机构、业务等，并将继续从事原经营范围和业务许可文件上批准/核准的业务。中信银行已有的营业机构、商号、商标和咨询服务电话等保持不变，由股份公司继续使用，各项业务照常进行。

2007年4月27日，中信银行在沪港两地交易所同步上市，成为继中国工商银行后又一家A+H同步同价上市的内地银行，也是A股市场上第九只银行股。

2008年4月28日，中信银行成为"全牌照"托管银行。中国保险监督管理委员会正式批复中信银行获得保险资金托管资格。自此，中信银行成为国内第二家拥有所有资产托管资格的股份制商业银行。

2008年7月，英国《银行家》公布了全球1000家银行排名，中信银行一级资本排名跻身国内银行前6位。

2009年2月18日，中信银行成功推出多银行资金管理系统。6月1日，中信银行西安异地灾备中心机房正式启用。

2011年4月8日，中信银行国际新加坡分行正式宣告开业。

2012年1月，中信银行小企业贷款突破1000亿元。同年3月，中信银行个人网上银行客户数突破600万。

2013年5月16日，中信银行债券承销规模突破1000亿元，达到1139亿元。债券发行只数及注册项目均列全市场第一名，债券承销业务继续保持同业领先地位。同年8月，中信银行白金信用卡发卡量突破100万张。

2014年3月11日，中信银行联合支付宝首发100万张网络信用卡。

2014年12月19日，中信银行英国伦敦代表处正式成立，标志着中信银行新一轮国际化战略的正式启动。

二、中信银行发展的现状和环境分析

中信银行在中国的股份制商业银行中属于起步较早、规模较大、发展较好的领先者，然而，在中国经济发展进入新常态、金融市场改革不断深化的今天，如何在经营发展中实现转型、不断取得发展优势和突破仍是需要思考和面对的问题。那么,首先要对其发展现状和面临的环境进行梳理和分析。

(一) 中信银行经营发展现状分析

在国内股份制商业银行中,中信银行客户和业务基础较好,在部分领域保持领先。但是,传统业务的特色优势有所弱化,盈利能力、资产质量仍存在一定的差距,市场地位有待巩固。

中信银行对公存贷款规模持续领跑股份制商业银行,增量排名居前,但市场竞争压力很大,招商银行、兴业银行、平安银行的增速高于中信银行及同业平均水平。在客户基础方面,中信银行在大型企业集团客户和政府等机构类客户方面具有较大优势,合作紧密程度、贡献度均高于其他股份制商业银行,但是客户总体数量方面并不占优势,客户基础有待进一步巩固;在重点业务领域方面,中信银行资产托管、供应链金融具有明显的竞争优势,在大型企业 B2B 电子商务、基金监督等互联网金融业务领域确立了领先地位;在盈利能力方面,中信银行对公存贷利差率位居股份制银行第三,排名在民生银行、浦发银行之后,但好于招商银行、兴业银行等竞争对手。

中信银行持续推进零售银行战略,零售业务发展和体系建设明显加快,经营能力不断提升。中信银行零售业务规模列股份制商业银行第三位,尽管与相对领先的招商银行、民生银行仍存在差距,但是零售品牌培育、服务体系建设等方面已具备一定基础,市场竞争力逐步提升。例如,针对细分市场的服务体系特色分明,其中部分产品服务在业内具有领先优势;个人理财、信用卡、消费金融具有一定的市场竞争力;信用卡在创新经营及高端服务体系搭建上已初步形成行业领先优势。

中信银行金融市场业务、国际业务、投行业务起步较早,体系相对完善,专业能力较强,具有先发优势,是中信银行的传统特色业务。其中,外汇业务和人民币利率做市方面的业务始终处于市场前列;国际业务进出口收付汇量和跨境人民币业务市场份额处于股份制银行首位;投行业务公开市场发行债券承销规模、银团贷款规模、永续债规模位于股份制银行首位。同时,电子票据、理财等部分新兴业务也处于股份制同业前列。但是,在同业加大投入和加快创新的背景下,上述传统特色业务和新兴业务的竞争压力明显加大。

在规模、效益、质量三大指标中,中信银行总资产规模多年保持股份制商业银行第二位,仅次于招商银行;效益指标有所下滑,净利润排名近年由第二位降至2014年的第五位,总量上与民生银行、兴业银行、浦发银行相近,非息收入排名第三位,总量上与招商银行、民生银行差距较大;质量指标目前处于同业落后水平,2014年中信银行不良贷款余额和不良率均在股份制商业银行中居最高,风险管理方面的压力相对较大。在市场认可度和品牌价值方面,中信银行仍需要提升。2014年末,中信银行总市值在上市股份制商业银行中排名第三,融资余额及其在总市值中的比重较主要股份制同业存在较大差距,市场认可程度偏低。此外,中信银行在2014年"全球银行品牌500强"中排名第72位,落后于主要竞争同业,品牌价值有待提高。

(二)中信银行在转型发展中存在的主要问题

一是战略定位有待细化,战略执行仍需加强。由于近年来外部环境变化太快以及转型中的一些不确定因素,中信银行在市场定位、业务特色、区域布局等方面不够明晰,在战略执行中也存在认识不够统一、措施不够配套、推进不够平衡、落实不够有力等问题。总体来讲,特色不鲜明、差异化竞争优势不明显的问题比较突出。

二是发展方式仍较传统,盈利模式亟待转型。中信银行业务发展总体上仍存在过于依赖资本和资源消耗的情况,发展的效益、质量、可持续性、稳定性不尽理想。同时,总体盈利结构仍较单一,非息收入占比和零售银行收入贡献仍然偏低;客户基础有待夯实,客户结构尚需优化,客户经营和价值挖掘不够,未充分发挥中信集团的综合平台优势及中信银行的自身潜力;网点效益未充分体现,特别是单点零售产能偏低;在重大盈利点和品牌培育上,还缺乏十分突出的产品和盈利模式。

三是品牌形象不够突出,客户体验亟待提升。目前,中信银行品牌建设仍显分散,对目标市场的品牌渗透率不足,品牌认知度、美誉度有待提高;网点形象的统一标准化建设不足,网点服务规范化不到位,网点的综合销售能力偏弱;客户服务管理参差不齐,分层分群的客户服务体系建设还不够完善；产品和服务的客户导向不足，客户满意度和忠诚度有待提升。

四是支持保障不够有力，体制机制有待完善。以客户为中心的组织架构和流程建设还不到位，部门设置过多、流程过长、部门之间协调性不足，以及"过度管理"、"免责文化"等问题，影响了管理效率，增加了管理成本；市场信息传导和快速反应机制不够完善，以市场为导向的业务创新机制有待强化；全面风险管理体制机制仍需完善，全行尚未形成科学有效的风险文化，主动经营风险和前瞻性管控风险的能力亟须提高；全行尚未形成企业级的信息科技应用、风险管理和行动共识，IT运用和建设仍难适应业务发展需要。

（三）中信银行转型发展所面临的环境分析

进入2015年，世界经济正逐步走向复苏，新兴市场在全球经济格局中的地位上升，亚太自贸区进程启动，未来国际环境总体上仍会给中国经济带来战略机遇。但全球经济回稳的基础尚不牢固，金融市场风险有所上升，尤其是欧洲经济复苏缓慢，部分新兴市场国家的发展面临困境，外部需求难有明显回升。

从中国经济发展状况来看，中国经济正处于"三期叠加"阶段，经济发展进入新常态，经济增长速度正从高速转向中高速；经济结构正从增量扩能为主转向调整存量、做优增量并存；经济发展动力正从传统增长点转向新的增长点。同时，金融市场化改革提速，利率市场化进程加快，金融脱媒进一步加剧，同业竞争将更加激烈。

经济进入新常态会为商业银行发展带来一定的机遇和挑战。在机遇方面，一是"稳增长"带来基建投资的新机遇。新常态下"稳增长"仍是经济工作的首要任务，着力点主要在基础设施建设。重点关注铁路、机场、港口码头、水利工程等关系国计民生的重大项目，关注基础设施互联互通和以新技术、新产品、新业态、新模式为代表的新经济投融资需求，关注国企改革和政府债务PPP新模式带来的机遇。二是产业结构升级带来业务发展的新机遇。中国经济正由工业主导向服务业主导加快转变，2014年服务业占GDP的比重提高到48%，成为第一大产业，网上消费、信息消费、文化消费、旅游休闲消费等新的消费热点不断涌现，将带动庞大的消费金融需求，也为中信银行加快零售业务发展提供了机遇。同时，以高端装备、信息网络、集成电路等为代表的战略性新兴产业发展空间巨大。重点关注云计算、大数据、物联网、电子商务等新一代信息技术与现代制造业的结合，关注节能环保产业的发展机遇。三是区域结构调整带来空间布局的新机遇。国家"一带一路"、京津冀一体化、长江经济带三大区域和"沪、粤、津、闽"四大自贸区战略已初步形成，这为中信银行优化区域布局打开了新的空间，为挖掘区域金融发展特色、加强金融创新营造了有利环境。同时，"一带一路"战略涉及 26 个国家和地区，与中国的贸易额超过 1 万亿美元，在基础设施、贸易投资、能源领域的金融合作潜力巨大。国家大力鼓励和支持企业开展国际化经营和投资，为中信银行开拓国际市场、推进跨境金融及海外并购等业务提供了重要机会。

就挑战方面来讲，首先是经济增速放缓会挑战商业银行传统的业务模式。随着经济增长中枢下移，商业银行以规模扩张为特征的高速增长阶段已经结束，粗放型、高消耗的传统业务模式受到极大挑战，中信银行必须更加注重发展的质量和效益。其次是传统制造业困境挑战行业结构布局。传统制造业，尤其是"两高一剩"、出口导向的低附加值行业受经济下行和外需不振冲击较大，对中信银行加快行业结构转型、降低在传统制造业的集中度提出了迫切要求。最后是局部经济风险的持续暴露挑战风险管控。在经济下行周期，一些地区和行业的信用风险将持续发酵并逐步浮出水面，民间借贷风险加快向银行业传导，中小企业风险不断上升，部分地区平台贷款风险可能暴露，逃贷、倒贷、骗贷、抽贷等问题突出，中信银行资产质量在一段时间内仍将承受较大压力。同时，由于大宗商品价格暴跌导致贸易融资领域案件频发，银行操作风险和案件防控都将面临严峻考验。

在中国宏观经济进入新常态的发展背景下，金融市场的环境也在发生深刻变化，利率市场化、金融脱媒化、人民币国际化、金融网络化的进程加快，监管政策更趋严格，商业银行面临着战略转型和同业竞争加剧的挑战，同时金融环境的变化也蕴藏着发展机遇，必须主动转型，积极利用时间窗口，把握发展先机。首先，资本市场加速发展，"银行+非银"的跨界综合金融服务需求急剧增加，财富管理和投资银行等业务发展面临重大机遇。同时，伴随着跨市场、跨业态、跨领域的金融创新，证券、保险、基金、信托等广泛介入信贷活动，银行业综合化经营趋势愈加明朗。依托集团金融与实业并举的独特竞争优势，中信银行在综合化经营上将大有可为。其次，汇率市场化和人民币资本项目开放的不断深化，为中信银行外汇衍生品业务和跨境人民币业务发展提供了广阔的空间，也为中信银行加快海外机构布局、推动国际化经营创造了有利条件。再次，互联网技术、大数据、云计算的快速发展带来创新发展空间。技术进步带来的渠道革命和信息革命正在颠覆传统商业模式，商业银行加强互联网技术、大数据、云计算的运用，推动产品创新、渠道创新、服务创新、管理创新具有广阔空间。这为中信银行抢占互联网金融发展先机、实现弯道超车提供了战略机遇。最后，银行业准入和退出机制的完善带来资本运作机会。未来银行业主体将更加多元化，存款保险制度即将建立，银行准入和退出机制也将逐步完善，这为中信银行通过资本运作做大做强创造了重要机遇。

在金融市场改革和创新不断加剧的趋势下，商业银行传统的一些发展方式将会面临挑战。在利率市场化不断深入发展的情况下，商业银行负债业务出现理财化、同业化和定期化趋势，负债成本将显著上升，利差进一步收窄，盈利增长面临巨大压力。重构经营模式，优化资产负债结构，加强利率管理和流动性管理，缩小与股份制同业在中间业务上的差距，是中信银行经营转型中亟须解决的重要问题。同时，随着金融脱媒程度加深，企业融资选择正发生趋势性变化。大集团向国际融资、大企业向市场融资、小企业向民间融资、新企业向私募融资，非银行金融机构蓬勃发展，直接融资占比将持续提升，金融产品替代性日益增强，中信银行获取和经营客户的难度加大，特别是拓展战略客户和优质客户的难度更大。此外，在金融创新速度加快、程度加深的趋势下，金融监管强化对经营管理提出了更高要求。监管更加注重公司治理、资本约束和新会计准则的应用，审慎持续监管措施更为有效，市场化监管力度不断加大，合规性监管要求日趋严格，对中信银行业务创新、风险管理、内部控制、公司治理等方面都提出了更高要求。

从商业银行业内的竞争方面来看，国有银行在资金、资本、网点、客户、产品和信息技术等方面仍具有强大的优势。其负债成本低，可以延缓利率市场化的冲击；在大客户中的地位和齐全的产品线为综合经营提供了空间；国际化程度高，更能把握人民币国际化的机遇并创造新的利润来源；科技力量强，具有强大的金融网络化平台。整体上，国有银行在竞争中处于有利地位，但大行之间、区域之间发展不平衡，在局部区域存在被股份制银行赶超的可能。股份制银行则侧重于差异化、特色化的发展思路，例如，招商银行具有显著的零售业务优势，抗经济周期波动能力强；民生银行加快事业部改革，打造了小微金融特色；兴业银行强化同业业务优势，通过搭建银银合作平台迅速壮大；浦发银行深耕公司银行业务，在移动金融、私募股权托管等新兴业务上持续投入；平安银行突出综合金融服务功能，全面发力互联网金融平台建设。城商行依靠地方政府的支持，以及对当地经济环境的准确把握和对企业的关系营销，深耕总部所在区域，地域竞争优势凸显，成为股份制银行重要的区域竞争对手之一。随着金融改革的深化和"大资管"市场格局的逐步形成，证券、保险、基金、信托等非银机构与银行之间的藩篱已被打破。非银金融机构在牌照业务、资本市场业务等领域的优势地位，以及在运作方式、创新能力上的独特优势，对商业银行形成巨大竞争压力。与此同时，互联网金融成为金融竞争格局中的"黑马"。第三方支付企业撬动银行中间业务，移动支付方式也呈百家争鸣之势，阿里巴巴、腾讯、百度、京东等电商企业陆续涉足金融领域，以"余额宝"为代表的互联网理财产品成为银行低成本存款的主要竞争者。

经济金融环境变化和同业竞争新格局，决定了中信银行必须重新梳理发展战略，确立更加清晰、更具特色的市场定位、盈利模式和竞争策略，科学把握转型的方向和路径。中信银行只有主动适应，奋发有为，才能开创中信银行事业的新局面，巩固和提升在股份制银行中的竞争地位。

三、中信银行转型发展的思路和方向

中信银行面对经济新常态的宏观环境,以及快速变化的金融市场,提出了"深化战略转型"的要求,并从发展战略的角度对转型发展进行了总体谋划,从指导思想、市场地位和发展路径方面进行了深入的研究。

(一) 指导思想

中信银行提出,要以客户为中心,以价值创造、轻型发展(轻资本、轻资产)为导向,以改革创新为动力,坚持效益、质量、规模协调发展,努力建设成为业务特色鲜明、盈利能力突出、资产质量较好、重点区域领跑的最佳综合融资服务银行。

中信银行在加快经营转型、深化结构调整方面,重点提出了六个转变:一是转变发展方式,从规模粗放扩张向效益导向的集约化发展方式转变,加强精细化管理,提升价值创造能力;二是转变经营模式,从重资本、重资产向轻资本、轻资产经营模式转变,提高资本使用效率,加快资产周转速度;三是转变功能定位,从信用中介向包括信贷市场、货币市场、资本市场、国际金融市场等在内的金融服务中介转变,提高跨市场资源整合能力,提高综合金融服务能力;四是转变资产负债管理模式,从存贷款管理向表内外资产负债管理模式转变,加强流动性管理,提高资产经营能力;五是转变风险管控模式,从被动控制风险向主动经营风险转变,实现风险控制关口前移,提高全面风险管理能力;六是转变盈利模式,从以利息收入为主向利息和中间业务收入并重的盈利模式转变,提高中间业务收入占比。

(二) 市场定位

中信银行在转型发展中对自身的特色和市场定位进行了深入的剖析,从以下方面进行了谋划:

第一,坚持公司大客户、零售中高端、同业广覆盖的客户定位。在公司金融方面,巩固中信银行大型企业客户和机构客户的基础优势,聚焦具有区域特色的优质行业,依托中信银行大客户基础"链式"批量获取优质中小客户群,实现中小客户风险有效防控和客户经营的协调发展,做大做实对公基础客户群,拓展特色客户群。在零售银行方面,以中高端个人客户为核心,做精高端、做大中端、做简低端、做细客群。在完善私人银行、贵宾、大众客户分层经营体系的基础上,重点突破白领、出国、养老、代发、企业主、职业经理人等特色客群经营。在同业业务上,形成广覆盖、有重点的同业客户群,深度挖掘同业客户价值。围绕全国性商行、大型地方商行、重点非银机构,全面开展交易类业务;大力拓展地方城商行、农商行、农信社、券商、基金、保险、金融租赁、期货公司及创新类同业机构,积极开展各项代理类业务。

第二,坚持以公司银行为主体、零售银行和金融市场为两翼的业务定位。坚持"一体两翼"业务定位,秉承传统优势和基因,在中长期力争逐步形成公司、零售、金融市场"三驾马车"的发展格局。以公司银行为转型支撑点,巩固市场地位,扩大传统优势,重点构建"大资管+大交易"双轮驱动的产品服务体系,打造最佳融资服务银行,在优势业务领域成为市场引领者,在新兴领域建立先发优势。以零售银行为转型突破口,加快二次转型,实施赶超战略。重点发展财富管理和消费金融业务,围绕客户"衣、食、住、行、玩"的需求提供大零售综合服务,提升对中高端客户的现金管理、资产配置、投融资服务能力,打造财富管理、零售信贷和信用卡业务核心竞争力。以金融市场为新兴增长点,加强产品创新,培育差异化竞争能力。重点搭建覆盖货币市场、资本市场、国际金融市场的产品和服务体系,加快发展金融市场、金融同业、国际业务、投资银行、理财等传统特色业务和新兴业务。

第三,坚持聚焦京津冀、"一带一路"、长江经济带以及北上广深的区域定位。紧跟国家发展战略,加大对京津冀、"一带一路"、长江经济带等区域的战略支持。加大资源投入,加强重大项目的协同营销,力争重点领域取得突破,将上述地区打造成为中信银行的重要利润区和增长点,提升地区影响力和品牌知名度。同时,加强与金砖开发银行、亚洲基础设施投资银行、丝路基金的战略合作，密切关注"走出去"过程中交通运输、建筑、电力等行业的发展机遇。坚持差异化和特色化发展，加大对北上广深等重点城市的资源投入，做大做强经营管理水平高、市场竞争力强的重点城市分行，加快在经济发达县域地区的布局。客观评估各区域资源禀赋、经济金融潜力及分行经营管理水平，完善分行分类、分级管理政策，鼓励分行根据区域特色重点突破、差异化发展，增强中信银行的综合竞争力。同时，以上海、广东、天津、福建等地自贸区建设为突破口，加快国际业务发展，加强金融业务创新，打造区域创新平台。

第四，坚持新经济、服务业和战略性新兴产业的行业定位。抓住新经济、服务业和战略性新兴产业带来的机遇，重点关注产业容量大、成长性可预期、战略可实施、业务平台可协同、综合收益可放大的行业和领域。一是积极支持能源、公用事业和基础设施领域。积极支持石油、天然气、煤炭等常规能源领域，关注太阳能、核能等具有良好发展潜力的新能源。积极支持水、电、燃气、热力的生产和供应等公用事业与交通等基础设施。大力支持节能环保、新能源等绿色经济、循环经济、低碳经济的发展，严格限制高耗能、高污染行业的融资需求。在风险可控的前提下，积极投放中长期项目贷款，对行业内开展混合所有制改革的客户提供直接或间接的融资便利。二是积极支持高端制造业和传统制造业的产业升级。按照"合理增长、优选主体、优化担保、提高收益"的原则，积极支持以高端装备制造、高新技术产业为代表的战略性新兴产业，积极支持传统制造业的产业升级，挖掘制造业中最有价值的客户群体，信贷资源优先投向竞争力强、符合技术升级和环保要求的客户，提高综合收益水平。三是以传统服务业为基础，在现代服务业上有所突破。以医疗卫生、教育服务、餐饮住宿、交通运输、新闻出版等传统服务业为基础，积极支持传统服务业的升级。在风险可控的前提下，在现代物流、新媒体、文化创意、网络电商、养老保障等现代服务业中有所突破。四是稳健开展房地产行业授信业务。按照"控制总量、优化结构、提高标准、强化管理"的原则稳妥开展房地产行业授信业务。重点支持一线城市以及成交活跃、公共服务水平高、人口持续净流入的经济发达地区中心城市，以及全国和地方销售排名居于前列的房地产企业。五是因地制宜，支持城镇化建设。择优支持一线城市和经济增长较好、人均收入较高的二线城市以及长三角、珠三角、京津冀、"一带一路"等重点地区中心城市的旧城改造项目、都市圈城镇化项目,围绕土地整理、拆迁安置补偿等环节提供全流程综合金融服务,并带动零售业务发展。六是深化与各省、地市级(含百强县)政府机构的合作。为政府提供PPP项目融资,将政府优质项目与中信银行多元化资金融通渠道相结合,成为政府的全面"财务顾问"和战略合作伙伴。

第五,坚持物理网点多元化、电子渠道移动化、第三方渠道平台化的渠道定位。一是科学规划物理网点渠道,重点推动网点多元化发展。网点布局定位中心城市和经济发达县域,网点业态以小型化、人性化、智能化为方向,重点发展社区和小微网点。加快网点由交易渠道向营销服务渠道转型,加快引入中信体系的综合金融服务,充分发挥网点在建立客户信任度、服务中高端客户、提供个性化服务和复杂交易等方面的优势。二是大力拓展电子银行渠道,重点布局移动渠道建设。按照"网上再造一个中信银行"的目标,打造金融网络化和网络金融化两大平台,充分发挥电子渠道方便快捷、容量巨大、整合开放的"高速公路"功能和交互平台功能,重点加快移动金融渠道建设。三是积极发展第三方渠道,重点深化平台化渠道合作。全面深化和与中信银行签订战略合作协议的BAT(百度、阿里巴巴、腾讯)、海尔、家乐福、顺丰等具有示范推广效应的平台公司的合作,积极融入ETC、市民卡、社保卡等"智慧城市"项目建设,提升从第三方渠道批量获取对公、零售客户的能力。四是加快渠道的全面融合,重点实现线上线下一体化。以打通线上线下的客户获取、交易处理、客户服务等为突破口,加快线上和线下渠道的融合,提升不同渠道的服务水平。

(三) 发展路径

中信银行为了实现战略转型的总体目标,在坚持转型指导思想的基础上从如下几个方面谋划了发展路径:

第一,依托集团金融与实业并举的独特竞争优势,加快综合化平台建设,为客户提供一揽子综合金融服务方案。深化融融协同,发挥集团金融全牌照优势，加强与集团金融子公司的客户资源和渠道资源共享，深化在产品创新、综合营销领域的合作。研究建立个人综合金融服务账户，提高产品交叉销售。强化有利于协同的体制和机制建设，以专业化管理推进协同，以绩效考核和利益分配激励协同，以制度流程固化协同。突出产融协同，加强与集团实业子公司的合作，力争成为集团实业子公司的主办银行。提升行业营销和风险管理能力，为集团实业子公司及合作伙伴提供行业解决方案。探索银行综合化平台建设，积极把握市场机会，适时开展银行并购，设立非银行金融子公司，搭建综合金融服务平台。同时，加快推进现有金融子公司的建设，加强香港振华国际全功能投行平台建设，支持在港收购牌照；加快金融租赁公司的筹建，支持尽快做大做强。此外，在互联网金融快速发展的趋势下，引入具有渠道优势或互联网优势的战略投资者，提高跨渠道资源整合能力，积极探索互联网金融领域的合作。

第二，以"大单品"为龙头，实施特色化经营战略。构建"大单品"发展模式，强化特色化经营战略，提高品牌和市场影响力。将获客能力强、业务贡献高、品牌效应好且易于复制推广的重点产品及产品组合塑造成为中信银行的"大单品"，强化资源支持和创新力度，全力打造具有中信特色的市场品牌。加强政府综合金融、电商供应链金融、汽车金融、现金管理、电子商务、托管、跨境贸易金融、利率汇率服务、直接融资、票据业务、出国金融、信用卡、房抵贷、智慧投资（"薪金宝"）、手机银行等"大单品"的推广营销力度，做大业务规模，提高综合收益。

第三，以"大资管"为抓手，实施中间业务发展战略。在当今金融市场创新发展不断深化的情况下，不同领域的渠道和产品互相渗透，"大资管"成为重要的发展趋势。中信银行要抓住"大资管"发展机遇，提升中间业务收入贡献和市场竞争能力。整合集团内外金融机构资源，以板块协同为基础，搭建开放性、跨市场的"大资管"产品平台，打通银行表内外业务，打通信贷市场、货币市场和资本市场，满足公司、零售和金融同业客户的多元化投融资需求。强化资产业务的经营能力，加强债权股权融资、资产证券化、票据等资产运用，带动中间业务快速发展。推动理财业务回归资产管理，按照"大资管"发展思路，将理财投资品种逐步拓展至并购、夹层融资、PE基金、对冲基金等资本市场领域，丰富理财产品的投资品种体系。通过理财功能提升优化"大资管"平台，开发完善理财产品的消费支付、质押、转让等功能。

第四，以"互联网金融"为突破口，实施渠道一体化战略。以互联网技术和互联网思维优化经营模式，加强各类渠道的协同和整合，提升"大数据"资源的综合运用。加强渠道整合，优化个人网银、手机银行、自助机具，推动超级柜台建设，重构门户网站，提升客户体验，强化电子渠道的营销推荐功能。为客户提供线上化的"金融+非金融"产品和服务，实现基础服务类、支付体系类、生活服务类、特色服务类等产品和功能在电子渠道的上线，提升客户体验，拓展客户来源渠道。突出移动互联网产品开发和服务，强化手机银行应用开发，打造领先同业的渠道平台。整合客户资源和合作方资源，打造开放性的互联网金融平台。探索搭建直销银行、P2P、P2B等开放式获客平台，结合电子账户，实现高效批量客户获取和经营。拓展第三方渠道资源，推广微信银行、微博银行、百度直达号、支付宝服务窗等客户服务平台，延伸客户营销和服务的触角。推动NFC移动近场支付、二维码支付和全网收单等移动支付创新，打造包括跨境外汇支付、跨境人民币支付、跨境汇款、跨境支付收单和跨境学费代缴在内的全方位跨境支付结算体系。搭建O2O营销体系，利用互联网营销工具和手段，引导线上中高端客户至线下网点获取特色金融服务。在线下网点建立"一卡、一Key、一移动"的标准客户营销模式，引导线下中低端客户至线上经营。应用大数据技术，开展线上线下相结合的精准营销和客户服务。建设智慧社区O2O平台，以社区生活服务为切入点，开展线上获客，线下服务，双向引流，相互转化。探索物联网与银行产品和服务的结合点，抢占物联网金融先发优势。强化"大数据"平台建设，支持渠道互通互融。融合行内数据与外部数据资源，推动"大数据"对传统业务渠道的纵向整合和横向渗透，整合柜员、客户经理、智能设备、客服中心、网银、手机或移动终端等各类渠道，提供一点接入、全程响应的智能化渠道服务。全面试点大数据、云计算技术在银行经营管理中的应用，提高数据挖掘、分析和响应能力，提高运营管理效率和精准营销能力。

第五，以人民币国际化为契机，实施国际化经营战略。顺应国际化发展趋势，以集团海外业务需求和银行客户需求为中心，加快推进国际化经营步伐。加快全球金融交易平台建设，设立境内外交易中心，以交易为基础，发挥面向"货币市场、资本市场和国际金融市场"三大市场的基础平台功能。重点实施"三步走"策略：首先做强北京交易平台，提升金融市场业务的市场地位；其次抓住沪港通等机遇，做大香港交易平台；最后适时在伦敦和纽约建立国际交易平台，抓住人民币国际化和资本项开放的机遇，为客户提供全球交易、结算等综合金融服务。稳步构建国际化服务网络，突出信银国际在中国港澳地区、新加坡、美国的国际化经营平台作用。择机在主要金融中心、新兴市场国家（地区）及中资企业分布较多的国家建立总行直属分行、子行，启动伦敦分行的筹建工作，尽快形成中信银行的海外行架构。适时通过并购、参股等形式建立海外机构，完善海外服务网络。加强国际结算平台搭建，以电子信息化手段在更多的国家构建服务网络。顺应企业"走出去"和人民币国际化趋势，大力拓展跨境人民币业务，重点发展本外币贸易融资、国际结算与资金清算及离岸金融业务，实现本外币业务一体化发展和在岸离岸业务联动。加强跨境金融产品创新，进一步拓宽同业合作渠道，有效提升境内外分支机构的联动效率，推进对跨境企业客户的全球授信。加强与信银国际在国际业务、金融市场业务、投资银行、私人银行、信用卡、资金清算等业务领域的全面合作。

第六，以创新体制改革为重点，实施创新驱动战略。重点实施创新体制改革，激发全行创新活力，引领全行提升核心竞争力，围绕"大单品"特色体系建设，创新一批市场前景好、盈利能力强、社会影响广的拳头产品。创新必须要加强顶层设计，要健全全行创新工作的领导、组织和实施，加强创新规划和统筹管理，加大创新人才、科技、资金等资源投入，形成产品创新、服务创新、管理创新、技术创新等全面创新格局。制定科学合理的风险偏好和容忍度，积极营造"鼓励创新、促进创新、支持创新"的文化氛围，切实解决创新过程中存在的职责不清、流程冗长、反应迟缓、"免责文化"等问题。坚持风险防控和依法合规，对投机性强、结构复杂、关联度过高、杠杆倍数过大、高度不透明的金融创新从严控制。建立科学的创新考核激励机制，设立创新奖励基金，对优秀单位和个人进行奖励。加强创新成果保护，积极申请创新产品的知识产权。创新还要有适应创新的管理体制，要不断加快创新体制改革。充分发挥总行产品创新管理委员会的作用，明确前台营销部门、产品研发部门、后台保障部门和技术支持部门的职责分工，建立涵盖产品创意、规划、研发、试行、推广、后评价和推出的全周期产品创新管理流程。加强产品规划管理，加强基于客户需求和同业市场的产品研究，提高产品创新的前瞻性、时效性和可行性。加强信息交流，建立全行统一的产品信息库，畅通产品信息反馈渠道和产品市场监测渠道，实现产品信息自下而上的高效收集，以及产品自上而下的高效推广和营销。加强产品创新IT支持，搭建涵盖产品研发管理、产品信息支持、产品数据分析等的产品创新管理平台，实现产品管理流程化、产品信息传递高效化、产品数据分析科学化。研究在上海自贸区、深圳前海设立区域产品研发中心，通过区域中心创新激发创新活力，推动全行产品创新工作。

四、中信银行实现转型发展的对策

中信银行实现战略转型的过程中，提出加快从以业务为中心的经营管理模式向以客户为中心的模式转变。实施差异化的竞争策略，把握市场发展趋势，依托专业化的产品体系，满足客户全方位需求，推动各项业务的可持续发展，提升中信银行的市场综合竞争力。

（一）加快公司金融转型发展，打造最佳融资服务银行

以客户为中心，以创新为动力，加强客户经营体系、产品体系、营销管理体系三大体系建设，强化特色优势，建立资本集约型发展模式，更好地发挥公司的业务支柱作用。

第一，要加强客户经营体系建设，夯实业务发展根基。实施客户分类分层体系化，结合客户属性、业务贡献、合作潜力、客户风险等因素，细化对公客户分类分层标准，制定规范的认定、调整、退出机制和流程。以此为基

础，构建差异化的客户营销服务体系。深入战略客户经营精细化，按照深耕细作、顶层设计、名单制管理、以客户需求为导向、综合方案营销、综合算账、影子考核、团队协作、风险管理等原则，整合中信集团内外资源，通过"商行+投行"、"境内+境外"、"线上+线下"、"对公+对私"等多种模式，强化总行对战略客户的营销、管理和指导，实现对战略客户全方位、多维度的经营精细化，巩固中信银行大客户基础优势。推进机构客户服务专业化，围绕政府中心工作，通过打造专业化营销服务团队，加强对机构客户的传统基础服务，将特色化专业平台建设与现代科技手段有机结合，提升对机构客户的科技服务水平和多产品服务能力，巩固并强化中信银行机构业务的领先优势。加快中小客户经营开发模式化，以中信银行核心客户为依托，围绕其产业链、资金链、股权链等，将支付结算、现金管理、贸易融资等产品嵌入客户经营管理的全过程，链式批量获取优质中小客户。配置专业团队，强化中小客户的专业化、集中化经营，实现风险有效防控和客户经营的协调发展。

第二，加强产品体系建设，打造"大资管+大交易"双轮驱动服务模式。按照"专业性强、适用性广、推广性高"的原则，依托中信银行在投资银行、金融同业、交易银行等领域的专业优势，以对公客户融资需求为出发点，以行业为依托，整合各类资源，搭建同业合作平台，重点打造基于大中型企业并购需求的"并购融资"类产品，基于企业资产负债表的"市值管理"类产品，基于国际化企业的"跨境融资"类产品，基于政府客户的"PPP融资"类产品，为客户提供多维度"大资管"解决方案，强化资产业务的经营能力，促进负债业务和中间业务收入的稳定增长。以打造平台型服务能力为核心，应用互联网、大数据、云服务等先进手段，强化贸易融资平台、现金管理平台、资产托管平台、电子商务服务平台、互联网金融服务平台"五大平台"建设，重点打造电商供应链金融、汽车金融、电子商务"B2B"、互联网基金销售与监督等交易银行产品。

第三，加强营销管理体系建设，全面提升经营管理效率。做强做实"两级管理、三级营销"架构，增强总行公司板块业务发展引领作用，强化分行公司板块区域营销组织中心作用，加强综合性支行对公经营职能建设，形成总分支高效联动的公司业务营销服务体系。构建"客户经理+产品经理"一体化营销服务团队，进一步完善客户经理管理办法，加强客户经理的准入和退出管理，强调客户经理队伍的稳定和综合素质的提升。同时，加强产品经理队伍建设，推出产品经理管理办法，打造中信银行产品专家团队，发挥产品经理在研发和销售中的重要作用，使产品、营销、服务有机融合。优化信息管理系统，重点依托客户关系管理系统，强化客户信息视图设计和客户价值分析，逐步形成以对公客户数据为基础的公司金融数据体系，通过大数据分析，挖掘市场信息和客户价值，为业务管理和营销决策提供支持。完善联动营销机制，本着全行利益最大化、有序协作的原则，建立区域联动考核机制，充分调动分行在跨区域客户营销和业务推动中的联动积极性，尝试建立主办行、协办行双边记账考核模式，调动联动各方积极性。

（二）加快实施零售二次转型，打造客户最佳体验银行

全面推进零售二次转型，提升经营管理效率，打造"客户体验一流、盈利增长一流、品牌形象一流"的零售银行。

第一，要加快推进网点转型，全面提升经营绩效。加强网点统一规划，盘活存量，用好增量，优化区域和城市布局，加快在经济发达县域的布局，形成由智慧（旗舰）网点、综合网点、精品网点、社区/小微网点、离行式自助网点组成的多样化网点业态。强化网点的标准化管理，实现全行网点"三个统一"，即统一网点建设、统一CI形象和视觉识别、统一人员服装。按照客户分层、功能分区、产品分销的"三分理念"，建立和实施营业网点内部功能分区标准。提升网点服务和营销水平，建立总分支三级零售内训师队伍，在分支行全面导入转型规范、工具和文化理念。以网点服务礼仪标准化为抓手，提升网点服务质量；以规范网点厅堂营销、外拓发展等营销流程为突破口，提升网点营销效能；完善绩效考核方式，提高网点一线人员积极性；以加强消费者权益保护为重点，提升客户满意度和忠诚度。

第二，要转变客户经营模式，打造特色客群经营优势。整合分层客户营销维护体系，强化对中高端客户的综合服务。搭建私人银行专属服务平台，建设专业化产品服务体系。细化对于客户群体的经营，配置分客群产品组合和增值服务体系，搭建主动营销和精准营销平台。建设以客户关系管理系统

为核心的个人客户管理系统群,强化客户分析建模和数据挖掘,提升客户识别、拓展和维护的有效性。

第三,要全面夯实发展基础,确保负债业务稳定发展。以资产配置方案抓住中高端客户存款,重点挖掘基础客户、特色客群、县域客群的存款潜力,积极拓展和挖掘代发工资、POS商户等储蓄资源。强化存量客户维护,降低中高端客户流失率,同时借助对公业务资源优势,建立第三方渠道获客体系,发展高端客户。

第四,要建立"四化"发展机制,推动个贷业务健康发展。通过业务小微化、产品标准化、运营工厂化和渠道网络化,提高经营效率,在风险可控的前提下实现盈利提升。同时,将个贷客户纳入分层客户管理体系,发挥个贷业务的获客作用。保持个人住房贷款主流市场地位,以住房抵押综合授信为突破口,大力推广高定价的综合消费贷款;依托中信银行汽车金融优势,继续重点发展家用车贷款。

第五,要积极推进落地融合,实现信用卡跨越式发展。在信用卡业务专业化经营基础上,通过流程整合、资源共享、业务互补、人员融合,实现信用卡业务在分行的落地融合,依托零售板块做大信用卡业务。继续巩固信用卡业务在跨界联结、打造极致客户体验、构建特色商户体系方面的差异化发展优势,在风险控制、提高效率的前提下扩大市场占有率,打造极具市场影响力的信用卡品牌。

(三)强化金融市场业务创新,打造盈利新兴增长点

中信银行在金融市场业务创新方面,提出以"提高盈利能力、加强产品创新"为经营重点,培育差异化竞争能力,并从三个方面提出了对策:

第一,紧跟三大市场发展,加快金融产品创新。围绕货币市场、资本市场和国际金融市场发展,重点提升多渠道融资安排能力、创新产品设计能力和综合服务方案定制能力。在货币市场产品方面,积极发展结算类同业存款、结构性存款、非结算性同业存款、人民币同业存单(NCD)等负债类产品;完善资产管理产品体系,通过理财、代销、结构性福费廷、存单质押受益权等货币市场组合产品满足客户差异化需求,加大标准化银行理财产品创

设和代理理财产品引入；稳健开展票据业务。在资本市场产品方面，积极推进投贷联动、夹层融资、新三板融资、国企改制和管理层收购等股权融资服务；拓展永续债、并购债、创投公司债等混合资本类债券承销新品种，加强政府背景类债券承销的营销推动；大力发展私募股权投资基金业务，抢抓国企改革和城镇化建设机遇。在国际金融市场产品方面，发挥贸易融资与外汇资金业务产品组合的一揽子金融服务方案的优势；积极开展跨境人民币产品创新，提升跨境人民币在国际业务中的占比，推动跨境联动与交易结算、离在岸跨境投融资、跨境电子商务等创新业务；大力推进跨境资金集中运营业务，为大型集团企业本外币区域资金和外汇风险集中管理提供统一平台；研发创新资本项目跨境产品，加强跨境担保、跨境交易、跨境并购、境外上市及私有化安排、跨境债券发行、RQFII等跨境产品创新；推动上海自贸区、深圳前海、苏州工业园、天津生态城等试点地区跨境创新产品落地。

第二，发展轻资本消耗产品，突出高收益回报产品。一要加快发展轻资本消耗、风险缓释及资产证券化类产品，以直接融资服务为核心，积极发展债券承销、理财融资等业务；积极开展票据直贴、信用证、非融资性保函、期权、代收保付、国内证间接买断等低资本消耗业务；加强表内信贷及非标资产风险资产缓释。二要积极拓展套利类、组合类高收益产品，寻求本外币市场、境内外市场、汇利率及贵金属市场间的套利机会；充分发挥专业化的产品设计与研发能力，为客户设计个性化金融板块产品组合方案。

第三，夯实同业客户基础，加强重点客户营销。扎实推进地方商行服务平台、清算结算平台建设工作，加强对保险、证券、基金、期货行业等重点客户的营销力度。推进地方商行平台建设，加强清算结算平台营销。以地方商业银行为目标客户，打造中信特色的银银服务平台，加强与中证登、上交所、上清所等清算平台类客户的合作。推动证券公司合作，加强保险公司综合营销。持续推动证券公司综合授信业务，开展相关资产业务和证券公司主动管理类业务，巩固第三方存管业务，推进与保险资产管理公司的全面业务合作，推动各类保险产品代销业务。加快银期业务拓展，深化与货币市场基金的合作。推进期货保证金存管、期货资产管理产品和套期保值等业务，巩固货币基金行业的同业负债来源。

第九章 新型城镇化背景下商业银行转型发展的对策建议

新常态形势下,中国城镇化发展思路、路径等也面临着战略性调整,"以人为本"的新型城镇化意味着人民对产品和服务的需求持续升级,正在催生一大批新兴产业和新兴业态,基础设施、公共服务、产业升级等均处在大转型时期,对金融服务的需求也在发生巨大变化。同时,随着金融改革深入推进,利率市场化逐步放开,金融脱媒加剧导致存款不断流失,移动互联网崛起带来互联网金融异军突起,银行业传统的增长方式明显难以为继,倒逼商业银行转型、跨界、综合化发展。商业银行要转型成为全面服务新型城镇化建设的领先者,就必须抓住全面深化改革和新型城镇化发展的战略机遇,加快展开战略转型的实践探索,着力构建内涵式智慧发展模式,围绕新型城镇化进程中日益增长和升级的金融需求,加快转型发展,赢得新的更大的发展空间。

一、调整提升经营管理战略

(一) 实施一体化经营策略

从企业的角度来讲,一体化战略是企业充分利用自己在产品、技术、市场上的优势,根据物资流动的方向,有目的地将相互联系密切的生产经营活动纳入企业系统之中,组成一个统一的经济实体的过程,从而使企业不断向深度和广度发展。一体化经营策略可以打通全价值链,优化企业内部资源配置，提高经营服务效率。

对于商业银行这种主要经营金融资产、金融负债和与之相联系的金融服务的特殊企业来说，特别是随着产业集聚不断加强及县域经济快速发展，实施一体化战略尤为重要。商业银行可以充分利用互联网和平台化思维，构建以银行结算融资为核心的资金流、信息流、物流和商流"四流合一"的综合交易平台，成为金融、产业、城建等资源的整合者，打造成综合金融方案提供商。

在新型城镇化进程中，作为商业银行，一方面应加强新兴产业中供应商、生产企业、销售商之间的串联营销，实现纵向一体化；同时应加强与同业或其他金融机构的强强联合，实现横向一体化。另一方面，随着现代农业产业链的蓬勃兴起，商业银行应该在农业产业上、中、下游链条中提供全方位金融服务，通过提供农业产业链金融业务，以点带线，以线带面，逐步将城市金融服务网络延伸至农业中的小微企业，从而在切实发挥商业银行服务"三农"的社会价值中实现自身规模和效益的稳步增长。

（二）差异化经营策略

坚持特色化战略定位，实施差异化经济策略。一是要在经营管理的制度设计和流程规范中凸显特色；二是创新特色产品，突出特色服务，通过产品及服务的特色化、差异化，最大限度地降低被模仿性或被复制性，寻求不同于他人的金融服务之道，由同质化竞争走向差异化竞争、由一般服务走向专业化服务，充分体现个性特色和差异化。商业银行可以建立特色化和差异化的经营模式。

新近获批的民营银行围绕股东优势创新差异化发展策略，也在倒逼传统商业银行加快转型。目前，深圳前海微众银行、上海华瑞银行、温州民商银行、天津金城银行、浙江网商银行首批五家试点已全部开业，已经形成较为明显的发展特色。例如，深圳前海微众银行重点服务个人消费者与小微企业；上海华瑞银行确立了"服务小微企大众、服务科技创新、服务自贸改革"的战略定位；温州民商银行则定位于主要为温州区域的小微企业、个体工商户和小区居民、县域"三农"提供普惠金融服务；天津金城银行重点发展天津地区的对公业务；浙江网商银行号称跑在"云"上的银行，将以纯互联网方式运营，不设物理网点，不做现金业务，也不会涉足传统银行的线下业务如支票、汇票等，而贷款则专注于做小微金融服务。五家试点银行依托先进的现代科技和全新的经营模式，积极探索差异化策略，将给中国银行业体系转型与变革带来一定的冲击。目前，各商业银行发展战略也开始呈现出差异化特征，围绕国际化、综合化、本土化、专业化、社区化、互联网等逐步形成发展特色。

在新型城镇化背景下，鉴于中小城市和城镇的地方特色比较浓厚，商业银行要充分尊重地方发展特色，鼓励分支机构研究特色业务。同时，总行及省级机构要为基层行业务发展提供强大的后台支持与服务，通过开通特色业务报送绿色通道、合理下放管理权限等有效措施，为城镇化建设提供综合性、特色化金融服务。

(三) 实现可持续发展

商业银行可持续发展战略是指在追求自我生存和永续发展的过程中，既要考虑经营管理目标的实现和市场地位的提高，又要在已领先的竞争领域和未来扩张的经营环境中始终保持自身盈利能力的提高。

商业银行在助推城镇化过程中实现可持续发展，既要考虑当前发展的需要，又要考虑未来发展的需要，应积极面对不可预期的经营环境、金融环境震荡和城镇化深入发展过程中产业结构的变革，不能以牺牲后期的利益为代价换取暂时性的发展。

二、加快结构调整

(一) 提高"泛资产"配置效率

2005年以来，国务院陆续批准商业银行开展投资基金管理、金融租赁、信托和保险等试点工作，此后商业银行一直在进行混业经营的尝试，根据业务范围拓展不断组建事业部制、全资子公司、参股或控股子公司等，目前许多商业银行已经涉足证券、保险、基金、租赁等。但是，在实际经营层面，银、证、保业务目前大多还只是停留在通道合作层面，未来，随着金融改革的不断深入，商业银行不同业务之间的融合是一个大趋势，正在推进的国有企业和混合所有制改革也为银行业改革提供了机遇，商业银行可以加快探索适应市场的新体制、新机制、新模式。

面向未来，商业银行必须"跳出银行做银行"，以"泛资产"管理的理念，将资产配置的视角和金融服务的范围从间接融资扩展至整个金融市场，对内打通贷款、投行、理财等业务分隔，对外借助大金融市场拓展跨境金融、资产交易、泛证券化、互联网金融、结构性融资等新型业务的空间，为新型城镇化提供更加广阔的资金支持。

（二）优化资源配置

资源配置是指由于资源的稀缺性，必须以一定方式把有限资源进行合理整合分配，以实现资源的最佳利用。对于商业银行来说，为适应城镇化发展需要，必须优化信贷资源配置。

按照帕累托最优状态，银行信贷资源的最优配置是在既定的资源数量限制下，进行资源优化配置，使至少一个客户的状态变好，但不使其他任何一个客户受到损害。银行的信贷资源是有限的，给一个客户放贷，则意味着可能会有另外的客户得不到所需的贷款而难以经营下去，从而达不到帕累托最优状态。

商业银行合理优化信贷资源配置，必须在确保较高的盈利水平和信贷资产质量的前提下，通过制定差异化的准入政策等措施，因地制宜，选准目标区域，紧紧围绕城镇化进程中居住社区化、产业园区化、农民市民化的趋势，做到信贷资源"五个倾斜"。即向城镇化建设重大项目、城镇化产业支撑项目、公共服务和民生工程项目、进城居民生产经营和消费升级项目及新农村建设项目上倾斜。

（三）全方位分层管理

商业银行由于面对的客户层次不同、需求不同、发展方向和市场潜力不同，特别是随着城镇化背景下中小企业客户的快速发展及零售客户的异军突起，只有精确识别管理对象的层次、需求和潜力，设计相应的管理手段、方法，实施全方位分层管理，才能真正实现优化管理，提高管理效率，逐步减少由于管理手段、方法层次与管理对象发展层次的不对称而导致的管理资源浪费。

针对企业客户，应以"做强高端、做大中端、做简低端"为分层管理目标，在营销策略、授信审批、定价水平、业务操作及后续管理等各环节实施全流程、精细化分层管理。同时还要随着企业客户的成长提供分层服务，如小企业初创阶段，提供"创业一站式"服务，以快速审批和快捷操作为特色；初期发展阶段，提供"创业一站式"服务，提供固定资产贷款、流动资金贷款、信用证、银行承兑汇票等各类金融产品；快速成长阶段，提供扶持小企业加快进入资本市场等全方位金融服务。

针对零售客户，应以网点差异化功能定位为抓手来实施分层管理，如对不同经济区域不同层次的客户群体分别设立财富型网点（包括私人银行、财富管理中心和理财中心）、精品网点、基础型网点和自助型网点，以切实提升渠道竞争能力。

三、加强制度流程创新

（一）制度政策差异化

商业银行要在城镇化进程中确保对中小城市、城镇中目标客户群体的服务质量和效率，关键在于实现授信制度的创新。而授信制度的创新，重点在于差异化授权管理。

商业银行应转变"大企业风险小、小企业风险大"的传统风险观念，在充分了解企业支付、交易、信用、技术、管理水平及产品销路、经济效益、发展潜力等各方面情况的基础上，根据不同辖区经济发展和客户的不同情况，建立差别化的信用评级体系，在控制金融风险的前提下，充分考虑欠发达地区的发展阶段和经济因素，适当增加基层行的授信额度和审批权限，使基层行掌握一定的信贷经营决策权和自主权，实行差别授权，如对信贷资产质量高的分（支）行、地区和信用级别较高的客户，应相应扩大其贷款审批权和贷款额度。

（二）业务操作流程化

为适应和促进新兴业务的快速发展，业务操作必须实现流程化，以夯实商业银行转型发展过程中的管理基础。

一是突出核心业务流程。将最能体现竞争优势、价值贡献度高的核心业务流程作为重构再造的重点；而对于那些附加值低或不能体现竞争优势的业务流程，应采用外包手段或者果断予以放弃。

二是突出业务流程的差异化。商业银行不仅要注重业务流程的标准化，还应注重客户需求和管理需求的个性化。如根据不同客户群的金融需求，推出差异化业务流程，根据客户的收入水平，分别设计出针对高收入客户、中等收入客户、低收入客户的特别业务流程；根据客户的信用水平，分别设计出针对高风险客户、中等风险客户和低风险客户的业务流程等，提高运营效率和服务质量。

三是实现业务流程的信息化、自动化和智能化。利用先进的电子信息技术手段，将优化了的业务流程编制成信息化系统运作程序，推进业务流程转换成自动化和智能化的信息流，从而实现高效运行和强化风险控制的目的，提升管理效率。

（三）流程管理精细化

商业银行通过单纯的规模扩张就能实现平稳发展的"跟随发展"时代已经结束，商业银行"广种薄收"的粗放式管理模式难以为继，必须适时做出新的战略转型，加快改变传统的重规模轻效率、重速度轻质量、重业务轻管理的外延粗放型经营方式，坚持精细化管理理念，充分利用先进的管理工具，推动业务经营的流程管理、服务体系的精益化，再造以关键细节为重点的业务管理流程，加大以细节为指标的考核权重，打造具有细节特点的企业文化，持续完善科学的考核机制，优化业务流程，强化战略执行，提升银行内部管理水平。

四、加快业务产品创新

（一）业务创新原则

一是提高核心竞争力。商业银行之间的竞争，归根结底是核心竞争力的竞争。而核心产品则是核心竞争力的最重要的表现形式。银行竞争优势可能体现在成本、服务、业务品种和运行效率上，但并不是全部的产品都可以把核心竞争力表现出来。在城镇化背景下，商业银行必须谨慎选择核心竞争力的载体，通过把符合自身发展要求的核心能力以及关键资源中最重要的要素进行重新组合，针对不同的经济区域和营销板块进行特色化的产品创新，做出品牌、做出特色，避免同质化竞争，才能持续地创造出比竞争对手更多的财富。

二是培育利润增长点。城镇化在一定程度上促进了信贷供给的多元化，此种背景下，规模庞大并不一定等同于更多的利润。商业银行应有机结合土地、资金和劳动力等城镇化要素，通过重点支持基础设施、新农村建设、产业园区及安居工程建设，加大个人消费、小微企业信贷产品服务方案研发力度，寻求更多的利润增长点。

三是自主性、适应性和规避性。商业银行为适应城镇化实体经济发展要求，应根据市场需求变化，加强业务创新的自主性、适应性和规避性。即业务创新要摒弃模仿式创新，应充分发挥自身的主观能动性，突出产品创新的自发性和主动性，而不能仅仅依靠外部力量干预；业务创新应随着外部环境的不断变化来提高自身的压力应变能力，增大业务产品的动态适应性；业务创新应在法律法规未明确禁止的空间进行，不能与其相抵触。

（二）业务创新方向

一是有效组合传统业务产品。根据新型城镇化要求，整合内外部资源，围绕新兴产业链、服务业价值链等有效组合传统业务产品，为客户提供更加系统、综合的金融服务。

随着城镇化带来的市场需求异质性的不断增强，商业银行投入一个真正的全新产品并不容易，不仅需要人力物力的投入，更要面对客户观念的更新和尝试性的选择，因此新产品开发往往存在很大风险。

产品组合虽然不是全新产品，但胜过全新产品。商业银行应在新兴产业链条串联营销和农业产业链条一体化服务过程中，通过对产品项目即银行产品目录中某个特定的产品（如流动资金贷款、固定资产贷款等）和产品线即许多产品项目的集合（如存款业务、贷款业务和中间业务等）进行有机组合来提高资源利用率和整体经济效益，有效分散经营风险。

二是加速开发新兴业务产品。伴随着全面深化改革的不断深入，金融创新日趋活跃，金融市场层次和产品不断丰富，商业银行应根据新兴需求加速开发新兴业务产品。

（1）基础设施信贷资产证券化。城镇化需要大规模基础设施建设，需要商业银行提供大量信贷支持。但随着金融危机的爆发，国家对商业银行的监管日益严格，对商业银行资本充足率和存贷比的要求不断提高。通过基础设施的信贷资产证券化，一方面，商业银行可以将风险加权资产由表内转移到表外，减轻银行的资本压力；另一方面，信贷资产证券化可以分散商业银行的信贷风险，缓解资产负债期限匹配矛盾，调整信贷结构，有助于商业银行改变以存贷利差为主的传统盈利模式。对于基础设施信贷资产证券化应坚持审慎的监管原则，要求发行商业银行持有最低比例的最低档次证券，实施资产证券的双评级或多评级制度，强化信息披露。

（2）拓宽银银、银财、银信、银证、银保等合作领域。银行之间合作空间广阔，在资金融通方面，商业银行在银行间市场上互为交易对手，互通资金，具体品种一般包括资金拆借、票据转贴、债券交易等。在资产业务方面，一般包括信贷资产转让、直接或间接银团贷款等。在结算代理方面，一般包括银行汇票、汇兑、委托收款、托收承付等。同时在产品研发、技术系统、渠道网络等方面，银行间也有很大的发展空间。银行发展银财合作，可以利用自身的信息等优势为财务公司提供技术指导，为财务提供咨询服务等，增加商业银行的中间业务收入。商业银行可以通过银信合作实现向高端客户提供个性化服务的目的，解决产品匮乏问题。银信合作发挥了信托公司和银行各自的优势，具有双重的效果。银行和信托公司可以利用集合资金信托计划发行信托型私募基金，为彼此带来收益。在银证合作中，商业银行可以与通券商在客户资金结算、第三方存管及券商现金管理业务方面展开合作。通过银证合作，一方面有效规避了对理财资金运用的监管限制；另一方面为信贷由表内转移至表外提供了可能。在银保合作中，商业银行可以提供保险兼业代理、代收代付、融资业务、银行卡业务、现金管理业务等服务，有利于银行巩固和紧密中高端客户关系、优化客户群结构、提升品牌形象、扩大中间业务收入等，对银保业务发展将是一个质的突破与提升。

（3）零售业务凸显财富管理特色。从根本上讲，财富管理理念是促进商业银行从传统的信用中介向综合金融服务商转变的关键，具体包含信息技术、专业团队、风险管理、渠道布局等方面的全面支撑，包含组织结构与流程再造，以及综合化经营平台的建设，并在此基础上为客户提供融合私人银行、投资银行、证券、保险、基金、信托和租赁等元素的综合解决方案，实现商业银行和客户价值的共同成长。只有以这样的财富管理理念定位商业银行未来的零售业务发展，才能改变目前商业银行同质化的发展局面。

（4）提高个人消费金融产品的便捷化程度。伴随着国民个人财富的快速增长，个人消费需求日益增强，特别是"十二五"规划提出将进一步扩大内需，提高个人消费比例。未来，个人消费金融和个人理财的需求会越来越强，这给银行带来了很大的机遇。随着个人消费金融的发展，消费金融产品日趋多样化，包括银行理财、银行卡、自助银行、电子银行、基金保险代销、个人消费贷款等，多样化的消费金融产品既可以满足客户的消费需求，也可以增加商业银行的收入。但是，在开发消费金融产品时，应该注重其便捷程度，随着现代信息技术的发展，金融产品也应与时俱进，与现代科技相结合,升级改造银行电子设备,布局电子网点,使个人金融产品便捷化。

(5) 积极开发"基地+农户、园区+企业、市场+商户"等新兴担保业务。为了解决小微企业和农户的融资难问题,商业银行可以推出"基地+农户、园区+企业、市场+商户"等新兴担保业务。由于农户资产抵押难,可以利用农户所处基地,由基地作为担保方,农户作为融资方,向银行贷款,这样既可以增加信用,降低银行放贷风险,又可以解决农户的融资问题,促进城镇化的发展。针对入住园区、市场的企业和商户,可以设立专门的担保公司,为其融资进行担保,同时由专业担保公司向银行推荐优质客户资源信息,以实现批量开发客户的效果。此种模式下,商业银行不仅可以为客户解决融资难、融资急的问题,还可以提供专业化、综合性的服务,凭借差异化、个性化的特色产品,实现了银企"双赢"的局面。

(6) 多元化发展网络贷款及网络、移动虚拟支付等电子银行业务。电子银行业务是商业银行未来的趋势,是商业银行的必争之地。发展好电子银行业务,才能满足现代客户的金融需求,才能立于不败之地。发展电子银行业务,应该采用多元化的发展策略,包括网上贷款、网上支付、移动支付等,满足人们快速便捷的融资需求和支付需求。同时,针对这些业务,应寻求第三方合作平台,这样既可以分散风险,也可以扩大渠道、发展业务。如网上贷款,可以寻找腾讯、阿里巴巴这样的交易平台,它们拥有大量客户资源,也拥有这些资源的交易流水,它们把控这些客户的能力更强,因此与这些平台合作会大大降低客户的开发成本和风险成本,容易获得优质客户,推动商业银行业务的发展,提高盈利能力。

五、创新金融服务模式

(一) 利用互联网技术创新服务模式

互联网特别是移动互联网的蓬勃发展为商业银行创新金融服务模式提供了前所未有的机遇,同时信息消费、电子商务、电子支付等互联网经济快速发展，第三方支付公司、电信运营商、互联网公司等非银行机构加速向支付结算、信用中介等传统金融服务领域渗透，互联网金融的替代作用正在凸显，商业银行传统经营模式面临互联网创新商业模式的有力挑战。另外，网络媒体、社交媒体的蓬勃兴起也为银行创造了新的客户渠道，来自传统银行网点、移动终端、PC终端等的结构化以及非结构化的海量数据信息，为商业银行创造了深化客户挖掘、加强交叉销售、实现产品创新的广阔空间。

在此背景下，信息和互联网技术不再仅仅是银行处理业务和信息的工具，更应该成为银行转型发展的再造动力。尤其是商业银行应依托大数据、云计算等平台，以互联网金融思维和大数据理念，推动金融产品和服务创新。基于互联网大数据平台，商业银行不仅可以实现零售业务的交叉销售，更重要的是可以利用数据分析进一步挖掘客户需求，发现新的业务需求，深度服务客户，提供更加个性化的一站式综合金融服务。

商业银行要加快建设"数据仓库"，着眼于对金融"大数据"的深度挖掘，借助数据分析系统工具，对海量数据进行实时处理分析，建成数据仓库，为提升经营效率、改善服务质量、创新服务模式提供强有力的数据支撑。同时，商业银行要建设"大数据平台"，加快推动传统业务渠道与移动端、云计算、大数据、电子商务等新兴业态的纵向整合、横向渗透，促进丰富的金融信息在平台上集中、整合、共享和挖掘。在大数据基础上打造"智慧银行"，从传统有时限的金融服务向全天候服务转变，彻底改变以银行为中心的传统服务模式，根据数据分析为社会提供差异化、个性化的金融产品与服务。

依托数据平台全面整合柜员、客户经理、网银、自助设备、手机以及其他各类移动终端等所有渠道资源，彻底打破区域和时间限制，提供"一点接入、全程响应"的网络化、智能化渠道服务，为客户提供最佳服务体验。商业银行必须深入挖掘传统银行业务、产品、服务与互联网、移动互联网新渠道的最佳结合点，通过提供线上和线下融合、互通的渠道服务，构建综合化、一体化的网络化金融服务平台，加快布局建设智慧网点，打造"平台+数据+科技"的新型金融服务链，真正建成能够准确应对、有机处理海量数据，高效配置各类金融资源，敏锐洞察并引领客户需求的"智慧银行"。

构建 O2O 服务模式，一方面，在线下端，商业银行应该加快推出便捷银行社区服务网点，如社区银行等，以满足特定金融消费圈的特殊服务需求，维系好线下端的银行客户。另一方面，在线上端，除了网上银行、手机银行等传统电子银行为客户提供网络服务外，应加快提供与社交平台结合的微信银行、直销银行、自建电商平台等网络服务渠道，以满足用户的多种需求，建立互联网用户的线上入口。同时，商业银行可以加强与第三方平台的合作，通过线上获取客户，沉淀资金，打破地域限制，利用平台拥有大数据的优势，更好地做好风控。

借助新兴互联网金融发展模式，商业银行可以不断进行互联网化发展探索和创新，发挥自身资金雄厚、风控完善、信誉度高等优势，从流程、数据、平台和产品等层面系统推进信息化银行建设，从而构建面向未来的、可持续的发展模式。构建信息化银行，通过信息的集中、整合、共享、挖掘，使银行整个经营决策和战略制定从经验依赖向数据依赖转化。

（二）培育特色金融服务中心

商业银行要围绕新型城镇化培育发展特色金融服务中心，为城市升级、产业升级、科技创新、小微企业、万众创业、生态环保等提供专业化、特色化服务。近些年，供应链金融发展迅猛，各大商业银行围绕区域特色产业布局专业化金融服务中心，提高服务效率。如民生银行锐意拓展金融服务新领域，已经走出了一条特色产业链金融发展的新路子，2011 年民生银行陆续设立了两个"冷门"事业部——现代农业事业部和文化产业事业部，与此前设立的冶金、交通、能源、地产四大专业事业部相比，新事业部所涉及的两个行业均为传统信贷领域中的所谓"冷门"行业。民生银行还引导各地分行围绕本地产业特色创新服务模式，如福建泉州分行水头支行的石材产业，厦门分行的茶业金融，青岛分行的海洋渔业，深圳分行的珠宝行业，郑州分行的农副产品深加工和物流配送，昆明分行的玉石产业，均依托当地特色优势产业，形成了特色产业链金融服务体系，强力推动了当地优势产业、主导产业的转型升级。

近几年，各大商业银行纷纷开拓产业链金融服务模式，服务水平和服务效率大幅度提升，未来一段时期，新兴产业培育和传统产业升级将会给商业银行创造新的发展空间。商业银行应引导各地分行围绕区域优势产业、特色产业等积极创建特色金融服务中心，培育专业化金融团队，深耕细分市场，积极利用"商行+投行"的产品和服务模式，助推区域优势产业的资源整合与转型升级，改善优化商业银行收入结构，逐步摆脱过于依赖利息收入的局面。

同时，应围绕新兴现代服务业培育特色金融服务中心。近几年，中国经济出现了向服务型经济转型的基本态势，新兴消费需求快速增长，如信息服务业、健康服务业、环境服务业等，但是由于服务业企业一般具有"轻资产、弱担保"的特点，缺乏传统的地产、房产、机械装备等银行认可的抵押品，存在贷款难、贷款贵问题。商业银行可以依托大数据、云计算等平台，创新服务模式，根据服务业特色从收费权、未来收入质押、订单抵押等方面创新服务业信贷模式，支持新兴服务业快速发展，改变现有的金融资源分配模式，提升整体金融效率。2015年8月，平安银行医疗健康·文化旅游金融事业部正式挂牌开业，深入认知"大健康、大文旅"行业特点和痛点，推出了平安健康金融产品体系——"平安E药宝+平安融医通+平安健康荟"和平安文旅金融产品体系——"平安文旅通+平安文旅网+平安艺术宝+平安文旅荟"，全面对接产业金融需求，共建"产融商业新生态"。

围绕当前蓬勃兴起的大众创业、万众创新，商业银行应提前谋划创新创业金融服务中心。2015年6月国务院出台的《关于大力推进大众创业万众创新若干政策措施的意见》提出："创新银行支持方式，鼓励银行提高针对创业创新企业的金融服务专业化水平，不断创新组织架构、管理方式和金融产品。推动银行与其他金融机构加强合作，对创业创新活动给予有针对性的股权和债权融资支持。鼓励银行业金融机构向创业企业提供结算、融资、理财、咨询等一站式系统化的金融服务。"并特别提出："推动商业银行在依法合规、风险隔离的前提下，与创业投资机构建立市场化长期性合作。进一步降低商业保险资金进入创业投资的门槛。推动发展投贷联动、投保联动、投债联动等新模式，不断加大对创业创新企业的融资支持。"商业银行要抓住机遇，超前谋划服务创新创业的新模式、新措施。对此多家银行已经开始行动,如浙商银行推出了"双创"系列贷款,首期主要包括"创业助力贷"、"双创菁英贷"、"圆梦·创客贷"三款产品,分别为小微企业、高层次人才、年轻"创客"提供金融服务,实现模式变现、智慧变现。又如上海华瑞银行专门设立了"科创金融服务中心",与沪上知名风投机构合作,共同探索投贷联动模式,首笔5000万元科创型企业融资已成功落地,为上海云健康"基因工厂"个性化定制融资方案。

(三) 积极参与设立新型城镇化基金和新兴产业基金

《国家新型城镇化规划(2014~2020年)》提出"创新金融服务和产品,多渠道推动股权融资,提高直接融资比重",为商业银行围绕新型城镇化发展创新金融服务和产品提供了机遇。地方政府也开始在城镇化融资模式上寻求创新与突破,如河南省发布的《关于促进创业投资和产业投资基金健康发展的意见》明确提出:"鼓励设立城市发展投资基金,支持省、市级政府投融资公司与信托机构、金融机构、国内大型股权投资机构等发起设立城市发展投资基金,专门投向城市公用基础设施建设、土地开发整理等领域。"2014年12月26日,河南省政府与中国建设银行、交通银行、上海浦东发展银行正式签署了"河南省新型城镇化发展基金"战略合作协议,旨在确保政府性债务在可控的前提下撬动更多金融和社会资本投入新型城镇化建设,总规模将达到3000亿元,具体可细分为"建信豫资城镇化建设发展基金"、"交银豫资城镇化发展基金"和"浦银豫资城市运营发展基金",目前该基金首批25个募投项目已通过三家银行总行的审批,确定投放额度近600亿元。"河南省新型城镇化发展基金"的设立对于解决新型城镇化建设资金需求、突破传统融资模式和政府投融资平台运行方式的约束、构建金融机构投向新型城镇化的新通道等,均具有开拓意义,也为新常态下河南省推进新型城镇化建设提供了新的融资模式。这一模式探索对于商业银行转型发展也具有借鉴价值,商业银行还可以围绕智慧城市、生态环保、公共服务等领域设立专项基金,促进区域城镇化建设。

商业银行还可以围绕新型城镇化带来的产业升级和新兴产业发展需求,立足地方特色优势产业基础,联合政府、社会资本等设立产业投资基金,构建市场化投融资主体。近些年，各级政府通过积极吸引社会资本合作设立产业发展基金、股权投资引导基金和实行PPP模式等方式，发挥财政资金的杠杆效应，撬动更多的社会资本和民间投资，以市场化融资方式支持产业转型升级，商业银行可以积极参与到各类产业发展基金和股权投资引导基金中去，为地方产业发展提供更加高效的金融服务。2014年5月，河南省发布了《关于促进创业投资和产业投资基金健康发展的意见》，提出："推动国内保险资产管理公司、股权投资母基金、商业银行的直投公司围绕郑州航空港经济综合实验区、企业并购重组、城市基础设施建设等领域设立夹层投资基金。""鼓励商业银行设立专门部门或机构，加大参与创业投资和产业投资基金业的力度，发挥投资银行的中介作用。鼓励商业银行创新融资工具和金融产品，为创业投资和产业投资基金提供融资和资产托管服务。"2015年3月，河南省还出台了《关于省级财政性涉企资金基金化改革的实施意见》，提出："整合产业扶持类财政性涉企专项资金，与金融机构合作，吸引各类社会资本，共同设立产业发展基金，支持先进制造业、新型城镇化、科技创新、现代农业等领域发展，带动相关产业转型升级。"目前，大多数省份均出台了支持商业银行参与设立产业发展基金的政策和文件，为商业银行参与设立产业发展基金、推进地方经济社会发展提供了重要支撑。

六、创新营销模式

（一）开展精准化营销

精准营销（Precision Marketing）指的是充分利用各种新媒体和新渠道，将营销信息及时准确地推送到目标受众群体中，从而尽量节省营销成本，提升营销效果。精准营销依托现代信息技术与互联网，建立健全个性化的顾客沟通与服务体系，实现企业低成本、高效率扩张之路。精准营销需要更精准、可衡量和高投资回报的营销沟通启动，以及更注重结果和行动的营销传播计划。

互联网、大数据、云计算等新一代信息技术延展与扩宽了商业银行客户服务的触角,通过大数据挖掘分析,商业银行可以进行更加精准的营销,也为商业银行进入低净值"长尾"客户群业务"蓝海"提供了可能。商业银行通过互联网和大数据可以真正了解客户,紧密地围绕客户的需求,有效整合数据、流程以及系统,提高客户的参与度,从而提高交叉销售和追加销售的机会。商业银行可以充分借助互联网、大数据等技术,分析客户的个性化需求,低成本拓展新的潜在客户群体,利用数据挖掘分析手段,预测研究客户行为,精准定位各类客户的特色化金融需求,针对性地提供特色产品和服务,提高金融产品设计、市场营销的针对性和有效性,增加客户黏性,以"客户+数据"为平台,提高精准化营销水平,挖掘金融客户价值。

(二) 开展体验式营销

体验式营销 (Experiential Marketing) 指的是站在消费者的感官 (Sense)、情感 (Feel)、思考 (Think)、行动 (Act)、关联 (Relate) 五个方面,重新定义、设计、开展营销的思考方式。突破传统上"理性消费者"的假设,体验式营销认为消费者进行消费时大多数是理性与感性相融合的,一般消费者在消费前、消费时、消费后的切身体验经验才是一个企业营销模式和品牌经营的关键。体验式营销是一种尊重客户体验、强调交互式营销的新型营销模式。企业应注重与消费者之间的高效沟通,着力发掘客户内心的感受与渴望,站在顾客体验的视角,全面审视自己提供的产品和服务,以体验为导向设计、制作和销售产品与服务,以顾客的真实感受为准,去建立体验式服务。

商业银行面临着激烈的竞争,各类银行提供的服务越来越优质,支付宝等互联网金融平台对于客户的吸引力不断增加,客户有着更多的选择,忠诚度不高。在新型城镇化背景下,高端客户和新兴产业中的企业对金融产品和服务有着更高的要求,商业银行必须对客户所需要的体验进行分析和研究,了解客户的体验式需求,真正从客户的立场考虑问题。面向新型城镇化的金融产品和服务设计更要从客户真实体验出发,搭建线上线下融合的体验平台,从而给予客户最优质、最需要的体验,提高客户忠诚度。

(三) 开展板块化营销

对于商业银行来说，一种优秀的营销模式不仅会提高自身的美誉度和信誉度，吸引更多的优质客户，而且能增强客户的忠诚度，从而达到降低风险、提高利润的目的。在新型城镇化背景下，商业银行开展客户营销工作，不能遍地开花、盲目推进，必须要在自身与客户信息高度对称的前提下，稳步扩张新网点至地市及县域，在提升渠道竞争能力的同时，采取板块化的新型营销模式。

开展板块化营销，就是要稳步拓展区域内龙头企业、现代服务业、基础设施等行业客户，针对区域主导产业、重点基础设施网络等，积极探索"区域板块+区内企业"及"行业板块+行业企业"金融服务模式，提高为重点领域提供专业化服务的能力，结合区域经济社会发展现状，积极拓展核心企业供应链上下游、重点产业集群内竞争优势突出、信用状况良好的小微企业及具有规模优势的交易市场等，提高营销专业化水平，从而为信贷业务储备项目、积累客户，拓展业务空间。

(四) 开展社会化营销

社会化营销就是利用社会化网络、微信、博客、自媒体以及其他互联网协作平台媒体来进行营销、公共关系和客户服务维护开拓的一种新营销方式。社会化媒体指的是一个具有网络性质的综合站点，内容都是由用户自愿提供的，并非直接的雇佣关系，这就需要社交思维，而不是传统思维模式。社交网络属于网络媒体的一种，当前，社交网络时代迅速来临，对传统营销渠道形成了巨大冲击，商业银行必然要面对社交化媒体给营销带来的深刻变革。

近几年，随着社交媒体的蓬勃发展，商业银行开始创新社会化营销模式。2015年4月2日，由中国金融认证中心（CFCA）主办的"2015中国电子银行宣传年启动仪式暨第三届金融品牌峰会"在北京举行，会上揭晓了"2015金融业社会化营销大赛"评选结果，公布了"2015金融业十大社会化营销案例"和"2015金融业最佳微信公众平台"。中国工商银行的"人脉挖宝"、中国农业银行的"微"农行行无疆、中国民生银行联手大众汽车推出的"为梦想启航"微信活动、中国银行的"幸运刮刮乐"、中国建设银行的"15载有我在"、中国光大银行的"送你双色球巨奖从天降"活动、华夏银行的"周末0元抢快乐"、内蒙古银行的"幸运转盘转不停"、大连银行的"连e生活"、青岛银行的"每天摇一摇"10个社会化营销案例入选"2015金融业十大社会化营销案例"。社会化营销突破线下营销思维的限制，积极尝试各类新媒体渠道的创新营销，大胆尝试线上线下互动、业务和社会化传播平台融合的模式，在营销效果和模式上均是成功尝试。

（五）开展"3R"营销

"3R"营销指的是客户维持（Retention）、多重销售（Relation Sales）、客户介绍（Referrals）。20世纪90年代初，美国哈佛大学的两位教授根据服务性企业的历史数据，研究了企业市场份额和实际利润之间的内在关系，发现一个企业的市场份额对实际利润并没有太大影响，而顾客忠诚度相对较高的服务性企业的盈利能力却更强。由此他们认为服务性企业应采用"3R"营销策略，提高顾客忠诚度，而不是片面扩大市场占有率。1994年，哈佛大学的Jamew L.Heskett等教授，在梳理前人研究成果的基础上，又提出了服务利润链管理理论，认为优秀的客户维持可以保证稳定的客户群体，节省成本，提高利润率。与传统的"4P"（产品、价格、促销、渠道）营销模式不同，服务性企业更应采用"3R"营销策略，尽量留住顾客（Retention），向顾客销售相关的产品和服务（Relation Sales），鼓励顾客向朋友介绍满意的消费经历（Referrals）。

金融服务不同于一般的商品和服务，其特性与一般商品与服务存在着较大的差异，客户忠诚度至关重要。因此，银行业的营销模式也应具有独特之处。"3R"营销是商业银行营销的关键和重点，主要包括客户维持、多重销售和客户介绍三个方面，即维持稳定的客户群体，尤其是把优质客户保留下来，并培养成忠诚客户群，以节省重新争夺客户的竞争成本；采取产品交叉营销、建立金融商城等手段，给予客户极大的选择空间；通过提高原有顾客的满意度来帮助银行推介扩大新顾客群体，最终提高利润率。

七、推进风险管理体制改革

（一）建立符合《巴塞尔协议Ⅲ》的市场风险管理体系

在城镇化大趋势下，各地热衷于新区、新城的报批，尤其是三四线城市，在缺乏产业导入与支撑的前提下，短期内难以切实实现"产城融合"，将会导致"被城镇化"与"空城"现象的发生，从而使商业银行在推进新型城镇化过程中面临一定的市场风险。

《巴塞尔协议》是国际清算银行（BIS）的巴塞尔银行业条例和监督委员会的常设委员会——巴塞尔委员会于1988年7月在瑞士的巴塞尔通过的《关于统一国际银行的资本计算和资本标准的协议》的简称。该协议第一次建立了一套完整的国际通用的、以加权方式衡量表内与表外风险的资本充足率标准，有效地遏制了与债务危机有关的国际风险。《巴塞尔协议Ⅲ》的创新性主要体现在以下几个方面：一是提高了资本充足率和流动性的监管标准；二是提出了系统重要性银行附加资本，对其实施重点监管；三是提出了逆周期资本缓冲，强化对系统性金融危机的防范，从而实现微观审慎监管与宏观审慎监管的结合。《巴塞尔协议Ⅲ》是应对国际金融危机的直接产物，很大程度上是为了防止系统性金融风险的发生和国际金融危机的蔓延。

商业银行应以实施新资本协议为契机，加强对市场风险的管控，逐步实现从以流程管理和内控为主的定向管理向以风险计量和资本管理为主的定量管理与定性管理相结合转变，推动中国商业银行更快融入国际银行体系，提升银行业整体竞争力。一是明确区分交易账户和银行账户，运用风险价值、敏感度分析、敞口分析、压力测试等多种方法进行计量；二是要着手建立以VaR为核心的市场风险计量与管理系统，以明确识别市场风险，有效抵御市场风险的冲击。

（二）提高风险管理专业化程度

面对城镇化带来的发展机遇，在风险管理理念上，商业银行应从规避风险向经营风险、管理风险转变；在风险管理手段上，商业银行只有实现高度专业化，才能达到以风险管理促进业务发展的目的。一是实现特色专营机构的信审官全面派驻制及操作平台专岗制，充分发挥审查审批人员的专业能力。二是实行信贷业务风险经理制，设置风险经理岗按照信贷业务类型负责贷前、贷中、贷后全流程风险监控、评价和管理工作，以防范由于前、中、后台信息不对称而引发的授信风险。三是提高风险条线管理部门对派驻人员和风险经理的考核权重，突出其风险管理职能，防止由于岗位职能不清晰造成管理失衡。

（三）有效规避和管控业务创新风险

在城镇化背景下，商业银行显现业务创新高潮，导致自身经营风险增加及外部金融监管出现"真空"地带。在不同的时期、不同的历史阶段，业务创新风险防范的重点将有所不同。当前商业银行的业务创新必须以安全性为第一原则，同时既要树立"未雨绸缪"的风险意识，又不能面对风险"因噎废食"而全盘否定。

首先，商业银行自身要通过采取调查研究、产品创意、收益和风险安排、工具选择、营销方案设计、部门间相互制约等措施，在业务产品投入期、成长期、成熟期和衰退期全流程做好"事前监测、事中管理、事后处理"，找出"风险关键点"并针对其风险特征持续改进管理制度，阻断风险产生的源头。

其次，外部监管部门在业务创新阶段，既要做好"引导员"，又要做好"裁判"。一方面，要改进"主要依文件、依领导讲话监管"的监管实施方式，及时掌握市场信息和业务创新动态，充分评估潜在市场需求对业务创新的接受程度，为商业银行业务创新的稳健发展提供政策支持和制度保障；另一方面，要建立商业银行公平竞争的"游戏规则"，防止出现恶性竞争。

（四）高度重视区域性风险

城镇化水平的提高将会推动区域经济快速发展，同时商业银行面临的区域性风险也将随之加大。商业银行应在完善自身内控体系建设及区域性风险预警监控指标体系建设的基础上，通过加强区域内金融机构的合作来有效防范区域性风险。一是建立金融安全协会，共同研讨经营过程中出现的问题和困难，相互借鉴，促进业务交流与稳步发展；二是建立信息共享机制，开放信息交流，对信息进行去伪存真的分析和筛选，避免在对区域信息的支持上重复建设、各自为政、盲目竞争。

（五）实行总分支多级联动式风险识别、反馈及化解工作

总分支多级联动营销模式能够更好地服务于重大基础设施建设、产业链、产业集群项目。但总分支三级管理架构下管理链条拉长，如果管理能力不能跟上跨区域步伐，将存在较大的失控风险。商业银行应在积极发挥"三道防线"的风险防控作用的同时，建立总分支多级联动式风险识别、反馈及化解机制。

总行层面应重点研究新生及潜在风险，全程介入分行重点风险化解工作，根据全行发展和管理现状，提前做出预测及管理决策。

分行层面应充分发挥一线营销部门贴近市场、对市场变化反应敏捷的优势，定期组织风险条线管理部门和经营单位召开风险分析例会，强化分行风险管控措施。

支行网点应成立风险管理领导小组，切实履行"协助管理、定期报告、加强联系"三项工作职责，结合总分行管理要求及自身经营特点，研究本单位风险隐患情况，并及时采取措施加以防范。

（六）提高信息科技对风险量化、预警和监控的支持力

城镇化是与新型工业化、农业现代化及信息化协调发展的城镇化。对于商业银行而言，在管理意识上，要将信息科技从技术支持、附属工具提高到技术驱动、核心竞争力要素的高度上来；在实际运用上，商业银行面对信息

渠道不畅通、管理信息的整合和应用滞后于经营发展、信息资产安全存在隐患等现状，应重点加大内部基础数据的采集及数据库平台建设，规范数据采集的范围、来源和标准，做好基础数据的返回验证和分析运用，在此基础上，建立科学高效的风险识别、评估和监测系统。

八、构建优质高效服务体系

（一）培育"全方位优质服务"企业文化

在支持城镇化过程中，商业银行要不断强化服务意识，积极拓宽服务领域，持续完善服务功能，不断提高服务水平，以全方位金融服务赢得广大客户的信任和支持。在服务对象上，要切实打破地域、行业和所有制界限，不分规模大小，只要属于优良客户，就予以重点支持，为其提供更加方便快捷的服务。

在信贷服务上，对规模较大的优良客户，全面实行公开统一授信，在授信额度内根据客户需要提供贷款服务，不再进行层层逐笔审批。对投资大、建设期长的基础设施建设项目，根据项目建设周期与还贷能力，适当延长贷款期限。逐步扩大以基础设施项目收费权或收益权为质押发放贷款的范围和广度，对参与城镇建设的外企、外商等提供国际结算、打包贷款、备用信贷等一揽子金融服务。小额存单质押贷款和消费贷款也要取消规模限制，下放审批权限，简化贷款流程，实行一柜通、一条龙服务。

在结算服务上，加快计算机系统网络建设，持续增加高科技结算工具，不断提高资金划汇、结算、取兑速度，保证新型城镇化建设资金及时、准确、安全到位。在服务领域上，发挥商业银行的比较优势，逐步拓展决策咨询、信息咨询、财务咨询、管理咨询等服务领域。

（二）构建综合服务型营业网点体系

加快制定"综合性、多功能、集约化"发展战略，推进营业网点综合化建设，构建结构优化、布局合理的高品质综合服务型营业网点体系，不断提升客户满意度。加快推进单一对私网点综合化转型，不断扩展网点服务功能，扩大对公客户服务面，有效提升营业网点服务对公客户覆盖范围。全面推行综合柜员制，对客户办理的柜面业务进行细分，简化窗口分类，将过去按业务条线设置不同类型的窗口调整为现金高柜和非现金低柜，提高现金业务办理效率，提升非现金业务专业处理技能，让客户享受快捷的"一站式"服务，提升网点服务客户的能力。

加快组建综合服务团队，在强化服务意识的同时，不断强化员工的业务知识、业务技能，引导员工加强新兴业务的学习，熟悉所有前台业务。针对不同的客户群体，主动开展咨询服务，了解客户所有可能的需求，为其量身定做相应的综合金融服务方案。通过不同岗位、不同机构间的联动，减少客户往返银行、往返柜台次数，提高业务办理效率，为客户提供一揽子金融服务，让营业网点真正成为"理财中心"和"多功能银行"。

（三）塑造优质的金融服务品牌

银行是经营货币商品的特殊企业，也是服务于千家万户的服务性企业。在客户服务需求快速增长和金融市场竞争日趋激烈的今天，致力于服务内涵的深化、服务手段的创新、服务理念的升华等，已经成为商业银行在新形势下亟待解决的问题。服务质量作为商业银行的生命线，不仅体现在服务态度、服务便利性、服务环境等方面，更体现在每一位员工的服务意识、服务能力、服务价值等方面。

高品质的金融服务不仅能够影响和培养高素质、高黏度的客户，还能够营造优质的金融服务空间，推动商业银行和广大客户间形成稳健的信任关系。各商业银行要围绕新型城镇化需求，不断优化产品结构，围绕"以客户为中心"这条主线，坚定不移地构建大服务格局，坚持"客户第一、服务第一、信誉第一"的服务理念，不断转变提升工作人员的服务观念，促使员工观念由"要我服务"向"我要服务"转变，增强"我要服务"的内在动力，持续向员工灌输"服务出效益"、"服务与经营一体化"等新的服务理念，加快提高广大员工的综合业务素质和外在素养，全力塑造"优质服务"品牌。

（四）创建服务型内部风险制衡机制

前、中、后台分离是目前商业银行实现风险制衡的最主要的风险管理组织架构模式，但在实施过程中也存在一些问题。由于前、中、后台归属于不同部门，导致内部沟通机制存在一定"瓶颈"，交流渠道存在一定制约，甚至造成门难进、脸难看、事难办、故意刁难、吃拿卡要等一系列不良现象，增加了一线人员的营销成本和客户的隐性成本。银行前、中、后分离的核心目的是控制金融风险，而非分离本身，前、中、后分离应该促进业务发展，而非制约，应提高全员组织协调和团队合作能力，而非割裂。

商业银行要在城镇化发展过程中脱颖而出，除了通过业务创新提高自身核心竞争力以外，必须在严控风险的前提下建立服务型内部风险制衡机制。商业银行要通过强化"服务型管理"理念，采取一线员工直接参与民主评议监督、岗位轮换调整等措施，促进前、中、后台员工加深理解，增强整体运作的大局观，着力打造"一线全力服务于客户，中后台全力服务于一线营销部门"的良性经营管理环境。

九、构建商业银行新型人才体系

（一）优化人才结构

顺应金融业发展趋势，进一步优化人才结构，加大对城市建设、智慧城市、绿色城市、生态城市、环境工程、互联网金融等专业人才的引进培养力度。加快引进高学历、高素质、高能力人才，加大对专业性、国际化、复合型人才的引进力度，着力打造一支具备丰富工作经验和过硬业务水平的人才队伍。

加强人力资源开发，制订结合员工职业规划的专业培训计划。一是制订人才培养计划，使专业人才培训与新型城镇化需求相统一。二是培训内容应与新型城镇化的需求相统一，使银行业从业人员做到学以致用。三是创新培训方式，灵活多样地采取短期培训与长期培训相结合、职业技能培训和职业品质培训相结合、岗前培训与岗上培训相结合、潜能培训和素质培训相结合等多种培养模式，提高商业银行员工素质。

加强专业人才队伍培养，努力为各类员工职业成长创造条件。人才引进不能在短时间内解决商业银行新型城镇化人才缺乏的问题，商业银行应树立正确的人才观念，立足当前，着眼长远，坚持内部培养与外部引进相结合、外出考察学习和大专院校代培相结合，为各类专业技术人才培训成长创造良好条件，全面提升商业银行人才素质。当前，各商业银行及其他金融机构对人才的争夺已经进入白热化阶段，商业银行要在战略层面考虑如何培养、留住人才，让人才发挥出应有的巨大作用，从而为商业银行的发展壮大打下坚实基础。

建立健全符合未来发展趋势的人力资源管理模式，加快形成干部队伍能上能下、能进能出、优胜劣汰、竞争上岗的人力资源发展局面。商业银行的管理体系、激励机制和考核体系的制定应本着合理适用的基本原则，根据新型城镇化需求和银行自身特点，不断完善提升。结合银行自身发展战略为员工设定合理的目标，构建完善的绩效考评体系，形成具体的、可量化的、操作性强的考评指标，使高素质人才留得住、发展好。

（二）重视人才本地化培养

21世纪的竞争是人才的竞争，随着新型城镇化快速推进中商业银行网点建设力度的加大，商业银行的发展必然需要更多本地化的人才，中高端管理人才成为稀缺资源。因此，对人才的培养和需求会比以往任何时期都更为迫切。实行人才本地化战略，挖掘当地人才，不仅可以大大缩减市场进入成本，降低培训成本，而且由于其熟悉当地政策、市场、人情，思维模式和行为方式本地化，更有利于提高对区域经济的优质服务能力。因此，必须站在对未来人力资源培养和挖掘的高度，对中高端管理人才的教育训练做出系统的规划与部署。要想构建一个强的平台、一个强的系统，加快商业银行的转型发展，培养中国本地化强大的金融人才队伍是最基础的前提，而能否培养出本地化强大的金融人才队伍，将决定商业银行能否建立起一个强大的金融市场。

金融人才本地化不可能一蹴而就，必须要有科学的管理机制来确保人才本地化的顺利实现。第一，银行高层管理者应倡导相互协作的企业文化，强化员工之间的交流沟通，防止出现小团体。第二，加快完善公开、公平、公正的用人机制，包括选拔、晋升、绩效评估及薪酬支付机制等，避免由于差异感造成干部队伍的不稳定或人才的流失。

（三）加强专业服务团队建设

商业银行支持新型城镇化建设是一项长远的全局性工作，是一项庞大的系统工程，加强专业服务团队建设是从可持续发展的战略高度解决组织保障问题的关键所在。新木桶理论指出，一只木桶的装水量不仅取决于每块木板的长度，还取决于木板之间结合的密合程度和一个好的桶底。强化专业服务团队建设，是提升团队服务水平的基础。在这个倡导服务的时代，商业银行要提升竞争力，不仅要有过硬的服务设施等，更要有专业水平高的服务。要创新思维，强化服务团队建设，提升团队服务水平，促进服务团队效率化、特色化，实现专业服务团队向高层次发展。

商业银行为做好客户拓展和维护工作，不仅要将来自不同部门如技术部门、产品部门、法律部门、客户部门或来自各级行的骨干人员组成特殊的服务团队，为客户量身订制产品或提供一体化服务，还要重视专家型人才的认定和培养工作，发挥专家型人才在落实科学管理、优化业务流程、加强部门协作、降低管理成本、提高服务效率和质量方面的模范带头作用，从而实现建设一支队伍、开辟一个市场、展示一个形象、树立一个品牌的目标。

参考文献

[1] 牛文元. 中国特色城市化报告 [M]. 北京：科学出版社，2012.

[2] 徐滇庆. 金融改革路在何方：民营银行二百问 [M]. 北京：北京大学出版社，2002.

[3] 刘鹏. 商业银行变革与转型 [M]. 北京：中国金融出版社，2014.

[4] 龚志坚. 商业银行组织与流程再造研究 [D]. 武汉大学博士学位论文，2014.

[5] 陈洪波，蔡喜洋. 全球房地产启示录之稳定的德国 [M]. 北京：经济管理出版社，2014.

[6] 叶望春. 中小银行的市场定位战略 [M]. 北京：经济管理出版社，2003.

[7] 熊继洲. 民营银行：台湾的实践与内地的探索 [M]. 上海：复旦大学出版社，2003.

[8] 肖兰华. 我国中小商业银行经营模式转型研究 [M]. 武汉：武汉大学出版社，2012.

[9] 交通银行金融中心. 转型求变——中国经济与商业银行的转型发展研究 [M]. 上海：上海远东出版社，2013.

[10] 艾经纬. 房市大衰退：33年房市变迁大推演 [M]. 北京：机械工业出版社，2014.

[11] 刘曼红. 中国中小企业融资问题研究 [M]. 北京：中国人民大学出版社，2003.

[12] 李宏伟，喻新安. 河南科学推进新型城镇化辅导读本 [M]. 郑州：河南人民出版社，2014.

[13] 张育军. 金融危机与改革 [M]. 北京：中信出版社，2014.

[14] 沙虎居. 区域性民营银行发展 [M]. 北京：社会科学文献出版社，2003.

[15] 凌智勇. 中小企业融资与中小民营银行 [M]. 长沙：湖南人民出版社，2008.

[16] 白钦先，马东海，刘刚. 中国中小商业银行发展模式研究 [M]. 北京：中国金融出版社，2010.

[17] 林后春. 中国商业银行的转型 [M]. 北京：当代世界出版社，2008.

[18] 林毅夫，李永军. 中小金融机构发展与中小企业融资 [J]. 经济研究，2001（1）.

[19] 巴曙松. 利率市场化对银行业的市场结构形成显著影响——基于美日等国的国际比较与借鉴 [J]. 江淮论坛，2012（4）.

[20] 巴曙松，陈华良，李晶."脱媒"与商业银行业务模式转型 [J]. 河南金融管理干部学院学报，2006（2）.

[21] 孙久文，叶振宇. 走中国特色城镇化道路的若干问题探讨 [J]. 中州学刊，2009（3）.

[22] 周民源. 中国商业银行转型的路径选择研究 [J]. 金融监管研究，2012（9）.

[23] 朱小黄. 回归银行经营"三性"原则 [J]. 财经杂志，2013（31）.

[24] 安国俊. 地方政府投融资改革亟待破题 [J]. 银行家，2015（1）.

[25] 郑志来. 互联网金融对我国商业银行的影响路径——基于"互联网+"对零售业的影响视角 [J]. 财经科学，2015（5）.

[26] 蔡如鹏. 地方政府欠债还不上，怎么办？[J]. 中国新闻周刊，2015（3）.

[27] 韩江辉. 加强商业银行人才队伍建设的思考 [J]. 东方企业文化，2015（6）.

[28] 刘津旭. 房地产贷款占比对商业银行稳定性影响的理论推导 [J]. 吉林金融研究，2015（3）.

[29] 戴志敏，朱莉妍. 中国商业银行贷款地理分布对银行利润效率的

影响[J]. 地理学报, 2015 (6).

[30] 赵振益. 商业银行人才战略研究[J]. 现代金融, 2007 (3).

[31] 郭斌, 刘曼路. 民间金融与中小企业发展: 对温州的实证分析[J]. 经济研究, 2002 (10).

[32] 张海峰: 新农村建设中商业银行的发展机遇[J]. 农村金融研究, 2006 (6).

[33] 李银珍, 曾建中. 发达国家中小银行的转型密码[J]. 当代金融家, 2012 (5).

[34] 杨国平, 孙旭平. 德国商业银行转型策略及对中国商业银行改革之启示[J]. 上海金融, 2002 (5).

[35] 潘功胜等. 从德意志银行的兼并收购看其发展战略转型[J]. 国际金融研究, 2007 (10).

[36] 陈建中, 黄欣丽. 银行国际化路径影响因素分析: 基于汇丰银行和花旗银行案例[J]. 国际贸易问题, 2014 (9).

[37] 卢授永. 美国经验对我国中小商业银行发展的启发与借鉴[J]. 亚太经济, 2004 (1).

[38] 戴璐等. 国外商业银行改革研究综述及其启示[J]. 金融论坛, 2012 (4).

[39] 马迁. 基于国际视角的利率市场化经验启示及我国商业银行应对策略[J]. 金融理论与实践, 2012 (11).

[40] 商瑾, 王海涛. 各国政策性金融的基本运作模式及若干启示[J]. 商业时代, 2013 (11).

[41] 邹浩. 德国商业银行治理结构分析及其对我国商业银行的启示[J]. 现代农业科学, 2008 (4).

[42] 杨芳. 国外商业银行战略变革及启示[J]. 金融纵横, 2006 (35).

[43] 王志军. 欧盟银行业非利息收入[J]. 国际金融研究, 2004 (7).

[44] 杨华. 中国特色新型城镇化的本质特征[J]. 合作经济与科技, 2014 (12).

[45] 孙雅姗. 我国新型城镇化的提出背景及现实意义[J]. 西安文理学

院学报（社会科学版），2014（5）.

[46] 许南，曾翠. 中外商业银行核心竞争力的比较 [J]. 金融论坛，2008（1）.

[47] 刘明康. 金融创新：中国银行业持续稳健发展的必由之路 [J]. 求是，2006（11）.

[48] 李晓峰. 我国商业银行传统业务的转型及其路径分析 [J]. 北京师范大学学报（社会科学版），2010（6）.

[49] 田华茂. 利率市场化背景下的中小商业银行转型探讨 [J]. 西南金融，2013（2）.

[50] 陆岷峰，虞鹏飞. 互联网金融：商业银行转型战略的创新驱动力 [J]. 南都学坛（人文社会科学学报），2015（3）.

[51] 聂召. 利率市场化改革条件下商业银行的战略转型和创新方向 [J]. 南方金融，2014（6）.

[52] 王树同. 资本市场结构调整与商业银行经营转型 [J]. 金融理论与实践，2006（3）.

[53] 葛兆强. 后危机时代商业银行经营转型：目标、内涵与策略 [J]. 南方金融，2009（12）.

[54] 银监会利率市场化改革研究工作小组. 利率市场化改革与商业银行转型研究 [J]. 金融监管研究，2012（11）.

[55] 卜银伟. 互联网金融时代商业银行转型发展对策 [J]. 金融发展评论，2015（2）.

[56] 沈荣勤. 关于商业银行加快转型发展的思考 [J]. 浙江金融，2011（3）.

[57] 易会满. 我国商业银行经营转型的动因、目标与实施途径 [J]. 金融论坛，2006（9）.

[58] 闫强. 我国商业银行经营体制转型的策略 [J]. 河南社会科学，2003（3）.

[59] 代星军. 对国内商业银行网点转型的几点思考 [J]. 东岳论丛，2009（5）.

[60] 邱家洪. 中国国有商业银行改革历程与发展趋势 [J]. 商业研究, 2005 (21).

[61] 廖昊萌. 孟加拉乡村银行对我国村镇银行发展的启示 [J]. 中国经贸, 2014 (21).

[62] 文富德. 印度银行的改革 [J]. 南亚研究, 2003 (1).

[63] 刘铁彬. 中国商业银行信贷扩张与风险研究 [D]. 东北财经大学博士学位论文, 2014.

[64] 韩慧敏. 产业结构调整中的金融支持研究 [D]. 中共中央党校博士学位论文, 2006.

[65] 林大鹏. 我国商业银行战略转型问题研究 [D]. 厦门大学硕士学位论文, 2009.

[66] 崔丽丽. 中国商业银行战略转型问题研究 [D]. 吉林大学硕士学位论文, 2010.

[67] 张育诚. 我国商业银行经营模式转型的探讨 [D]. 吉林大学硕士学位论文, 2013.

[68] 艾瑞咨询集团. 中国商业银行互联网化研究报告 [R]. 2014.

[69] 中信银行股份有限公司. 二〇一三年年度报告 [R]. 2014.

[70] 中信银行股份有限公司. 二〇一四年年度报告 [R]. 2015.

[71] 中国银行业监督管理委员会《中国银行业运行报告》编写组.《中国银行业运行报告（2014 年度）》[R]. 2015.

[72] 中信建投证券研究发展部. 新型城镇化专题研究：期待下一个奇迹 [R]. 2014.

[73] 王璐. 商业银行在"大数据"时代的发展之道 [N]. 金融时报, 2014-06-09.

[74] 郑金宏, 王刚, 张承惠. 我国金融法律体系的现状与缺陷 [N]. 中国经济时报, 2015-07-22.

[75] 杨佩卿. 新型城镇化的内涵与发展路径 [N]. 光明日报, 2015-08-20.

[76] 刘庆斌. 新型城镇化的土地供给 [N]. 学习时报, 2015-06-09.

[77] 东方证券. 中信银行:股份制商业银行中的翘楚 [R]. 2012.

[78] 中国银行国际金融研究所. 警惕全球通缩风险——基于人口、房地产与债务周期的视角 [R]. 2015.